改訂4版

グロービス
MBA
マーケティング
MARKETING

グロービス経営大学院【編著】

ダイヤモンド社

● まえがき

　本書は、2009年8月に上梓された『[改訂3版] MBAマーケティング』に加筆修正を行った改訂4版である。初版から改訂3版までの『MBAマーケティング』は累計で39刷を重ね、およそ22万人に読まれたベストセラーである。今回はそのベストセラーをベースに、時代や社会環境の変化を取り入れるべく大改訂した。

　改訂4版の執筆に当たって筆者たちは、改訂3版が読まれ始めてから今日に至るまでのマーケティング実務の課題において、何が大きく変化したかを議論した。そして、大きな変化が3点あるという結論に至った。

　1点目は、テクノロジーの進化が企業のマーケティング戦略と消費者の行動の双方に、大きな変化をもたらしているという事実である。企業が実行できる戦略的なオプションは飛躍的に増大している。一方、消費者は日々の生活の中でデジタルメディアを企業の思惑とは必ずしも一致しない形で使いこなし、行動やライフスタイルにも変化が見られる。結果として、企業のマーケティング戦略の難易度が上がり、その戦略構築力と展開力の違いが、企業間の顧客獲得力の格差につながっている。

　2点目は、マーケティング実務家の間で専門分化が起きていることである。テクノロジーの進化でマーケティングの手段が多様化するのに応じて、マーケティング関連企業がそれぞれの強みを発揮できる分野で差異化を図り、従事する実務家がその専門性を磨いている。この専門分化によって、「狭く、深く」能力を身につけた実務家の割合が高まった一方、その中で「マーケティングの全体像を正しく捉えている」層は必ずしも多くはないと考えている。

　3点目に、このような変化が進んだ結果、マーケティング領域の実務家とその他のビジネスパーソンとの間に、共通言語が少なくなってきた。そのため、両者の間で有効な議論を行って全社最適な戦略構築につなげることが難しくなっている。

　本書はこれらの課題を正面から捉えて執筆した。今日の企業活動にとって必要となるマーケティングへの理解を育み、すべてのビジネスパーソンの共通言語となるよう、バランスの取れた実用的な教科書に仕上がったのではないかと自負している。

本書の構成と改訂3版との差異

　本書は大きく2部構成をとっている。

　第1部「基礎編（第1章～第8章）」では、マーケティングの意義や役割について確認するとともに、いわゆる「マーケティングプロセス」に沿って、典型的なマーケティングの流れを「市場機会の発見とマーケティング課題の特定」「セグメンテーションとターゲティング」「ポジショニング」「マーケティングミックス（4P）」の順で解説している。これらのテーマはマーケティング戦略を理解する上で重要な不変の基盤であり、今日の新しい事例に沿って必要な知識を押さえられるように改訂した。

　第1部で改訂3版から大きく変わったのは、第8章の「コミュニケーション戦略」である。これは、デジタルメディアの進化、とりわけコミュニケーションメディアの進化により企業と消費者とのコミュニケーションのあり方が大きく変わり、あらためて学び直す必要性が高い領域だと判断したからである。メディアの進化は日進月歩であり、その立ち位置も複雑に絡み合うことから、体系的にまとめられている書籍も少ない。本書が新しいコミュニケーション戦略の体系的な理解の一助となることを意図している。

　第2部「応用編（第9章～第12章）」は抜本的な改訂となった。「近年のマーケティング戦略を語るうえで欠かせない」という観点と、「BtoBビジネスに携わる読者のために」という観点から、4つのテーマを選択した。

　今回新たに追加したのが、第11章の「顧客経験価値とカスタマージャーニー」である。先述したような環境変化によって、現在のマーケティング実務においてこれらの考え方が極めて重要になっている。顧客行動は大きく変化しており、企業の視点で顧客をコントロールしようとするのではなく、あくまでも顧客中心に、顧客と企業との接点（タッチポイント）全体を考慮して、顧客にとって最適なブランド体験を構築していくことが求められる。また、第11章に密接に関連する第9章「ブランド戦略」では概念を再整理し、第10章「マーケティングリサーチ」も、リサーチ手法の使い分けがクリアになるように構成した。

まえがき

　改訂3版同様、BtoBビジネスに関わる方は、特に第12章「BtoBマーケティング」を参考にしていただきたい。そこでも、「マーケティングオートメーション」という、旧版にはなかったキーワードが解説されている。

　第2部「応用編」で取り上げた各論の根底には基礎編で紹介する考え方があり、基礎編の理解なくして応用編の真の理解は難しいと考えている。したがって、本書を読まれる際には、まず第1部「基礎編」を読んでマーケティングの基本を理解し、その上で第2部「応用編」の中から興味のあるテーマを読まれることをお勧めする。

　また、第1部、第2部を通じて、旧版にて紹介されていた事例のうち古さを感じさせるものは、新しい事例に書き換えた。特に、各章冒頭の「CASE」はすべて、今回新たに書き下ろしたものである。

　1人でも多くのビジネスパーソンに本書を読んでいただき、実務に役立てていただけたら幸甚である。

　最後に、本書の上梓にあたってダイヤモンド社DIAMONDハーバード・ビジネス・レビュー編集部の肋岡彩さんには、全般にわたって様々なアドバイスをいただいた。グロービス出版チームの大島一樹氏にはプロジェクトマネジメントおよび最終稿の完成に向けて非常にお世話になった。この場を借りて、あらためて感謝を申し上げたい。

執筆者を代表して
グロービス経営大学院教授　花崎徳之

● 目次

まえがき

第1部 基礎編

第1章 マーケティングの意義とプロセス 2

1 マーケティングの考え方 5
　ニーズとウォンツ 7
2 マーケティング戦略策定プロセス 8
　〈コラム〉情報システムの整備 15
3 企業におけるマーケティング機能 16
　企業戦略との関係 16
　〈コラム〉事業ドメインと提供価値 17
　マーケティング機能と他部門との関係 18
　組織戦略とマーケティング 19
　〈コラム〉マーケティング部門は経営者への登竜門 20

第2章 環境分析と市場機会の発見 22

- 1 ……… **環境分析** 25
    - 外部分析 25
    - 内部分析 29
    - 環境分析を行う際の留意点 30
- 2 ……… **市場の機会と脅威** 31
    - 機会と脅威の分析 31
    - 機会と脅威の二面性 31
    - 自社の弱みを強みに変える 32
    - 市場機会を創造する 33
- 3 ……… **マーケティング課題の特定** 34

第3章 セグメンテーションとターゲティング 36

- 1 ……… **セグメンテーション** 38
    - 市場とセグメント 38
    - セグメンテーションの意義 39
    - セグメンテーション変数 40
- 2 ……… **ターゲティング** 43
    - 市場の攻略法 44
    - ターゲット選定の条件 45
    - ターゲットの変更・拡大 48
    - 〈コラム〉デジタル時代のセグメンテーションとターゲティング 49

第4章 ポジショニング 51

1 ポジショニングの基本 54
2 戦略的ポジショニングの作り方 55
　消費者が認識する特徴の抽出 56
3 ポジショニングの手順 57
4 ポジショニングの検証と見直し 60

第5章 製品戦略 63

1 製品の捉え方 65
　製品に関する意思決定 65
　製品の分類 66
2 新製品開発プロセス 69
　第1段階:製品コンセプトの開発 70
　第2段階:戦略仮説の検討 73
　第3段階:製品化 73
　〈コラム〉ネーミング 74
　〈コラム〉パッケージング 75
　第4段階:市場導入 77
3 製品ラインの設計 77
4 製品ライフサイクル 79
　製品ライフサイクル理論 79

製品ライフサイクル理論の限界　81
〈コラム〉クラウドファンディングのマーケティング効果　82

第6章　価格戦略　84

1 …… **価格の捉え方**　86
　　価格戦略の重要性　86
2 …… **価格の上限／下限を規定する要因**　87
　　製造コスト　87
　　カスタマーバリュー　90
3 …… **価格設定に影響を与える要因**　91
　　競争環境　91
　　需給関係　92
　　売り手や買い手の交渉力　92
4 …… **価格設定手法**　93
　　原価志向の価格設定　93
　　需要志向の価格設定　94
　　競争志向の価格設定　95
5 …… **新製品の価格設定**　95
　　ペネトレーション・プライシング（市場浸透価格設定）　96
　　スキミング・プライシング（上澄吸収価格設定）　97
　　〈コラム〉価格弾力性　97
6 …… **成長期の価格設定**　98

7……効果的な価格設定のために　99
　　　バンドリングとアンバンドリング　99

第7章　流通戦略　101

1……流通チャネルの意義　103
2……流通チャネルの種類　104
　　　自社組織と外部組織　104
　　　小売業者と卸売業者　106
　　　流通チャネルの段階数　107
3……流通チャネルの構築ステップ　110
　　　ターゲット市場と経営資源の把握　110
　　　流通チャネルの長さの決定　110
　　　流通チャネルの幅の決定　111
　　　展開エリアの決定　113
　　　チャネルメンバーの選定　113
　　　チャネルに対する動機づけ政策の決定　113
4……流通チャネルの変更の難しさ　115
5……オムニチャネル　117
　　　オムニチャネル実現のための条件　118
　　　オムニチャネル構築のステップ　120

第8章 コミュニケーション戦略 122

1 ……… マーケティングにおけるコミュニケーションの役割 124
　　　消費者の購買意思決定プロセス・態度変容モデル 125
　　　インターネットの普及による購買意思決定プロセスの進化 126
2 ……… コミュニケーション手段 129
　　　〈コラム〉ブランデッド・エンターテインメント 130
　　　〈コラム〉プッシュ戦略とプル戦略 132
3 ……… コミュニケーションメディア（伝達経路） 136
　　　〈コラム〉急速に成長するSVOD市場 138
　　　〈コラム〉アドテクノロジーの進化 145
　　　3つのメディアを統合して運用するトリプルメディア 147

第2部 応用編

第9章 ブランド戦略 152

1 ……… ブランドとは何か 154
　　　ブランド戦略と全社戦略 155
2 ……… ブランドエクイティ 156

ブランドエクイティの構成要素　156
　　　〈コラム〉ブランドを金食い虫にしないために　159
　　　ブランドエクイティの評価　159
　3………ブランド戦略の立案と実行　160
　　　ブランド戦略の条件　160
　　　ブランド戦略の要素　160
　　　ブランドに関する調査の重要性　163
　4………ブランドの多様な展開　164
　　　コーポレートブランドの確立　164
　　　ブランドアーキテクチャー　165
　　　ブランドアライアンスとコ・ブランド　166
　5………ブランドエクステンション　168

第10章　マーケティングリサーチ　170

　1………マーケティングリサーチの意義　171
　　　ITによって進化するマーケティングリサーチ　172
　　　マーケティングリサーチ3つの限界　173
　　　マーケティングリサーチの目的別類型　174
　2………マーケティングリサーチで用いる情報　176
　　　データの種類　176
　3………マーケティングリサーチのプロセス　177
　　　リサーチ結果の報告　184

4 ……… **マーケティングリサーチにおける注意点** 184
  コミュニケーションツールとしてのリサーチ 185

第11章 顧客経験価値とカスタマージャーニー 187

1 ……… **顧客経験価値重視への移行を促す2つの変化** 189
  企業が考慮すべき情報メディアの変化 189
  顧客の経験を重視する発想への変化 190

2 ……… **顧客経験価値マネジメント** 192
  従来型マーケティングの3つの限界 192
  顧客経験価値の構成要素 193
  マーケティング戦略とカスタマージャーニー 195
  顧客経験価値マーケティングの注意点 198
  〈コラム〉顧客経験価値のコントロール方法 198

第12章 BtoBマーケティング 200

1 ……… **BtoCマーケティングとの差異** 202
  BtoBマーケティングの顧客特性 202
  BtoBマーケティングの製品特性 206

2 ……… **BtoBマーケティングにおける課題** 207
  俯瞰思考を身につける 207
  〈コラム〉事業の再定義 210

価値と利益を考慮したソリューションを提供する 212
            「価値」の「価格」への転換を考える 214
            〈コラム〉マスカスタマイゼーション 215
    3 ⋯⋯⋯⋯**BtoBマーケティングに期待する役割の変化** 216
            より効率的なリード獲得の必要性 217
            リード創出のハードルとマーケティングオートメーション 218
            マーケティングオートメーションと営業との連携の工夫 220

        参考文献 222

        索引 229

第1部

基礎編

第1章 ● マーケティングの意義とプロセス

POINT

　マーケティングの役割は、市場の変化を敏感に捉え、顧客ニーズや顧客満足を中心に置いた「買ってもらえる仕組み」を組織内に構築することである。マーケティング戦略は、❶環境分析、❷マーケティング課題の特定、❸セグメンテーション（市場の細分化）とターゲティング（標的市場の選定）、❹ポジショニングの決定、❺マーケティングミックスの検討、❻実行計画への落とし込み、という一連のプロセスで策定される。

CASE

　ユニバーサル・スタジオ・ジャパン（USJ）は、2016年度、東京ディズニーランドの入場者数が前年度割れとなる中、前年度比5％増の1460万人と、過去最高の入場者数を記録した。今では大盛況だが、実は2004年に、事実上の経営破綻をしている。その危機を乗り越えてV字回復を果たせたのは、「消費者視点の会社」に自らを変えたからである。

　1994年、関西圏における大規模テーマパーク開設のための企画および調査を目的として、大阪ユニバーサル企画が設立された。そして1996年にアメリカのエムシーエー・インク（現ユニバーサル・スタジオ・インク）と、テーマパーク「ユニバーサル・スタジオ・ジャパン」の企画、建設および運営に関する基本契約を締結した。これを受けて、大阪市が出資する第三セクターとして株式会社ユー・エス・ジェイが誕生し、2001年にテーマパーク「ユニバーサル・スタジオ・ジャパン」を開業したのである。

　開業に当たってはテレビ、ラジオ等あらゆるメディアを通じて、USJがハリウッド映画のテーマパークであることを強調したプロモーション活動を大々的に行い、それが奏功して開業年度の入場者は1100万人を記録、華々しいスタートを切った。しかし、初年度の最終月から集客が目標に届かない状況が続き、翌年度になると書き入れ時の春休みとゴールデンウイークにも失速するようになった。それに追い打ちをかけるように、パーク内飲食店での賞味期限切れ食材の使用、水飲み器の汚染水問題、ボヤ騒ぎと相次いで不祥事が発覚。業績が一気に悪化し、2004年の経営破綻に至ったのだった。

苦境に立たされたUSJは同年、新社長にグレン・ガンベル氏を迎えて経営基盤を立て直した。次いで2010年に、マーケティングで定評のあるプロクター・アンド・ギャンブル（P&G）において成果を上げていた森岡毅氏をヘッドハントし、USJの改革を託したのである。
　森岡氏は、USJの核となる戦略コンセプトを、「映画のテーマパーク」から「世界最高のエンターテイメント」へと転換する大改革を決断した。
　遊園地・テーマパーク業界は、幅広い顧客ターゲットを集客するのが定石だ。なかでも最大の顧客は、子供とその家族である。子供が喜びそうな環境を作り、家族ぐるみで集客するのが売上げ増加の早道だ。業界トップの東京ディズニーリゾート（TDR）は、低年齢の子供から大人まで、世代を越えて支持される親しみやすいキャラクターを武器に、不動の人気を誇っている。
　一方、USJは当初、ハリウッド映画のコンテンツを売りにすることでTDRとの差別化を図り、さらに、映画をリアルに再現したかのような迫力あるアトラクションで、映画好きを中心とした成人層を取り込んでいった。しかし、開業翌年度以降は来場者数が700〜800万人で推移し、開業当初の賑わいを取り戻すことはなかった。
「映画のテーマパーク」からの戦略変更に当たって社内では、「それではTDRとの差別化ができなくなり、集客減になる」との反対意見が多く出された。しかし森岡氏は、TDRは500キロも離れており、"交通費3万円の川"が流れているので、激しく競合しないと判断し、改革を推し進めていった。それは、主たるターゲットを映画好きを中心とした18〜29歳の層から、4歳〜高校卒業までの低年齢の子供と学生層、そしてファミリー層にも拡大するという大きな方向転換であった。
　まず着手したのは、最重要ターゲットである低年齢の子供とその家族を取り込むための、新エリア「ユニバーサル・ワンダーランド」の建設である。新エリアには、それまでのイメージを覆すような仕掛けが必要だった。それまでも、低年齢の子供に親しみのあるキャラクターをパーク内の随所に配してはいたが、それを新エリアに集約し、アトラクション、飲食、イベントとのシナジー（相乗効果）を狙った。そして、低年齢の子供ができる限り多くを体験できるように、「機能は子供に合わせ、デザインは母親に合わせ」て、顧客経験価値にこだわったエリアとした。
　2012年に新エリアをオープンすると、それまで取りこぼしていたファミリー層に受け入れられ、USJの新たな魅力として評判になった。しかし、拡大したターゲット層へ訴求するには、ユニバーサル・ワンダーランドだけでは不十分だった。そこで、ハロウィーン・ホラー・ナイトやウィザーディング・ワールド・オブ・ハリー・ポッターなど、新規のイベントや新エリアを次々と仕掛けていった。それがヒットして若い女性

客を取り込み、さらに外国人観光客にも受け入れられ、来場者は毎年100万人ずつ増えていったのである。

　改革の手応えをつかんだ森岡氏は、以前から問題視していた入場料の見直しに着手した。日本の平均的な遊園地やテーマパークの入場料は、先進国に比べて低めに設定されている。一方で、顧客に飽きられないためには、施設やアトラクションのリニューアルが不可欠だ。USJも例外ではなく、大規模な仕掛けのために巨額の設備投資を行ってきた。大成功したハリー・ポッターには、約450億円の費用が投じられた。これは、当時の年間売上げの約半分強に相当する。つまり、遊園地・テーマパーク業界は開園時の設備投資だけでなく、継続的かつ巨額の設備投資を必要とするビジネスであり、そのキャッシュを賄うだけの売上げがなくてはならないのだ。

　遊園地・テーマパーク業界を売上規模で見ると、10億円未満の企業が全体の64.9%を占めている。少数の大企業と多数の中小企業という業界構造になっているのだ。ところが、売上高で業界トップのTDRが長年、入場料を低めに設定してきたため、中小の施設はそれに準じた価格に設定せざるをえなかった。それもあって、多くの遊園地・テーマパークは継続的な設備投資に資金を回せない悪循環に陥り、経営破綻していったのだった。この状況を放置すれば、消費者側から見ると選択肢の減少につながり、競争環境にない業界の魅力が低下し、業界の存続すら危うくなるかもしれない。TDRに次いで大きいUSJとしては、入場料を値上げして先進国の水準にまでもっていくことが使命だと森岡氏は考えた。開業時5500円だった1Dayパスは毎年のように値上げされ、2018年には7900円となっている。値上げによって得た収益で継続的な設備投資を行い、顧客満足度の高いテーマパークを目指すという道を選んだわけだ。それに追随する形でTDRも値上げし、関西圏にある「ひらかたパーク」も続いて値上げに踏み切った。

　このように、効果的な仕掛けを次々と打ち出していった森岡氏は、テレビCMに関しても、新たな視点でのテコ入れを試みた。消費者がUSJに来るということは、入場料に加えて交通費などの支出も必要になるということだ。遠方の場合は、家族全員の交通費だけで数万円になることもある。それを支出してでも行きたいと思わせるだけの魅力を、CMではアピールしなくてはならない。

　従来のテレビCMは、例えばクリスマスイベントについて、「昼と夜では、違った形で楽しめます」という、イベントの見どころを訴求する内容だった。これはイベントの魅力をストレートに伝える正攻法のCMだが、夜にはイルミネーションで華やかになるのだろうと、想像させるだけで終わってしまう。そこで2010年のテレビCMでは、「子供と本気で楽しめるクリスマスは、あと何回もない」という、親たちの切ない心理

第1章 マーケティングの意義とプロセス

を巧みに表現したコピーで、情緒的に訴えかけるCMに変更した。結果として、クリスマスシーズンの集客は前年から倍増した。

　また、マスメディアによるPRだけでなく、SNSを利用したプロモーションも開始した。具体的には、SNS上でフォローやシェアをした人には入場券をプレゼントするなど、消費者とのインタラクティブなコミュニケーションを行い、SNS世代にもアプローチしていったのだ。

　遊園地・テーマパーク業界は、消費者が生活する上でなくては困るものを提供しているわけではない。娯楽や楽しい経験に対して消費者に出費してもらうには、強いブランド力と魅力的なコンテンツが必要不可欠だ。USJは「消費者視点」に立ってテーマパークのあり方を考え直したことで、消費者が本当に求めているエンターテイメントを生み出すことができたのである。

理論

　企業の収益は、製品・サービスを顧客に販売することで生まれる。その活動の中でマーケティングは、顧客に製品・サービスを買ってもらえるような仕組みを作り、それを機能させるという重要な役割を担っている。

　本章では、マーケティングの基本的な考え方、戦略立案・実行の際の全体的なプロセス、経営における意味合いを概観する。

1● マーケティングの考え方

　マーケティングとは、顧客ニーズや顧客満足を中心に置きながら「買ってもらえる仕組み」を作る活動である。その究極の目的は、顧客が対価を払ってもよいと思える価値を効率的に提供し、顧客満足を得ながら企業利益を最大化していくことにある。「顧客ニーズを満たし、顧客満足を得る」という命題が以前にも増して重要になっている背景には、次のような環境変化がある。

- 長い景気低迷期を経て、消費者の選択眼はいっそう厳しくなっている。
- 情報過多の現代だが、消費者の情報処理能力が比例して高まっているわけではない。消費者が確実に認識する情報の提供が購買行動へとつながる。
- スマートフォンの普及により、誰でも手軽に情報を得ることができるため、企業のデジタルマーケティング活動が活発になっている。
- 若い世代のテレビ離れ、ネット志向が顕著になり、マスマーケティングの限界が来

ている。彼らは、興味を持った製品やサービスの情報を自ら取りに行く。その結果、テレビCMやテレマーケティングなど、企業から一方的に情報発信する**アウトバウンドマーケティング**だけでは消費者に届きづらくなっており、ウェブサイト上に用意したコンテンツなどを消費者自身の興味関心に基づいて探しにきてもらう**インバウンドマーケティング**の活用が必要になっている。

- SNSの利用が活発になって、インスタ映えや「いいね！」をもらえるか、といった視点での消費が増加している。SNSを通じて第三者の視点を意識する、新たな消費マインドが拡大している。
- ネットオークション市場の拡大とともに**CtoC市場**が急速に伸び、消費者自身が売り手になるという現象が起きている。企業には、CtoC市場を考慮したマーケティング活動が必要になっている。
- ITの急速な進化で情報のボーダーレス化が進み、グローバルな情報収集が可能になった。国内消費者のニーズにとどまらず、世界中の消費者のニーズに応えることが企業に求められている。

　こうした環境変化から読み取れるのは、従来のマーケティング方法では立ち行かなくなってきていること、とりわけ供給者の都合を優先させて売り込む発想では、顧客から見捨てられて業績が悪化するばかりか、企業の存続までもが危うくなるということだ。企業が継続的に成長していくには、収益をもたらす顧客の創造と維持が不可欠である。供給者側の都合を優先させた考え方ではなく、顧客の視点でマーケティング方法を見直し、企業に長く利益をもたらしてくれるよう、長期的な関係を築いていくことが重要なのである。

　ケースで紹介したユニバーサル・スタジオ・ジャパンは「消費者視点の会社」を掲げているが、これは単なるお題目ではない。**CMO**（最高マーケティング責任者）として陣頭指揮を執った森岡氏は、休日に家族を連れて自腹でUSJに入場し、自分の子供たちが楽しめるアトラクションが十分あるか調べ、さらには長蛇の列に並び、並ばされる顧客の心理を実感した。自ら現場へ赴き、消費者の目線でUSJを分析することで、数々の新たな仕掛けを考え出したのだった。

　市場の成長や競争状況の変化に応じて変わる顧客のニーズを的確に把握し、臨機応変に対応していかなければ、企業は生き残れない。テーマパークのような装置産業は、集客を増やして、売上げを伸ばし、それを魅力づくりに再投資するという循環ができなければ、設備もコンテンツも老朽化し、来場者が減る負のスパイラルに陥る。新たな投資ができなくなった多くのテーマパークは、そうして潰れていったのである。

消費者視点へのシフトの必要性は、同業界に限られた話ではない。消費者視点の施策で成功してきた企業であっても、知らず知らずのうちに自社の事情が優先するようになり、顧客の心を読み違えることがある。「顧客が求めるものは何か」「顧客から選ばれるためには何をすべきか」という発想で「買ってもらえる仕組み」を考えていくことが、どの業界のどの企業にも求められている（**図表1-1**参照）。

● **ニーズとウォンツ**

 マーケティングにおいて常に問い続けなくてはならないのは、顧客が何を望んでいるか、自社はどのような価値を提供すべきかである。顧客を引き付けるためには、顧客の欲求を満たす製品・サービスを生み出し、顧客満足を高める努力が必要になる。

 顧客の欲求を表す概念には**ニーズ**と**ウォンツ**がある。ニーズとは、衣食住などの生理的なことから社会的、文化的、個人的なことに至るまで、様々な事柄に対して人間が感じる「満たされない状態」のことだ。これに対してウォンツは、ニーズを満たすために製品化されたものを求める感情、つまり「具体的な製品・サービスへの欲求」を意味している。例えば、「食べ物を安全に、必要な期間できるだけ美味しい状態で保存したい」というのがニーズであり、それが製品の形となった「冷蔵庫が欲しい」というのがウォンツに当たる。

 マーケティングの中心課題は、顧客の本質的なニーズを捉え、具体的なウォンツに繋げることである。ここで注意したいのが、表面的なニーズを満たしているように見えたとしても、顕在化していない本質的なニーズは満たされていないことが多い点である。例えば、現在の冷蔵庫や冷凍庫は、消費者のニーズをほぼ満たしているように見える。しかし、完璧に満たしているかといえば、まだ改善の余地はあるはずだ。仮に、技術革

図表1-1　マーケティングとは何か

端的に言えば	「買ってもらえる仕組みづくり」
目的	強引な販売や規制などに頼らずとも、効果的かつ持続的にキャッシュを生み出せる状況を作り出す
出発点	顧客（＝企業にキャッシュをもたらす相手）
重視するポイント	顧客ニーズ、KBF（購買決定要因）、顧客満足
望まれる心構えやスキル	分析力、想像力、顧客志向、全体的整合性へのこだわり、「全社員がマーケティングに貢献できる」という姿勢
マーケティングを理解しないがための典型的な誤謬	「良いものさえ作れば売れるはずだ」 「売れないのは営業の頑張りが足りないから」 「知名度がないから売れないだけだ」　など

新によって真空状態を簡単に作り出せるようになれば、食べ物をより自然な状態で長期間保存できる装置が発明され、それが手頃な価格で提供されるようになれば、大方の需要は新しい製品へと向かうだろう。

　ウォンツが明らかになったとしても、それで満足してはいけない。そこからさらに、どのような価値提案が可能かを考えていくとよい。例えば「はさみ」というウォンツが明らかだったとしても、「安全に使える」「切れ味が良い」など、顧客がより評価する付加価値に思いをめぐらせることが大切なのだ。ウォンツと企業の**バリュー・プロポジション**（企業の提供価値）は必ずしも表裏一体の関係にはない。自社の提供価値をより強いウォンツへと変換できるかどうかが、マーケティング担当者の腕の見せ所といえるだろう。

2● マーケティング戦略策定プロセス

　マーケティングでは、顧客ニーズを汲み上げ、開発や生産、販売などの様々な活動を連動させながら、顧客にとって価値のある製品やサービスを提供していく。その青写真を描くためにマーケティング戦略を策定するが、その際には一連のプロセスをたどる。ここでは、戦略策定プロセスを大きく次の6つのステップに分けることにする（**図表1-2**参照）。

- ❶**環境分析**：事業に影響を及ぼす内外の様々な要因によって構成されるマーケティング環境の分析を通して、市場の機会と脅威を整理するとともに、自社の強みや弱みを再確認する。
- ❷**マーケティング課題の特定**：マーケティング課題を洗い出し、今回取り組む課題とマーケティング目標を明確にする。
- ❸**セグメンテーション、ターゲティング**：市場をグループ分けして、どの顧客セグメントに焦点を当てるかを決定する。
- ❹**ポジショニング**：競合製品に対して差別化し、顧客にアピールできる自社製品の提供価値を決定する。
- ❺**マーケティングミックス**：有効な製品戦略、価格戦略、流通戦略、コミュニケーション戦略をいかに組み合わせ、実行していくかを決定する。
- ❻**実行計画の策定**：マーケティングミックスを実現するための行動計画を策定し、予測損益計算書を作った上で、その戦略シナリオに沿ってオペレーションやモニタリングの仕組みを整備する。

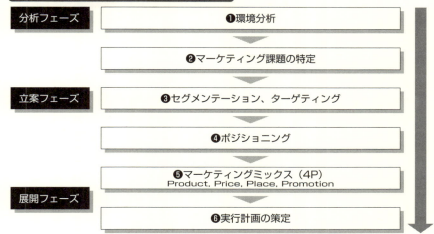

これらは通常の戦略策定の流れとほぼ共通しているが、マーケティング特有の視点が含まれる❶～❺の各論については、次章以降で詳しく解説していく。ここでは、冒頭のユニバーサル・スタジオ・ジャパンのケースを用いながら、マーケティングの戦略策定プロセスの全体像を押さえておきたい。

❶ 環境分析

マーケティングの第一歩は、マーケティング環境分析を行い、その中から市場の機会と脅威を整理し、自社の強みや弱みを踏まえた上で、市場攻略の方向性を見出すことである。すべての企業にとっての**市場機会**ではなく、自社にとって魅力的で、かつ競合他社が真似できない強みを発揮できる市場機会を探さなくてはならない。

ユニバーサル・スタジオ・ジャパンを取り巻くマーケティング環境
【外部環境──機会・脅威】
- 業界トップの東京ディズニーランド・東京ディズニーシーとは、関東と関西で物理的距離があり、関西以西を主商圏として取り込むことが可能である。
- 業界に映画という切り口のテーマパークが存在しない。
- 東京ディズニーランドと東京ディズニーシーは、ミッキーマウスをはじめ、子供に親しみやすいキャラクターを多数抱えている。

- 関西という首都圏よりは小さい商圏に位置する。
- 他のテーマパークをはじめ、映画館、動物園、水族館などのエンターテイメント施設の選択肢が多数ある。
- 日本のテーマパークの入場料は、先進国より割安なのが業界水準である。
- 業界トップの東京ディズニーランド・東京ディズニーシーが、価格のベンチマークとなっているため、値上げが容易ではない。

【内部環境──自社の強み・弱み】
- 世界的に知名度の高いハリウッド映画のコンテンツを、アトラクション、飲食、物販、パーク内装飾などに利用できる。
- 映画を再現したかのような迫力あるアトラクションが多く、映画好きな男性客に人気がある。
- 従来のテレビCMは、莫大な費用がかかるが、遠方から集客するには訴求力が弱い。
- 開業年からいる社員を中心に、「映画のテーマパーク」にこだわるべきという考えが根強くある。
- 低年齢の子供が親しめるキャラクターやアトラクション、施設の整備が不十分。
- 関西圏の顧客に7割依存している。数万円の交通費という心理的ハードルがあり、関東圏からの来場者が少ない。

導き出される示唆・仮説
　映画のテーマパークに絞るというこだわりを改めて、低年齢の子供とその家族、若い女性層といった、より幅広いターゲットに着目すれば、売上げを改善できるのではないか。

❷ マーケティング課題の特定

　環境分析後すぐに詳細な市場分析や具体的な施策の検討に移るのではなく、マーケティング活動を通して何を実現したいのかを、今一度明確にしておく。その手順としてはまず、環境分析で整理した機会や脅威、自社の状況を念頭に置きながら、自社にとっての課題を洗い出す。自社の経営方針、経営資源、事業特性などに起因する制約条件を整理し、それらを加味しながら優先順位を考える。そして、優先的に取り組むべき課題やマーケティング目標を設定するのである。これ以降の戦略策定プロセスでは、ここで特定した課題や目標をにらみながら、最も効果的だと思われる施策の検討を進めていくことになる。

ユニバーサル・スタジオ・ジャパンの課題と目標

「映画のテーマパーク」と訴求することで、東京ディズニーランド・東京ディズニーシーとの差別化を図ってきたが、レジャー産業における映画の市場規模は1割程度であるため、既存路線の継続では、売上げ拡大の見込みが低いことがわかった。

企業存続のためには、売上げ規模を早急に拡大しなくてはならず、遊園地・テーマパーク業界において、映画コンテンツという狭い市場で戦うには限界がある。

一方、社内には、映画以外のコンテンツを導入することに反対する社員が多くいた。そうしたこだわりが、改革の大きな壁となって立ちはだかっていた。森岡氏は、彼らのこだわりの詰まったパークではなく、消費者のニーズが詰まったパークというベクトルを定め、彼らの知恵や技術を集約させて、ユニバーサル・スタジオ・ジャパンの提供価値を高めることにした。

❸ セグメンテーションとターゲティング

マーケティング課題を特定し、自社に適したマーケティング機会を発見したら、次のステップでは、その市場にどのようにアプローチするかを検討する。市場全体に均等にアプローチするのか、容易に参入できそうなところから攻めるのか、市場攻略のやり方を考えていく。

限られた経営資源を有効に使うためには、資源配分に濃淡をつけたほうがよい。一般的には、市場を何らかの基準でセグメントに分けて（セグメンテーション）、競争上最も優位を保てるセグメントを選び（ターゲティング）、そこに意識を集中させる方法で、資源の効果的活用や経営効率の向上を図っていく。

ユニバーサル・スタジオ・ジャパンの主要ターゲット

既存の顧客に加え、低年齢の子供を持つファミリー層を中心に、4歳〜高校卒業までの客層と18〜29歳くらいの女性層を新たにターゲットに含める。

ターゲットとするセグメントは、その事業が成立する最低限の規模を獲得できなければならない。通常、遊園地・テーマパーク業界では、来場者を増加させなければ、巨額の投資を継続することは困難である。そのために、幅広いターゲットを想定しなければならない。従来の映画好きというターゲットは結果として狭すぎた。ユニバーサル・スタジオ・ジャパンは、新たなコンテンツを導入する一方、映画コンテンツとの**シナジー**（相乗効果）を狙った。ターゲットを広げることで世界観が曖昧になるという懸念もあったが、既存のターゲットと新たなターゲットは共存することができた。

❹ ポジショニング

ポジショニングの目的は、ターゲット市場において、自社製品が競合製品より相対的に魅力的であると顧客に認知してもらうことにある。顧客ニーズを十分に認識した上で、競合が強い地位を占めておらず、ユニークで魅力的な存在として自社製品を受け止めてもらえるポジションを見つけ出していく。

> **ユニバーサル・スタジオ・ジャパンのポジショニング**
> 世界最高のエンターテイメントを体験できるテーマパーク。

遊園地・テーマパーク業界は、比較的差別化が容易である一方、設備に巨額の資金が必要となるため、一度設定したポジショニングを変更するのは難しい。ユニバーサル・スタジオ・ジャパンは、「映画の」テーマパークから「映画を軸とした世界最高のエンターテイメントの」テーマパークへとポジショニングを変更し、アニメやゲーム、アーティストを幅広く起用し、映画と直接関係ないイベントも実施した。

社内外の一部からは、コンセプトのぶれや東京ディズニーリゾートとの同質化を懸念する声もあったが、変更したポジショニング戦略により、幅広い客層から支持された。

❺ マーケティングミックス

マーケティングミックスとは、ターゲット市場においてマーケティング目標を達成するために、コントロール可能な様々な手段を組み合わせることである。一般に、製品戦略（Product）、価格戦略（Price）、流通戦略（Place）、コミュニケーション戦略（Promotion）を総称した4Pを指すことが多い。Placeはチャネル戦略、Promotionはプロモーション戦略と呼ばれることもあるが、本書では、流通戦略とコミュニケーション戦略という用語を使うことにする。

4Pは、現代マーケティングにおける最も重要な概念といえるだろう。例えば、どんなに魅力的な製品を創造しても（製品戦略）、その情報が顧客に正確に伝わらなければ（コミュニケーション戦略）、販売には結び付かない。製品の情報が伝わって顧客が興味を持ったとしても、その製品がどこで手に入るのかがわからなければ（流通戦略）、購入しようにもできない。また、顧客が店頭で製品を手に取ったとしても、その価格が期待値から大きく逸脱していたなら（価格戦略）、購入を断念するだろう。

4Pを検討する際には、それぞれを個別に扱うのではなく、各要素を上手く組み合わせてマーケティング目標を達成することがポイントとなる。4Pの各要素は独立したものではなく、相互に密接に関わり合っている。例えば、長期にわたって低価格路線を敷

く一方で、膨大な広告投資を続けるというような戦略では、整合性を欠き、企業の健全な成長の阻害要因ともなりかねない。前のステップで決定したターゲット顧客およびポジションを踏まえながら、4つの要素が整合性を持つように、トータルな視点で検討しなくてはならない。

ユニバーサル・スタジオ・ジャパンのマーケティングミックス

【製品戦略】
- 映画、アニメ、ゲーム等のコンテンツのキャラクターを反映させたアトラクション、イベント、物販、飲食をトータルで提供した。
- SNSで話題になるような飲食メニューやグッズに注力した。
- 遠方からの来場者が利用する公式ホテルでは、キャラクターが装飾された部屋や謎解きが楽しめる部屋を提供し、パークとのシナジーを狙った。

【価格戦略】
- パークを充実させる目的で、1Dayパスの料金を値上げした。
- 東京ディズニーリゾートでは無料のエクスプレスパス（並ばずに優先的にアトラクションに乗れるチケット）を有料化した。

【流通戦略】
- 世界最高のエンターテイメントを集積させたパーク作りを徹底した。

【コミュニケーション戦略】
- テレビCMの質を変えた。アトラクションやイベントの説明ではなく、情緒的便益に働きかける内容で訴求した。
- SNSを利用したインタラクティブな情報提供を行った。

　パスの値上げは確実にマイナスイメージを植え付けることになるが、季節やトレンドに合わせた新たなアトラクションやイベントの企画、そのアトラクションやイベントに適した造作物の設置、飲食メニューや物販の開発・提供など、それを打ち消すような施策を数多く打ち出した。また、テレビCMでは正攻法の説明ではなく、情緒的便益に訴える形で広く世間に訴求した。その一方で、時代の流れを的確に捉えることを忘れずに、SNSを使ったプロモーション活動も取り入れることで、若年層にも受け入れられた。
　値上げというマイナスの側面があったにもかかわらず、2010年以降、集客が毎年100万人ずつ増加している事実を見ると、4P戦略のシナジーが有効に働いているといえよう。

❻ 実行計画の策定

マーケティングミックスを実施していく際には、予測損益計算書に基づいて戦略シナリオを作り、具体的なアクションを起こせるように行動計画を策定するほか、モニタリングの仕組みを整備して進捗確認や軌道修正を行うことが重要である。

戦略策定によりターゲットから4Pの具体的な施策までが明らかになっても、それだけで直ちに実行に移せるわけではない。資金的な裏付けをまず検討しなくてはならない。数値に落とし込めていないマーケティング計画は絵空事でしかなく、実行可能かどうかの判断ができない。

4Pの実現に向けて、「誰が」「何を」「いつまでに」「どのように」やるのか。それにはどれくらいのコストがかかるのか。あるいは、どの程度コストをかけることが許されるのか。こうした点を明らかにするためには、売上予測（販売個数や単価）、必要な費用、利益予測を明確にした予測損益計算書を作り、「いくらで」「どのくらいの数量を」「いつまでに売ればよいか」を具体的に決めなくてはならない。

その際には、短期目標と中長期目標との整合性にも留意したい。一定のシェアを達成するのに、1年を目標とするのか、長期でよいのか。それによって、価格設定や広告費などの予算配分が大きく変わってくる。

目標を具体化・明確化するだけでなく、そのためのアプローチや方針も明らかにしておきたい。例えば、目標売上高を達成するために、品質やイメージを若干落としてでも売りやすい低価格にして顧客数を増やす戦略にするのか、品質やイメージを維持して数量よりも顧客単価を高める戦略をとるのか。それによって、効果的なアプローチも変わってくる。

さらに、目標設定の根拠を明確にしておくことも重要だ。これは、最終的には経営陣の決定事項であるが、非現実的な目標では初めから目標達成への意欲が湧かないだろうし、がむしゃらに働いても目標は達成できず、徒労感から士気低下を招いたりする。非現実的な目標達成に向かって組み立てられた戦略には無理が生じやすく、広告費の無駄遣いや過剰在庫などが起こることも考えられる。

戦略シナリオができれば、それに沿って行動計画を立て、実施状況をチェックするためのコントロールシステムを整備する。行動計画では、担当部門や担当者が行動に移せるような具体的なオペレーションを規定する。その際には、社として掲げたマーケティング目標を部門レベルにブレークダウンし、それぞれが取り組むべき行動がイメージできるような、より具体的な目標値や指標を設定することがポイントとなる。目標を実現するための方法論は幾通りも考えられるので、適切な指標を設定しないと、そのときどきで場当たり的な対応をして全体の整合性を損なうおそれがある。

重視すべき指標が定まったなら、できる限り数値化する。売上げなら量や金額、利益なら率や絶対額、シェアなら占有率や変化率といったきめ細かな設定が望まれる。というのは、マーケティングでも他の企業活動と同じように、**PDCA**（Plan－Do－Check－Action）のサイクルを回す必要があるからだ。計画値との乖離を常にチェックすることで進捗を管理していれば、軌道修正の方向やタイミングを判断できるようになる。

情報システムの整備

マーケティング戦略の計画策定や実施は、市場環境、競合動向、販売状況などの様々な情報に基づいて行われる。そして、リサーチで得た情報をもとに、活動の精度を高めたり、効果を検証したりする。

とはいえ、マーケティングの教科書に書かれているような情報の入手が困難なことも、現実には多い。潜在市場の規模やシェアが曖昧で、自社製品の相対的な強さを把握できないとか、製品ごとの収益性、チャネルごとの収益性がつかめない、といったことも頻発する。とりわけ、複数のチャネルを介する複雑な流通構造をとっている企業は、どんな顧客が何を評価して自社製品を買っているのか、売上げへの貢献度が高いチャネルはどれか、といったことがなかなか把握できない。

そうした企業でも情報システムを整備し、情報を効果的に活用できるようにすれば、競争優位を築くことができる。その典型例が、イトーヨーカドーやセブン-イレブンを擁するセブン＆アイ・ホールディングスである。同社はPOSシステムをいち早く導入して受発注管理や在庫管理に役立てた。POSシステムはリアルタイムに近い形での仮説検証を可能にし、受注ミスによる販売機会のロスや、売れ残りによる廃棄ロスが減少した。さらに、セブン＆アイ・ホールディングスはそこで得た消費者情報を武器にメーカーに対する交渉力を強めることに成功し、市場での強固な地位を確立したのである。

必要な情報を迅速かつ確実に収集し、データの分析・活用ができる仕組みを整備することは、マーケティング活動において極めて重要な意味を持つ。事実に基づくデータは、活動の優先順位を付けたり、適切な資源配分を行ったりする際の重要な判断材料となる。顧客データベースや販売支援ツールなど、様々な情報システムを駆使することで、顧客ニーズの把握とより良いマーケティング活動の設計が可能になる。

3 ● 企業におけるマーケティング機能

　マーケティングは、大きな視点で市場を捉え、企業経営に役立てていく機能を担っている。企業は経営理念という枠組みの中で、外部環境と自社の経営資源を考慮しながら戦略を策定していくが、外部環境の中で最も注意したい要素は市場環境である。市場は日々変化し、市場から拒否された企業は収益を確保できなくなる。市場の構造的変化をいち早くキャッチし、企業の進むべき方向性を見出し、経営戦略や事業活動に落とし込んでいく役割を果たすのが、マーケティングである。

● ──── 企業戦略との関係

　マーケティング戦略は**全社戦略**、あるいは**事業戦略**や**ブランド戦略**に沿った形で、策定・実行しなくてはならない。例えば、ビールメーカーが新ビールの開発過程で、酵母由来の魅力的なサプリメントを開発できたとする。これを本格的に市場導入すべきだろうか。もしその会社が、事業ドメインとしてあくまでビールにこだわるなら、サプリメントの製品化は諦めて、他社に権利を売却するなどの措置をとることになるだろう。逆に、これを機会と見なして、事業ドメインを「酵母を活かした食と健康」などに変更し、サプリメントを新事業として育てるという選択肢も考えられる。いずれにせよ、単純にマーケティングの観点のみで判断することはできず、全社戦略との整合性という文脈で考えなくてはならない（図表1-3参照）。

　企業の戦略は通常、**経営理念**と**ビジョン**を上位概念とし、それに沿って全社戦略、事業戦略もしくはブランド戦略、機能戦略という階層構造をとっているものだが、マーケティング戦略もそれと同じような構造となっている。つまり、全社レベル、事業レベル、製品レベルなど、それぞれのレベルでマーケティング活動が行われている。

　製品レベルの視点では、自社が扱っている製品について「誰に何をいくらで売るか。それをどのように認知させ、どのように供給するか」をトータルで考えていく。だが製品の数が増えるにつれて、個々の製品ベースでは最適なマーケティング戦略であっても、事業単位あるいは企業全体で見たときに、営業組織との連携がとれていない、製品ごとにネーミングや付帯サービスにばらつきがあるなど、機能の重複や不整合が生じやすい。そこで、事業レベルあるいは全社レベルでマーケティングの方針を決定することで、シナジーを働かせながら製品間の調整を図っていく必要がある。全社レベルのマーケティング戦略では、さらにコーポレート・ブランディングなど、会社全体に関わる事柄を扱う。

図表1-3 経営理念、経営戦略とマーケティング戦略

事業ドメインと提供価値

　ハーバード大学などで教鞭を執ったセオドア・レビットは1960年に、顧客中心ではなく、自社が提供する製品中心に事業の定義を捉えているのは危険だ、と警鐘を鳴らした。その例として挙げたのが、アメリカの鉄道事業である。航空便の普及と車社会の到来に押されて1950年代に鉄道が斜陽化した原因は、自らを鉄道事業と定義していたからだという。

　事業ドメイン（事業領域）の定義の仕方によって、その企業が提供可能な価値の範囲が変わる。もしアメリカの鉄道事業が、輸送の需要が増加していることに着目して、自らを総合運輸事業と考えていたなら、航空輸送から鉄道輸送、陸上輸送を束ねるコングロマリットが誕生していたかもしれない。

　実際に、顧客を中心にどのような価値を提供していけばよいか、という発想をすれば、提供可能なサービスの幅は広がる。例えば、阪急電鉄は事業の発展とともに、「我々は鉄道会社ではなく、沿線地域を発展させ、人々の生活を豊かにする会社である」という柔軟な考え方をとり、それに沿って宅地化、動物園、映画館、歌劇場、野球場、さらには百貨店など沿線の土地利用に努め、乗客の創造に成功した。このように製品中心ではなく、顧客にとっての価値を中心に考えることにより、より多くの市場機会を捉えていくことが大切である。

　事業ドメインや提供価値は、市場環境の変化に合わせて柔軟に見直す必要がある。

> 例えば、アマゾンはオンライン書店としてスタートし、成長につれて音楽、家電、日用品等へと品揃えを増やしつつも、「オンライン小売業」というドメインは保っている。一方で、電子商取引（EC）やウェブ上のサービスが社会に定着し、これを運営する企業・団体が爆発的に増加したことを受けて、サーバーやデータストレージ等のリソースを従量課金制で提供する、アマゾン ウェブ サービス（AWS）を開始した。現在はこの「クラウドサービス」の分野でも、強固な地位を築くに至っている。

● マーケティング機能と他部門との関係

　企業は生産、営業、開発、財務、人事などの様々な機能の集合体であるが、どの機能においても、内外の顧客を意識しながら活動をしたり、マーケティング部門と連携や協業を行ったりすることが不可欠である。会社にキャッシュをもたらす顧客がすべての活動の原点となる、という考え方に立てば、顧客こそが企業内の各機能をコントロールする基準になる。そうした顧客の期待を明確化し、その充足を保証すべく各機能を統合していくのがマーケティング機能である（**図表1-4**参照）。

　例えば、R&D部門は製品開発に携わるが、彼らが熟知しているのは「自社の技術でどのような製品ができるか」である。そのため技術シーズ中心の発想になりやすく、売れる可能性のない製品を開発してしまうことがある。しかし、いかに技術的に優れていようとも、顧客が価値を感じなければ、会社に利益をもたらすことはない。「顧客に選ばれるものを作って、買ってもらう」ためには、顧客が求めている製品をよく知っているマーケティング部門と上手く連携することが肝要だ。

　製造部門もまた、マーケティングの考え方と無縁ではない。長期的な生産キャパシティの問題から、製品の梱包に関する細かな問題に至るまで、常にマーケティング部門との密接な連携が求められている。例えば、製造計画を立案するときには、市場分析に基づく販売予測データが必要になる。市場の動きを無視すれば、在庫の山を作ったり、その逆に販売機会を逃したりしてしまうだろう。製造コストや製造合理化の検討においても、製品仕様や価格設定などのマーケティング情報は必要だ。このように製造現場でも、目先の製造業務の先にいる顧客のことを考えて行動しなくてはならない。

　管理部門にしても、日常業務において社内顧客のニーズに耳を傾けるというマーケティング的な発想が欠かせない。例えば人事部門では、社内制度の策定や採用活動を行うときに、社員、採用担当者、応募者などのニーズや要望を正しく把握し、それに沿って必要なプログラムや対応を準備することが期待されている。

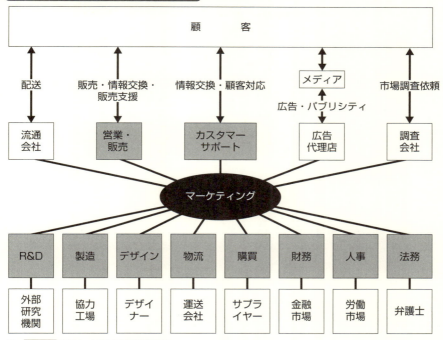

図表1-4 マーケティング部門の役割

注： ▦部分は、企業内にある部門を示す

　このようにどの部門もマーケティング発想で動く組織に変わるためには、マーケティングを独立した一機能として区別するのではなく、日々の業務に関連付けながらマーケティングの意識を浸透させていかなくてはならない。そこで、近年、増えているのが、CMO（最高マーケティング責任者）という役職である。マーケティング活動を円滑に行うためのCEO（最高経営責任者）や各部門責任者との交渉や、中長期の戦略策定、マーケティング部門全体をまとめる役割などを主に担う。専門的な知識と経験を持ち、かつ戦略的に部門および関係者を動かすことのできる存在として、重要視する企業が増えている。

◉──── **組織戦略とマーケティング**

　組織構造や人事制度はマーケティング戦略の範疇には含まれないが、実行に際して無視できない要素でもある。自社の方針、組織文化や諸制度との合致は、戦略を立てる上

での1つの制約条件となる。

　特に、マーケティング戦略と人事戦略とが連動していないと、現場で混乱が起きるおそれがある。例えば、目標を利益重視に置いても、個人や部門の業績を売上高や市場シェアで評価していれば、現場の人間は何を指標にして行動すればよいかわからなくなる。マーケティング戦略が実行フェーズでつまずくときは、組織や諸制度との整合性が取れていないことが多い。また、マーケティング担当者の評価・報奨において、業績を正確に測定し、それに合った見返り（ボーナス、昇進、表彰など）が受けられる仕組みがなければ、より良いマーケティング活動を行おうとするモチベーションは生じにくい。

　マーケティング戦略を効果的に実行していくためには、組織構造、職務設計、人事システム、人員配置などの仕組みとの整合性にも留意したほうがよい。場合によっては、戦略の遂行上、既存の諸制度の変更を働きかける必要性があるかもしれない。

マーケティング部門は経営者への登竜門

　アメリカに本拠を置く家庭用品メーカーのプロクター・アンド・ギャンブル（P&G）は、革新的なマーケティング手法をいち早く導入する企業として名高いが、マーケティング組織の構築という観点でも特筆される。

　1930年代に、社内競争による活性化を促すためにブランドマネジメント組織を導入し、大きな成功を収めた。各ブランドグループ（P&Gの場合は事業部よりさらに細かい単位となる）は、その組織的枠組みの中で整合の取れたブランド戦略に取り組む。ブランドマネジャーは「結果重視、社内昇進のみを前提にした人事評価制度」の下で徹底的な秘密主義を貫きながら、開発、製造、広告、販売などの機能部門を自分のブランドのために有利に動かして、自ら立案したマーケティング計画を実行し、成果を競うのである。

　その後、P&Gは社外競争が厳しくなったことを受けて、社内競争を緩和させる組織体制へと移行している。このように、環境変化に合わせて柔軟に組織を再構築できることも、強さの一端を担っている。

　P&Gは、ゼネラル・エレクトリック（GE）と並んで、多くの経営者を世に送り出したことでも有名である。そしてその多くは、マーケティング部門でブランドマネジメントに携わっている。同社の"卒業生"には、GEのジェフリー・イメルト前会長、マイクロソフトのスティーブ・バルマー元CEO、ボーイングのジェームズ・マックナーニCEOなどがいる。

　マックナーニCEOは、P&G時代に「意見よりデータ重視」「顧客への奉仕」など基礎となる考え方をたたき込まれたが、それがP&Gとはマーケティングのアプ

ローチが異なる事業分野でも役立っていると語る。GEのイメルト前会長も、P＆Gで学んだ顧客対応手法や市場分析手法がその後のキャリアの礎になったと述べている。そのため、アメリカには「P＆Gで学び、他の会社で稼げ」という言葉まであるほどだ。

　P＆Gは、1980年代には製販の連携を促進するECR（エフィシェント・コンシューマー・レスポンス）などの情報システムをいち早く稼働させ、IT時代のマーケティングの先鞭をつけた。常にマーケティング手法の最先端を行き、優秀な人材を育てるP＆Gのマーケティング部門が、多くの優れた経営者を輩出してきたことは決して偶然ではない。経営におけるマーケティングの重要性を雄弁に物語っている証左といえよう。

第2章 ● 環境分析と市場機会の発見

POINT

　マーケティング環境分析の目的は、外部環境と内部環境を分析して、市場における機会や脅威を明らかにし、自社にとっての機会と戦略の方向性を探ることにある。市場の機会は、マーケティング環境の中に「ある」ものではなく、発見した事実をもとに「創り出す」ものである。その機会を上手く活かすために、自社の抱えるマーケティング課題を洗い出し、マーケティング目標を明確にすることで、具体的な施策を検討するための準備が整う。

CASE

　日本における白物家電は、2人以上世帯での普及率が95%を超えるような品が多く、買い替え需要が中心の成熟市場である。さらに、長期的には少子高齢化による需要減少が見込まれている一方で、毎年多くの新製品が登場しては淘汰されるという、非常に厳しい競争環境にある。

　そんな中、電気掃除機市場は堅調に販売台数を伸ばし、2009年の700万台から2014年には960万台となった。かつて市場の6、7割を占めていたキャニスター型（ホースを引っ張って床を移動させる形式）は年々販売台数が減少しているが、軽量なスティック型や車の中やキーボードのホコリ取りにも使えるコンパクトなハンディ型が伸びて、全体の成長を牽引した。

　なかでも印象的なヒットとなったのが、布団専用の掃除機レイコップである。韓国人で内科医のリ・ソンジン氏が、ハウスダスト・アレルギーに着目して開発した。日本では、2012年にレイコップ・ジャパンを設立して本格的に販売を開始し、16年末には累計販売台数が450万台を超えるまでに成長した。同社が切り開いた新しいマーケットに、大手から新興企業に至るまで国内外のメーカーがこぞって参入したが、レイコップ・ジャパンがトップシェアを占める構図は変わらなかった。

　買い替え需要中心の成熟市場で、かつ多くの日本メーカーが激しい競争を繰り広げている中、新興の同社はどのようにして市場機会をつかんだのだろうか。

もともとリ・ソンジン氏がレイコップの開発を決めたのは、小児科のアトピー患者を何とかしたいという思いからだった。アレルギー疾患の原因の1つに、目に見えないハウスダストとダニがあり、布団はこれらの温床になりやすいのだ。

　製品コンセプトは「安眠や快眠を提供して健康に役立つ」とし、日本参入当初は「ダニ取り専用クリーナー」として売り出していた。レイコップの最大の特徴は、「UV除菌」「たたき」「吸引」の3ステップを組み合わせた特許技術「光クリーンメカニズム」にある。UV（紫外線）ランプで除菌をしつつ、振動パッドで布団をたたきながらダニやハウスダストを吸引するという仕組みである。

　それまでの日本には、布団専用の掃除機という製品ジャンルはなかった。布団に掃除機を使うとしても、一般的なキャニスター型に布団用のノズルを付けて使用するのがせいぜいだった。そのため、発売当初は量販店でなかなか取り扱ってもらえず、この製品をどう使うのか、どんな効果があるのかを消費者に伝えることに苦労したという。

　あるときリ・ソンジン氏は、羽田空港から乗ったモノレールの車窓からマンション群のベランダで布団が干されている光景を見て、「日本には布団をケアする文化がある」と気付いた。さらに、今後は建物の高層化や住民の高齢化により、布団の天日干しができなくなる可能性がある。花粉や微粒子状物質「PM2.5」の飛来で、布団を屋外で干すことに躊躇する人も多い。そうだとすれば、レイコップは天日干しの代わりとして役立つはずだ、という確信を得た。

　そこで、消費者に対するメッセージを「キレイなふとんは、想像以上に、ここちよい」とし、寝心地の良い睡眠を得るためのクリーナーとして訴求した。これは、「なるべく布団を干して清潔にしたい。でも忙しかったり、体力的にしんどかったりで、天日干し・はたき・取り込みはあまりやりたくない」と感じていた人たちのニーズに合致し、ダニ取り専用クリーナーではなく、布団専用クリーナーとして、多くの人に認知されるところとなった。こうしてレイコップは、家庭用掃除機市場において新たな「2台目」需要を創造し、市場規模を拡大させたのである。

　とはいえ、日本市場では全く新しいカテゴリーの製品であるため、「ブランド認知」と「販路開拓」が重要なマーケティング戦略課題となった。同社はまず家電量販店にアプローチして、少しずつ店頭での売り場を確保し、来店客に直接商品説明を行った。さらにリ・ソンジン氏は、テレビ通販大手のジャパネットたかた創業者である高田明氏に直接面談して交渉し、高田氏自らにテレビショッピングでレイコップを紹介してもらった。正確な商品説明を行え、誰もが簡単に使い方を確認できるテレビショッピングの効果は大きく、爆発的なヒットにつながった。

　布団クリーナーという新たな製品カテゴリーを創造したレイコップ・ジャパンは、製

品ラインナップのさらなる拡大に余念がない。大ヒットの後、顧客からは「本当にダニを減らせるのか？」という疑問の声も上がった。ダニを死滅させるには、摂氏50度以上の状態を30分以上維持しなければならないからだ。これに対し同社は、約70度の熱風を布団に送り込んで内部の水分を取り除く、ドライエアブロー機能を搭載したレイコップRPを2015年に発売した。レイコップRPは、布団を天日干しした後のフワフワ感を好む日本の消費者のニーズにも応える製品となった。さらに17年には、脱臭機能を備えコードレス化したレイコップRXや最軽量機種レイコップRNを投入し、リーダーの地位を盤石のものとしている。

理論

個人も企業もその他の団体も、好むと好まざるとにかかわらず、周囲の環境から有形無形の影響を受けながら、それぞれの活動を営んでいる。社会には様々な環境要因が存在し、絶えず変化を続けている。そうした環境変化を常に敏感に察知し、自己の強み、弱みを新しい環境下で再評価できる柔軟な能力が備わっていなければ、競合に後れを取ってしまう。そこで重要になるのが、的確な環境分析である。

環境分析では、起こっている事象をもとに現状を正確に把握し、必要な情報を取捨選択し、それらを深い洞察力を持って解釈することにより、市場の機会と脅威を見出す。そして、自社にとっての機会やマーケティング戦略の方向性を明らかにしていく（**図表2-1参照**）。

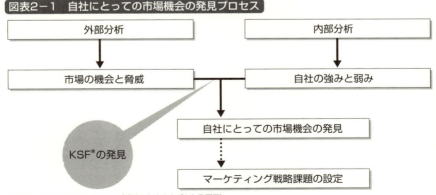

図表2-1　自社にとっての市場機会の発見プロセス

*KSF：Key Success Factor（成功のためのカギとなる要因）

図表2-2　3C分析

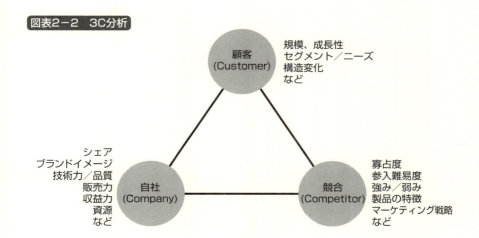

1● 環境分析

環境分析は大きく、**外部分析**と**内部分析**に分けられる。このうち、外部の環境である**顧客分析**（Customer）と**競合分析**（Competitor）、および内部の環境である**自社分析**（Company）の3つをまとめて**3C分析**と呼ぶ（**図表2-2**参照）。

●─── 外部分析

外部分析は、企業のコントロール外にある外部の環境について分析するもので、大きく、❶マクロ環境分析、❷顧客分析、❸競合分析に分けられる。一般に環境といえばマクロ環境を指すことが多いが、マーケティングの観点からは、マクロ環境に影響される消費者の動向を顧客市場環境と捉え、さらにこうした環境変化に対応した競合企業の動静も外部環境として包括する。環境分析が一筋縄でいかないのは、こうした様々な環境要因が、お互いに影響を与えつつ、企業を取り巻いて刻々と変化するからである。

❶ マクロ環境分析

マクロ環境とは、企業を取り巻く外部環境で、企業がコントロールすることはできないが、企業活動への影響力を持つものである。具体的には、人口動態（年代、性別、世帯構成など）、経済（経済成長率、個人消費、産業構造など）、個別業界動向（売上高、業界構造、原料の供給状況など）、生態学的環境（自然環境、公害など）、技術（新技術など）、政治・法律（法律改正、規制、税制、外圧など）、文化（ライフスタイル、風俗など）、社会

環境（交通、治安など）といった要因がある。
　例えば、保育ビジネスに打って出ようと考える企業であれば、最低でも次に示すマクロ環境を押さえておく必要があるだろう。

- **人口動態**：低年齢児人口、出生率動向、世帯構成、共働き世帯数など
- **経済**：女性の就業率、家計動向、保育所数など
- **政治**：保育所の許認可、雇用関連法規、国や自治体からの補助金など
- **文化**：女性の社会進出の程度、育児休暇に対する認識、シングルマザーの容認など
- **業界**：全国の保育サービスの実態（参入数、収支、地域的ばらつきなど）、業界が抱える問題など

　レイコップのケースでは、マクロ環境のうちライフスタイル、家庭環境といった面での変化、また花粉やPM2.5の飛来の影響で布団の天日干しに対する意識が変わったことなどが、新市場の形成に影響を与えた。さらに、人口動態の観点では、高齢化の影響で、布団を干すという行為自体が負担になってきていることも需要喚起につながった。
　このほか、マクロ環境の中でも、技術環境と政治・法律環境は、特に企業経営に大きなインパクトを与えることがある。
　まず、技術環境の変化は、産業構造のインフラを変え、製品開発に自由度を与え、ひいては人々の生活様式にまで多大な影響を与える。企業としては、技術動向に情報のアンテナを張り巡らせ、進んでマーケティングに取り入れる努力が必要である。
　例えば、今日の車には驚くほど多くのコンピュータ制御が取り入れられている。エンジンや変速機、ブレーキは言うに及ばず、エアバッグ、エアコン、ナビゲーション、衝突制御や自動運転に至るまで、目覚ましい進化を遂げている。今から二十数年前にこれだけの制御を行おうと思ったなら、ロールスロイスをはるかにしのぐ高価格になり、大型トレーラーのような車体を持った車になっていたに違いない。そのような車を購入しようとする人はまずいない。
　携帯通信デバイスも急激に進化を遂げている。「電話」機能が中心だった携帯電話から、スマートフォンへと移り変わったことにより、メール、インターネット端末、デジタルカメラはもちろんのこと、テレビ、ゲーム機、音楽プレイヤー、電子マネーなどの機能を備えるまでになった。その上、驚くほど軽くて小さい。顧客は常時インターネットにつながっている状態であり、オンラインとオフラインを行ったり来たりしながら各種サービスや物品の購買の意思決定を下す、というように購買プロセスにも劇的な変化をもたらしている。

法律や行政の環境もまた、マーケティング戦略に影響を与える。弱小の小売店を保護するために生まれた百貨店法や大店法は、時代の流れの中で大きく緩和された。銀行・証券・保険といった金融関連業界も、時代に即した法制度への変更、ワンストップサービスへのニーズの高まりといった影響を受けて、業界再編や新業態創出が行われた。かつて、それぞれの業界を保護・育成するために必要と政府が判断し、制度化した諸々の規制は、自由競争推進の名のもと、徐々に緩和されたり撤廃されたりしてきている。

このような規制緩和に代表される法律や行政環境の変化が、企業のマーケティング戦略に対してプラスに働くかマイナスに働くかは、一概には言えない。例えば、国立大学の独立行政法人化や、株式会社の大学事業への参入によって、ブランド力に欠ける中堅私立大学は、競争激化により経営が圧迫される可能性が高いといわれてきた。しかし逆に、民間企業の経営手法を導入することで、それまでの業界地図を塗り替え、飛躍するチャンスとなるかもしれない。言い換えると、変化を予測して対応を怠らなかった企業には、大小を問わず絶好の市場機会がもたらされる。反対に、変化に備えず、過去の仕組みに安住する企業にとっては大きな試練となるのだ。

補足：PEST分析

マクロ環境の代表である政治・法律（Political environment）、経済（Economic environment）、社会（Social environment）、技術（Technological environment）に関する分析を、頭文字を取って**PEST分析**と言うことがある。

---

❷ 顧客分析

顧客、すなわち潜在的に購買の意思と能力がある人々を分析することは、マーケティング、ひいては企業活動の出発点である。企業は顧客に関して、以下の分析を行う必要がある。

- **購買人口**：想定される潜在顧客はどのくらいいるのか？　顧客の地域分布は？
- **顧客ニーズ**：顧客は何を欲しいと思っているか？　顧客は何に不満を感じているか？
- **購買意思決定プロセス**：購買の際に重視するポイントは？　情報はどこで集めるのか？　購買までにどの程度の期間を要するか？　いつ、どこで購買を行うのか？　どのように購買するのか？　どの程度代替品と比べるか？
- **購買意思決定者**：購買の意思決定者は誰か？　購買に当たって誰の意見を聞くか？
- **購買行動に影響を与える要因**：価格、普及度（多くの人が使っていたら自分も買う）、ブランド

先に挙げた保育ビジネスで言えば、誰が財布の紐を握る購買意思決定者なのか（母親、父親、祖父母ほか）、育児情報はどこで入手するのか（祖父母、育児書、病院、セミナーほか）などを知らなくては、マーケティング戦略の立てようがないだろう。

ケースのレイコップは、「毎日布団を清潔にしたいが、干す作業はやりたくない」という顧客の不満を見事に捉えた。今後、そうした不満を持っている顧客からの需要が一段落すると、買い替えや新規顧客のニーズをどう捉えていくかが課題となる。根源的な価値は残しながらも、顧客の声に耳を傾けて新たな不満を探り、改良品や新製品を投入していくことが必要になるだろう。

なお、企業が市場をどのように捉え、ターゲット市場を選定するかについては、次章で取り上げる。

❸ 競合分析

マクロ環境と顧客の分析は、主に市場の需要という観点から外部環境を把握しようとするものであったが、それ以外にも、いかに市場を競合他社から奪い取るか（あるいは守るか）という競争の視点が必要になってくる。したがって、競合他社の戦略（差別化、価格など）、パフォーマンス（売上高、シェア、利益、顧客数など）、経営資源（営業担当者数、生産能力など）などの分析が第3の外部分析として重要になる。

その際に注意したいのは、市場をどのように捉えるかによって、分析対象とする競合他社が変わってくることだ。例えばキリンビールは、ビール市場（発泡酒なども含む）では他の大手3社、輸入ビールや地ビール会社と競合しているが、もう少し大きく捉えたRTD（栓を開けてそのまま飲めるお酒）やRTS（グラスに注げばすぐ飲めるお酒）市場では、チューハイメーカーやワインメーカーなどとも競合している。このように、競争上の課題を考える上で意味のある競合相手をピックアップしなくてはならない。

レイコップの場合は言うまでもなく、他の電気掃除機メーカーが意識すべき最大の競合である。海外メーカーのダイソンや、東芝、シャープらが布団専用掃除機を投入している。しかし、「寝心地の良い布団を実現するもの」というカテゴリーで考えれば、除菌スプレーや、布団の洗える洗濯乾燥機（あるいはそれを備えたコインランドリー）なども競合として意識しながら、潜在顧客に自社製品の価値を伝えていかなければならないだろう。

なお競合分析では、現在は市場に参入していなくても、将来参入する可能性が高い潜在的競合（例：外資系企業）、あるいは代替技術（例：地上波放送に対するインターネットテレビ）などにも注意して、動向を把握しておいたほうがよい。

●―― 内部分析

　内部分析とは、自社でコントロール可能な経営資源について分析を行うものである。具体的には、経営戦略、企業文化、製品特性、市場シェア、現在までのマーケティング戦略の長所・短所、人的資源、トップのリーダーシップ、資金力などについての分析を行い、自社の強みと弱みを明らかにしていく。

　例えば、元はフィルムメーカーであった富士フイルムは、2006年に化粧品市場に進出した。主力ブランドのアスタリフトは発売4年目で売上高100億円を突破し、2014年にはスキンケア化粧品分野で業界トップ5に入る商品に育った。写真用フィルム市場が急速に縮小していく中で、新規事業の創出が死活問題とされる状況下ではあったが、この転換は決して一か八かの賭けではない。それまでに写真フィルムで培ってきたナノテクノロジーなどの技術的資産が、新事業での大きな強みになるとの分析に基づいて行われたのである。

　自社の弱みを補うために、アウトソーシング（自社にとって付加価値が高いと思われる重要な機能以外について、外部資源を活用すること）を活用する企業も増えている。このような場合、内部分析の際にアウトソース先である「準構成者」のネットワークも自社の経営資源に含めて考えるほうが、より正しく企業の実態を捉えることができる。例えば、インターネット販売を行う企業であれば、物流を担当するパートナーの能力も合わせて分析しておくとよい。

　自社の強みと弱みは、現実にはなかなか把握するのが難しい。リサーチなどを活用して競合と比較したり、顧客からの評価を確認したりしながら、客観的に判断していく必要がある。

補足：SWOT分析

　SWOT分析（Strengths－Weaknesses－Opportunities－Threats Analysis）は、「外部／内部」「好ましい傾向／好ましくない傾向」という2軸でマトリクスを作り、分析することが多い。「内部かつ好ましい傾向」が「強み（S）」、「内部かつ好ましくない傾向」が「弱み（W）」、「外部かつ好ましい傾向」が「機会（O）」、「外部かつ好ましくない傾向」が「脅威（T）」に該当する。

　SWOT分析を行う際には、ありのままの現状を捉えるだけではなく、弱みを強みに変えたり、脅威を逆に機会にできないかとポジティブに捉え、自らの市場機会につなげる姿勢が望まれる。

● ─── 環境分析を行う際の留意点

　環境の変化を捉える際の留意点として、第1に、表層の事象にとどまらず、その奥に潜む変化の本質を見極めることが挙げられる。例えば、バブル経済の崩壊後、価格破壊が起こり、しばらくの間は低価格品や、正札品の値引きが消費者の支持を集めた。しかし、資産価値が下落した一部の資産家と違って大半の消費者たちは、大幅に購買力が低下したわけではなかったので、新しい経済環境に慣れるにつれて「安かろう悪かろう」の製品から離れ、「良質のものを手頃な価格で」買う方向に変化していった。これは、新しい環境に適応していく過程で、消費者が試行錯誤して学習を積み、本物志向へと価値観を変えたことを意味する。こうした変化の本質をしっかり見極めずに、低価格のみを前面に打ち出した小売業の多くは、過当競争と採算割れのため廃業を余儀なくされた。

　第2に、成功を収めた後こそ、環境分析を行いながら変化に対応できるよう準備をしておくことが重要である。大企業になればなるほど、組織が変化に対応しづらくなるので、よりいっそうの留意が必要だ。例えば、旅行業界のリーダーであるJTBは、パック旅行を主力商品として成長してきた。JTBにとっての大きな環境変化は、1990年代におけるインターネットの普及と、グローバルな規制緩和の流れだった。これにより顧客が個別に格安航空券を購入し、宿泊施設を予約するようになった。また、旅行の目的も単なる観光、商用だけでなく、「国際会議出席」や営業成果等への「報奨旅行」などへと多様化していった。全国一律のセット商品で規模を拡大し、コスト優位を構築するモデルが成り立たなくなったのである。そこで同社は、2006年に15の地域会社に分社し、地域ニーズに合わせた事業運営へと転換させていった。さらにその後、スマートフォンをはじめとするデジタルテクノロジーの進歩により、顧客の旅の選択の仕方が

大きく変わった。同社は2018年4月に分社化した旅行系事業会社15社の統合をはじめとする経営改革をスタートさせ、環境変化に対応し続けている。

第3に、一見すると脅威のように思われることでも、それを機会と捉えたり、弱みと思われることを強みと捉え直したりする多面的な思考を心がけたい。これについては次節で詳述する。

2 ● 市場の機会と脅威

● ── 機会と脅威の分析

市場の機会と脅威は通常、外部分析から導かれる。しかしながら、他社にとっての機会が、必ずしも自社にとっての機会となるわけではない（**図表2-3**参照）。一般的な市場の機会に、自社の強みが上手く合致したときに（あるいは弱みだと思っていた要素を強みに転換し、市場の機会と結び付けられたときに）、自社にとっての大きな機会が生まれる。

反対に市場全般の脅威が、自社には機会となる場合もある。例えば不況という経済環境も、すべての企業に脅威をもたらすわけではない。不況下だったからこそ、ダイソーは100円ショップという事業を大きく飛躍させることができたのである。

● ── 機会と脅威の二面性

市場全般の機会がすべての企業にとって等しく機会であるとは限らないと述べたが、

図表2-3 市場の機会はすべての企業に平等に訪れるわけではない

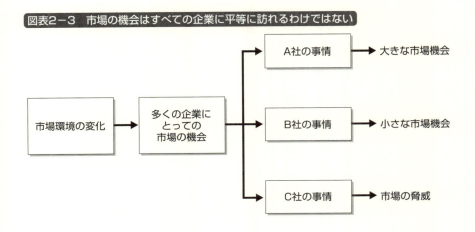

機会と脅威には二面性があることも忘れてはならない。すなわち、同じ企業であっても、捉えようによっては機会が脅威になるし、脅威が機会にもなる。
　規制緩和がそのよい例である。従来の秩序を崩してしまう規制緩和は、業界内のルールに則って優位性を築いてきた大手企業にとっては通常、脅威となる。しかし見方を変えれば、規制緩和で行動の制限が解かれ、より自由に動けるようになるので、その点では様々な機会を秘めている。加熱式たばこのアイコスは、縮小傾向のたばこ市場において急成長し、全国販売開始からわずか1年程度で10％のシェアを獲得した。アイコスは、CMが規制され、喫煙場所も制限が強まるという、一見「脅威」だらけに見える市場で、「たばこの煙で人に迷惑をかけたくないが、喫煙で気分転換したい」という顧客のニーズを満たすことができれば「機会」になると捉えた。
　その意味で、「機会」と「脅威」は1つの事象の裏表といえるだろう。企業は、ある事象を発見したとき、早計にそれを「脅威」と捉えるのではなく、これを「機会」とすることはできないか、と考えなくてはならない。そうした頭の切り替えができるかどうかは、常日頃から環境変化を把握し、準備をしているかどうかにかかっている。自社の強みと弱みを把握し、環境の変化が脅威をもたらす前にこれを察知し、未然にリスク回避の戦略を構築し、競合他社よりも早くこれを事業化に結び付けるバイタリティこそが、企業の勝敗を分けるのである。
　また、機会と脅威を見つける際には、先述したように、環境の変化を本質まで掘り下げて分析することが不可欠だ。例えば、ブライダル産業の売上げが伸び悩んでいるという事実があったとする。これを単純に捉えて、市場が成熟し、魅力がなくなったと考えてはならない。まず、その原因が、結婚式を挙げるカップル数の減少にあるのか、それとも平均単価の低下にあるのかを探る。そして、原因が平均単価の低下であったなら、次には、なぜそうした現象が起こっているのかを分析する。このように掘り下げていけば、特定セグメントの潜在ニーズを掘り起こすことで、高付加価値で高価格のブライダル事業を生み出せそうだ、という示唆を導き出せるかもしれない。

●───自社の弱みを強みに変える

　市場の脅威を機会に変える方法がもう1つある。見方を変えて「自社の強みと弱み」を見直してみることだ（**図表2-4**参照）。
　例えば、ある家電製品の市場が伸びそうだが、自社には流通チャネルがなかったとしよう。流通チャネルがないことは大きな弱みのように思われるが、はたしてそうだろうか。実際には、通信販売などの新しい事業形態のチャンスがあるかもしれない。しかも、ライバルは既存の流通チャネルを持っているがゆえに、それが制約となって新しい事業

図表2-4 見方を変えることで弱みを強みにできないか？

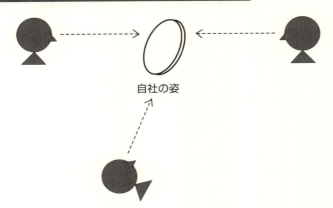

形態を使えないということもありうる。レイコップは、その典型例だ。今までにない商品であり、既存の流通チャネルでも簡単には評価されにくいという弱みを克服するために、テレビショッピングという、正確な商品説明を行え、誰もが使い方を簡単に確認できる新しいチャネルを使って絶大な効果を生み出した。

　一見短所と思われる特徴を、視点を変えることによって長所に転じた例は、枚挙にいとまがない。だが、「弱みを強みに」と唱えても、そう簡単に実現するものではない。逆転の発想で成功した企業の背後には、必ず地道な努力の積み重ねがある。

●──市場機会を創造する

　自社にとっての市場機会は、発見した事実の中に「ある」だけではなく、その事実を企業が適切に捉えることで「創り出す」ことができる。特に、企業の強みを活かせる潜在ニーズを掘り起こすことができれば、市場機会創出につながりやすい。

　例えば、2008年のサブプライム問題に端を発した世界同時不況下において業績を伸ばした企業に、ユニクロなどのアパレル事業を展開するファーストリテイリングがある。主力であるユニクロの業績が伸びた要因は、顧客の財布の紐が固くなる中で、コストパフォーマンスの高い商品を提供していることにある。保温素材を使った下着ヒートテックの大ヒットがその象徴だ。かつて女性はババシャツ、男性はモモヒキという、ネガティブな印象を持たれていた防寒のためのインナーに対して、ファッション性のある商品としてヒートテックを打ち出し、新たな需要を掘り起こすことに成功した。

　ファーストリテイリングは2009年初頭には、不況をさらに逆手にとって、新ブラ

ンドのジーユーにおいて990円のジーンズを販売し、世の中をあっと言わせた。深刻化する不況下、この低価格は若者たちの圧倒的な支持を受け、直ちに販売数が倍に上方修正された。

ジーユーは2006年に創設された戦略的部門で、ユニクロよりさらに低価格帯の製品を販売していたが(例えば、ユニクロでは3990円で売られていたジーンズは1990円)、品揃えなどに個性が乏しく、またユニクロとは異なる生産体制をとっていたことから品質もユニクロに及ばず、「ユニクロの安かろう悪かろう版」と見られることが多かった。

品質の問題は、社内体制の再構築によってある程度は解決しつつあったが、起爆剤となる新商品が見つからないままだった。そこに登場したのが990円ジーンズだったのだ。もともとは1490円での発売を予定していたが、「それでは新しい価値は創造できない。990円で行くべきだ。そのために、990円で売っても儲かる仕組みを構築しなくてはならない」との決断を下した。

顧客が驚くような価格帯で商品を出し、それを売り切ってしまうのは、ユニクロで培ったファーストリテイリングのお家芸といえる。その強みを最大限に活かしつつ、省人化につながる店舗レイアウトやオペレーションを導入した。当時のジーユーは、段階的にではあったが、それまでの「弱み」を払拭し、環境が変わったと見るや新しい顧客ニーズを創出した好例といえよう。

3● マーケティング課題の特定

一般的な市場の機会と脅威に、自社の強みと弱みを重ね合わせることで、自社にとっての市場機会が見出される。その機会を捉えて上手く活用するためには、マーケティング活動によって何を実現したいのか(マーケティング目標)を明確にし、そのためにはどのような課題があるかを洗い出し、それぞれの重要性を勘案しつつ優先順位を付けておくことが大切である。このステップを踏むことで、課題を克服するための施策(4P)が考えやすくなり、その有効性も高まる。

例えば、ネットで文房具などを販売するアスクルは、中小企業のユーザーに照準を定めて「明日、来る(頼んだ翌日に届く)」というコンセプトを掲げた。つまり、中小企業のユーザーによる小口注文に対して、翌日必ず届けることを目指したのである。

しかし、親会社のプラスは文具メーカーであり、それまで直販の経験はなかった。「商品ラインナップが揃っていない」「自前の配送システムを持っていない」「スピーディなオペレーションの仕組みがない」など、様々な問題が山積みだった。これらがすなわち、マーケティング上の課題として認識された。

すべてが完全な状態でスタートできるはずはないと考えたアスクルは、まずは「スピード」を優先させて、課題に取り組んでいくことにした。商品点数を500に絞り、エリアも限定した。その上で、受注から納品まで効率的なオペレーション体制を構築して、翌日には確実に商品を届けられるようにしたのである。この仕組みが整備された後で、自社でPB商品を開発して商品ラインナップの拡充を図ったり、物流センターを構えて配送可能地域を拡大したりと、徐々にサービスを進化させていった。

　なお、重要課題の特定に加えて、制約条件にも注意を払っておく必要がある。親会社の方針、経営資源の不足、関係者との過去の経緯といった社内要因はもちろんだが、それ以外にも、思わぬ規制が明らかになった、技術上・物理的に難しいことがわかった、事業特性に起因する問題がネックになっているなど、様々な障害が出てくる可能性がある。いざ実行しようという段階で、出鼻をくじかれることになりかねないので、あらかじめこうした制約条件を把握した上で、それを織り込んでマーケティング戦略を立てることが望ましい。

第3章 ● セグメンテーションとターゲティング

POINT

　マーケティング戦略の策定に必要な環境分析を行ったら、次は市場に効果的にアプローチするために、セグメンテーションとターゲティングを行う。前者は、共通するニーズに着眼しながら市場を意味のある集団に分けることであり、どのような変数を使ってセグメントを切り出すかがカギになる。後者は、その中からターゲットとするセグメントを選択することだ。特定のセグメントに絞り込むことは、その後のマーケティング施策の展開や売上げ、収益性などに大きな影響を与えるので、自社や競合他社、市場環境を踏まえて戦略的に意思決定する必要がある。

CASE

　日本におけるオートキャンプの愛好者は、1990年代初頭のピーク時には2000万人ほどいたものの、90年代後半から減少の一途をたどり、2008年には705万人まで落ち込んだ。その後少し回復に向かい、2016年には830万人となっている。そんな縮小気味の市場で、1993年には25億円だった売上げを2016年に90億円超まで大きく成長させたのが、新潟県三条市に本社を構えるアウトドア用品製造販売会社のスノーピークである。

　現社長である山井太氏は1986年に、父親が経営するアウトドアレジャー用品メーカー、ヤマコウに入社した。入社してすぐに注力したのが「オートキャンプ」である。かつてキャンプといえば、沿線開発の一環として作られたキャンプ場に鉄道で訪れるのが一般的だったが、1960年代の高度経済成長時代に自家用車が普及し、マイカーでキャンプ場に来る人が徐々に増えていった。そして70年代に入ると、クルマでキャンプ場の中まで乗り入れ、すぐ隣にテントなどを張って過ごすオートキャンプが普及していった。その後、80年代後半のSUV（スポーツ用多目的車）人気に伴ってアウトドアレジャーを楽しむ人が増えると、山井氏は「アウトドアといえば登山」という業界の固定観念を覆し、オートキャンプの需要を一気に開拓した。そして1996年の社長就任と同時に社名をスノーピークに変更したのだった。

山井氏自身が毎年30〜60泊をキャンプで過ごすほどのアウトドア愛好家であり、社員もアウトドアの熱心なファンばかり。会社のミッションステートメントにも「私たちは、自らもユーザーであるという立場で考え、お互いが感動できるモノやサービスを提供します」という一文があり、自分たちが本当に欲しい製品を開発していることがわかる。突き抜けたユーザー目線で開発されたスノーピークの製品は、他社と徹底的に差別化され、熱心なファンを引き付けている。
　例えば、アウトドア用のテントで比較的広く売られているものといえば、以前は9800円の製品と1万9800円の製品の2種類くらいであった。そして安価なほうは確かに「テントの形」をしているが、雨が降るとすぐに雨漏りし、風が吹くと潰れることが多かった。1万9800円のものも、大して変わらない。山井氏は「もっと頑丈なテントやキャンプ用品が欲しい」という強い思いで品質にこだわり、これ以上ないと思えるテントを作った。その結果、価格は16万8000円と、それまでのテントの10倍近くになったが、高品質なテントを求めていた消費者に強く支持され、初年度で100張ほどが売れて、ハイエンドのキャンプ用品市場が新たに生まれたのだった。
　スノーピークを支持する熱狂的なユーザーはスノーピーカーと呼ばれており、年間30万円以上購入するロイヤルカスタマーは、2016年6月時点で約1万3000人いる。すべてのユーザーに発行しているポイントカードの会員全体に占める割合は7%ほどにすぎないが、ロイヤルカスタマーの売上げだけで全体の4分の1を占めている。累計の購入金額が100万円に達したブラックカードの所有者は、都市部在住で所得水準も高い人が多い。コアなユーザーには、企業の経営者や管理職が多く、年齢は30〜40代が中心で、子供が2〜3歳くらいからファミリーでのキャンプを体験させるという。子供たちがキャンプを楽しむ姿を見て、「うちの子がイキイキした顔をしている」と喜んでいるそうだ。
　スノーピークは新たな顧客群を開拓しただけでなく、製品を通してキャンプのスタイルも変えた。例えばテントは、設営に必要な時間を大幅に短縮し、折り畳んだときのサイズをコンパクトにして、自動車のトランクに入る大きさに設計した。一方で、設営したときにテント内の空間が大きくなるように設計し、ただ寝るだけでなく、リビングやダイニングとしても使えるだけのスペースを生み出している。このように、高品質を追求するだけでなく、ユーザー目線を徹底して新しいキャンプのスタイルを提案し、顧客の体験価値を高めようとしているのである。
　さらに、熱狂的なファンの獲得を可能にした取り組みの1つとして、キャンプイベントであるスノーピークウェイの開催がある。これはスノーピークの社員が顧客と一緒にキャンプを楽しむイベントで、スノーピーク製品の魅力を伝えると同時に、顧客から製

品について率直な意見を聞かせてもらう場だ。ほかにも、日常的に顧客とのコミュニケーションを深める方法としてスノーピーククラブというSNSを立ち上げ、顧客の声を拾い、対話するようにしている。

　こうした顧客対応の姿勢からわかるように、山井氏は「この会社の真のオーナーはユーザーです」と言うほど、コミュニティとしてのブランドを大切にしている。コミュニティに対する意識が高まったのは、初めて開催したスノーピークウェイでの顧客のフィードバックがきっかけだった。「スノーピークの製品の品質には満足しているが、価格が高い」「品揃えのいい店がない」という声が、参加者のほぼ全員から聞かれたのだ。そこで、2000年に大規模な流通改革を断行し、問屋を通さない小売店との直接取引に切り替えた。また、03年には直営店の出店を開始した。店舗にはスノーピークスタッフを常駐させ、対面接客を充実させた。この改革により、顧客からは「自分たちが意見を言えば、スノーピークは真剣に聞いてくれる」と思ってもらえ、「世界一ユーザーに近い会社」というイメージが浸透していった。

　2015年、スノーピークは「アーバンアウトドア（都会の真ん中で自然を楽しむ、より気軽なアウトドア）」を標榜した新規事業を、成長戦略の1つに掲げた。アーバンアウトドアに事業領域を広げるためのブリッジとして、アパレル製品の開発にも力を入れる。「アウトドアでも都心でも着られる、スノーピークにしか作れないカテゴリーの服」がテーマだ。スノーピークは、業界外の企業とのパートナーシップにも力を入れて顧客層の拡大を図り、順調に事業を成長させている。

理論

　どのような顧客にどのような製品を提供するかは、企業を経営していく上で欠かせない最も基本的な意思決定事項である。セグメントを選択するということは、特定の顧客やその他のステークホルダー、あるいは特定の技術分野にコミットすることであり、それと同時に競合相手をも選択することを意味する。

　セグメントの選択は、大きくセグメンテーションとターゲティングという2つの手順で行われる。それぞれについて詳しく見ていこう。

1 ● セグメンテーション

◉──── 市場とセグメント

　最初に「**市場**」と「**セグメント**」の違いを明らかにしておこう（**図表3-1**参照）。「市場」とは、ニーズやウォンツ（第1章参照）を持った人々の集合全体のことである。人

々のニーズは顕在化していないこともあり、導入期の製品はもちろんのこと、成熟化したと思われている製品でも、思わぬ潜在市場が隠れているかもしれない。また、同じ製品であっても、その市場が必然的に決まるというわけではない。例えば高級ハムの場合、その製品を「食品」と捉えるか「贈答品」と捉えるかで、潜在的な市場規模に大きな差が出てくるだろう。

セグメントとは、その市場の中で共通のニーズを持ち、製品の認識の仕方、価値観、使用方法、購買行動などが似ている消費者の集団である。例えば乗用車市場の中でも、高級車メーカーのメルセデスベンツやBMWが狙うセグメントと、軽自動車メーカーのスズキやダイハツが狙うセグメントとでは、消費者の特性や求めるニーズが明確に異なっている。

◉─── **セグメンテーションの意義**

すべての消費者に向く製品を万人に売り込むことは、企業にとって効率が良いようだが、実際には必ずしもそうではない。人々のニーズは多様なので、万人向きの製品を作ろうとすれば、製品コンセプトが曖昧になったり、非現実的な価格になってしまったりするからだ。

かといって、一人ひとりのニーズに合わせた製品提供も、オートクチュールなどの特殊なビジネスを除けば経済的に見合わないし、他人が持っているから欲しいという消費者の要望にも応えられない。また、経営資源（予算、人員など）の制約という問題もある。どんなに良い製品であっても、市場全体を相手にしていたのでは、経営資源は早晩

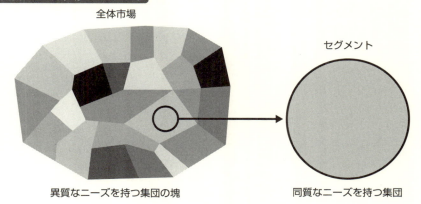

図表3-1　市場とセグメント

枯渇してしまう。

そこで生まれたのが、セグメンテーションを用いたターゲットマーケティングの考え方である。すなわち、不特定多数の消費者を、マーケティング戦略上、同質として考えても差し支えないと判断される小集団に分ける（セグメンテーション）。そして、一定のマーケティング活動に同じように反応する特定セグメントに照準を合わせて（ターゲティング）、マーケティングの資源を集中投下するのである。

● セグメンテーション変数

セグメンテーションを行う際には、通常、消費者の属性や価値観、購買行動、使用パターン等に関するリサーチを行い（第10章参照）、様々な分析手法を駆使しながら、いくつかの共通項でグループ分けして、各グループの性質や特徴を明らかにしていく。

では、どのようにグループ分けすれば、意味のあるセグメンテーションといえるのだろうか。実は、このセグメントに分けるときの切り口（セグメンテーション変数）の設定こそが、最も困難かつ重要なポイントであり、マーケティング担当者の手腕が問われる部分でもある。ニーズや購買行動などに基づき、試行錯誤を重ねながら、様々な変数の中から最適な変数を見つけ出すのが一般的である。

マーケティングの実務では、以下の変数を組み合わせて使うことが多い（**図表3-2**参照）。いくつかの変数を同時に、あるいは段階的に用いることもある。

❶ 地理的変数

地理的変数としては、気候、都市化の進展度、政府による規制、文化、消費者の行動範囲などがある。例えば、温暖な場所と寒冷地、大都市と地方とでは、人々の暮らし方や製品の使い方などが異なる。寒冷地に不可欠な防寒用衣類も、温暖な場所では不要かもしれないし、電車など交通の発達した都市部では、そうした手段のない地方と比べて自動車の使用状況が異なるだろう。

グローバルな展開をする際には、特に地理的変数に注意しなくてはならない。医薬品などは国ごとに個別の安全基準や輸出入規制があるので、地域によってマーケティングミックスを変える必要性が生じる。

❷ 人口動態変数（デモグラフィック変数）

人口動態変数は、特に消費財のマーケティングで重視されている。具体的な変数の例としては、年齢、性別、家族構成、職業、所得水準、教育水準が用いられる場合が多い。また、地理的変数と密接に結び付いた人種や宗教といった変数もこれに含まれる。業界

図表3-2 セグメンテーション変数

変数（切り口）	セグメントの例	該当する製品例
地理的変数 　地方 　気候 　人口密度	関東、関西など 寒暖、季節など 都市部、郊外、地方など	カップ麺（同じ商品名でもスープの味等を変える） 花粉症対策グッズ 都市部中心に展開：スターバックスコーヒー
人口動態変数 　年齢 　性別 　家族構成 　所得 　職業	少年、若者、中年、高齢者など 男、女 既婚、未婚など 年収1000万円以上、300万円以下など 学生/会社員/自由業など	10代（特に女子高生）向け：「シーブリーズ」資生堂 女性向け：グリーンスムージー 単身引っ越しパック 高級車：「ベンツ」メルセデスベンツ 個人事業主向け会計ソフト：「freee」
心理的変数 　ライフスタイル 　パーソナリティ	環境・健康志向型、都会型など 新しもの好き、保守的など	電気自動車：「リーフ」日産自動車 雑誌：「モノマガジン」など
行動変数 　求めるベネフィット 　使用率	経済性、機能性、プレステージなど ヘビーユーザー、ノンユーザーなど	高級腕時計：ロレックス、フランクミュラーなど 化粧品のお試しセット

によっては、疾病や体格などが有効な変数となる場合もある。

　この変数でセグメンテーションを行うメリットとしては、市場規模やその動向が比較的把握しやすい、後述する心理的変数や行動変数に比べて切り分けが明確である、などが挙げられる。

　ただし、人口動態変数だけで分けるやり方では上手くいかないこともある。例えば、若年男性向けにスポーツウォッチを売り出したところ、実際のユーザーには同年代の女性も多数含まれていることが判明し、その後、女性にも使いやすいユニセックスサイズに統一しなおしたといった例がある。近年は個人のライフスタイルや価値観が多様化しているため、人口動態変数だけでは同じニーズを持つグループを取り出せない場合が多くなっているのだ。

　また、同じ人口動態に属する集団であっても、時系列で見れば、その消費行動はしばしば大きく変化し、マーケティングミックスの変更を迫られることも多い。例えば、同

じ年代でも、スマートフォンをはじめとするデジタル機器が普及した後に生まれた人たちと、それ以前とでは、消費行動には違いが見られる。

❸ 心理的変数（サイコグラフィック変数）

消費者は、ライフスタイル（派手な生活を好むなど）、所属集団に対する態度（権威主義的など）、階層（上流階層など）、あるいはパーソナリティ（開放的など）といった変数により、異なる集団に分類される。これが心理的変数である。例えば、同じ高級車でも国産車を選ぶか外国車を選ぶかは、人口動態的な違いというよりも、むしろライフスタイルに根差した心理的な違いであろう。また、オピニオン雑誌や新聞などは、所属集団に対する態度や階層といった心理的変数が大きな要因として影響してくる。さらに、金融商品を選ぶ際に、株に投資するか、預貯金を重視するかは、「リスクとリターンに対する感性」というパーソナリティによる違いと考えられる。最近では、心理的変数を用いてより細かなニーズを見つけ出し、マーケティングミックスに反映させようとする消費財メーカーが増えている。

❹ 行動変数

行動変数とは、製品に対する買い手の知識・態度などで消費者を分類するものである。過去の購買状況（購買経験の有無など）、使用頻度（ヘビーユーザーなど）、求めるベネフィット（プレステージ感かコストパフォーマンスか、など）、購買パターン（購入意思決定者など）といった変数がこれに該当する。ITとeコマースの発達により、顧客の購買履歴などが的確に把握できるようになっていることから、心理的変数と同様に行動変数の活用も増えている。

法人顧客を対象とするビジネスでは、行動変数の中でも特に購買パターンが重視されることが多い。例えば、大企業や官庁は購買に当たって前例を重視し、形式的な手続きを重んじる傾向が強いが、ベンチャー企業はあまり形式にこだわらず、新しいものを試そうとする場合が多い。高額製品であっても現場に購買権限が委ねられている企業もあれば、安価な製品であっても本社の購買部を通さなくてはならない企業もある。それぞれの顧客の購買パターンを踏まえて、ターゲットやマーケティングミックスを変えていく必要がある。

ここで、本章の冒頭に挙げたスノーピークの例を用いて、セグメンテーション変数を使いながら、同社の代表的な顧客像を分析してみよう。

まず、地理的変数であるが、所得水準が高い人が多く集まる都市部が中心となってい

る。自動車を使ってキャンプを行うため、顧客の行動範囲は広く、キャンプ場に近いエリアに絞る必要はない。

　次に、人口動態変数を見ていくと、年齢的には30〜40代が中心で、子供が2〜3歳くらいから家族でのキャンプを楽しみ始めることが多い。意思決定者は父親が多く、家族全員でレジャーを楽しむことを重視する価値観がポイントになりそうだ。

　心理的変数として価値観に注目すると、子供がキャンプを楽しみ、その姿を見て「うちの子がイキイキした顔をしている」と喜び、家族としての一体感を持ちたがっている。子供が大きくなると、今度は夫婦でキャンプを楽しんだり、同じ製品のユーザーとグループを作って出かけたりすることもある。長い目で見て、様々な形でキャンプを楽しめるのであれば、多少高いお金を払ってもかまわないと考えている。

　また、購買行動に注目すると、自分で一から情報収集することよりも、家族ぐるみの付き合いやSNSなどで信頼できる第三者の意見を参考にしながら、最後は店頭で専門的な知識を持つ店員に教えてもらった上で購買判断をしたいと思っている。

　このように顧客プロファイルを明確にしていくことで、彼らのニーズに合った製品は何か、どのようなマーケティング施策をとるべきか、といった次の一手が検討しやすくなる。

　ただし、セグメンテーションは、できるだけ多くの変数を使って細分化すればよいというものでもない。例えば、年収○○万円以上の独身女性で、首都圏のマンションをローンで購入し、ペットを飼い、ヨガが好きな人というように、条件を細かくしていくほど、当然ながら対象者は少なくなる。そうなると、十分な売上高や利益を確保できるだけの規模にならない、その顧客にアプローチするための適切な手段がない、顧客の反応を測定・分析できない、といった問題が生じ、マーケティングのアプローチができなくなってしまう。

2● ターゲティング

　セグメンテーションによって各集団の違いが把握できたところで、いよいよ自社が狙う対象層を明確にするターゲティングを行う。限られた自社の経営資源を有効活用し、競争優位に結び付く価値提供をしていかなければならない。そのためには、「どのようなアプローチで市場を攻略するか」と「自社にとって最も魅力的なセグメントはどこか」を明らかにしなければならない。

● 市場の攻略法

特定のセグメントを絞り込む前に、どのようなアプローチで市場を攻略するか、方針を決めておく必要がある。市場の攻略法は、大きく3つある（**図表3-3**参照）。

❶ 無差別型マーケティング

1つの製品と1つのマーケティングミックスを用い、市場全体、あるいは最大のセグメントをターゲットとする、マスマーケティングの手法である。市場構成者が多かれ少なかれ、日常的に使用したり、関心を持っていたりする製品でよく見られる。

この手法はコスト（生産コスト、マーケティングコストなど）を抑えることができる点で優れているが、競合他社との価格競争になりやすいほか、最大セグメントの平均化されたニーズしか満たせないため、市場機会を逃すことも多い。そうした反省から、次に示す差別型マーケティングや集中型マーケティングが発達していった。

❷ 差別型マーケティング

複数のセグメントにそれぞれ異なる製品、マーケティングミックスを用意する、いわゆるフルライン戦略である。トヨタ自動車がその典型だ。あらゆるドライバーの嗜好やニーズに合うように、サイズやタイプ、価格の異なる様々な車種を取り揃え、それぞれに対応するチャネルや販売方法を用意している。

この手法のメリットは、細かなセグメントごとに製品を提供することでトータルの売上高を最大化できる点にあるが、コストは増大することになる。理論上、企業はコストの増加分が売上げの増加分と並ぶ時点まで対象セグメントを広げることで利益を最大化しうるが、その判断は容易ではない。

❸ 集中型マーケティング

あるセグメントに特化し、そこに全経営資源を集中して独自の地位を築く戦略である。規模の拡大は追いにくいが、集中することにより、そのセグメントに対する知識が深まり専門性が高まる。この手法は、企業体力が小さく、差別化戦略をとりにくい場合によく用いられる。

例えば、沖縄県を主戦場とし、同県でシェアNo.1のオリオンビールや、特定エリアで展開しているスーパーチェーン、不動産サービスなどが該当する。ケースのスノーピークの戦略もこれに当たる。

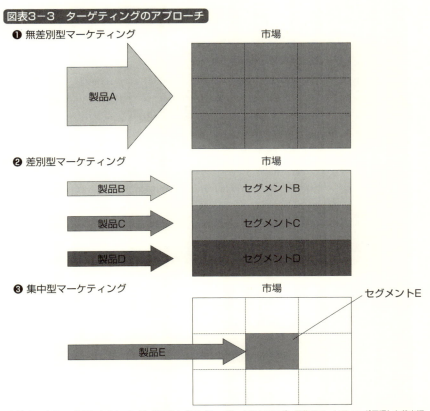

出所：P.コトラー、G.アームストロング、恩藏直人『コトラー、アームストロング、恩藏のマーケティング原理』丸善出版 2014年をもとにグロービス作成

● ── ターゲット選定の条件

基本的なアプローチを決めた後で、自社にとって最も魅力的なセグメントを具体的に選んでいくのだが、その際には次に示す6Rに留意しながら、自社の経営資源や環境要因などの制約条件も踏まえて、総合的に判断していく必要がある（**図表3-4**参照）。

❶ 6R

有効な市場規模（Realistic Scale）
市場規模は当然ながら、大きいほうがよい。少なくとも、その事業が成立する最低限

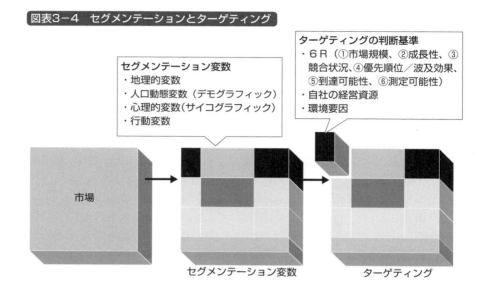

図表3-4　セグメンテーションとターゲティング

の規模を確保できるセグメントでなくてはならない。

成長性（Rate of Growth）

一般的に、市場の生成段階や成長初期には、売上げやシェア獲得の大きなチャンスがある。しかし、今は規模が小さくても、技術の進化などに伴って新しい用途が発生し、やがては数十倍に拡大するケースもあるので、市場の成長性についても見極める必要がある。

競合状況（Rival）

規模が大きい、あるいは今後の成長性が見込まれる市場は通常、他の企業にとっても魅力的なので、多数の企業が参入し、競争が激しくなることが多い。そうなると、目標シェアを獲得するために開発やマーケティングに多大な投資をしなければならなくなったり、収益性が低下してしまったりする。したがって、そのセグメントの魅力度を検討する際には、規模や成長性だけでなく、収益性などにも考慮する必要がある。

既に大きなシェアを占めている競合がいる場合も、そのセグメントの攻略は難しくなる。例えば、日用消費財メーカーのP&Gがかつて日本市場に進出したとき、規模が大きく成長の余地のある有望市場で、同社にはグローバルリーダーとしての実力がある、

という好条件であったにもかかわらず、なかなか市場でシェアを奪えなかった。花王やライオンなど強いメーカーが既に存在していたことで、苦戦を強いられたのだ。その後、競合を意識しながら日本市場に合わせたマーケティングミックス（製品デザイン、流通チャネル、ブランディングなど）を行うようになって、ようやくトップシェアを争えるようになった。

顧客の優先順位／波及効果（Rank/Ripple Effect）

セグメントごとに重要度の検討を行い、優先順位を付けるほうがよい。例えば、周囲への影響力の強いセグメントがあるなら、そこへ優先的にアプローチすべきである。新商品の受容スピードは、顧客の嗜好や性格などによって違いがあるので、オピニオンリーダーやクチコミの発信源となる人々が存在するかという点も考慮する必要がある。

到達可能性（Reach）

たとえ魅力的なセグメントであっても、地理的に遠かったり、顧客リストを入手できなかったり、有効な情報伝達方法がなかったりすると、適切なマーケティング活動ができないこともある。インターネットの普及により、顧客にアクセスするための制約条件は格段に減ってきてはいるが、そのセグメントに確実にアクセスする方法があるかどうか、確認しなくてはならない。

反応の測定可能性（Response）

広告の効果、商品に対する満足度など、そのセグメントに向けて実行した施策の有効性を測定し、検証できるかどうかも、セグメント選定の重要なポイントとなる。なぜ売れているのか、あるいは、なぜ売れないのかの理由を探ったり、ある施策は特定セグメントには有効だが、他のセグメントには有効ではない、といった検証を行うためだ。マーケティングでは顧客の状態や動向を常に見極めながら、必要に応じて打ち手を修正したり、変更を加えたりしなくてはならない。セグメントの反応の検証は、そのために不可欠である。

❷ 自社の経営資源

セグメントそのものがいくら魅力的でも、自社の経営資源の制約などから適切なマーケティングミックスを実施できないのであれば、そのセグメントは選ぶべきではない。財務資源、技術力、顧客ベース、生産能力、経営ノウハウ、販売組織、流通システムなどの観点から自社の強みと弱みを評価し、そのセグメントにおいて自社が優位性を発揮

できるかどうかを検討する。

❸ 環境要因

セグメントを選ぶ際に、政府機関の規制や社会団体からの干渉などの環境要因も考慮しなくてはならない。いくら魅力的なセグメントでも、その層に製品・サービスを提供することで、倫理的あるいは社会的な問題が生じれば、企業としての社会的責任を問われ、ブランドや企業イメージの低下を招きかねない。

問題となりそうな環境要因が現時点では見当たらなかったとしても、類似のセグメントで問題が顕在化しているようなら、注意が必要である。例えば、A国の環境基準が緩やかだったとしても、隣のB国で厳しい環境基準が採択されれば、早晩A国でもそれが実施される可能性は高い。企業は十分に情報を収集し、動向を注視しておく必要がある。

● ターゲットの変更・拡大

マーケティング戦略は、ターゲット顧客を中心に組み立てていく。したがってターゲットとするセグメントの選択は、その後の戦略プロセスの方向性を決定付ける重要な意思決定となり、長期にわたって戦略に影響を及ぼす。特に、市場における自社のポジショニングやブランドイメージが定着していたり、チャネル構築に多大な投資を行っていたりすると、ターゲットの変更は容易には行えない。

マーケティング上の課題に対しては、後述するポジショニングやマーケティングミックスの修正を行うことが先決だが、状況によっては、ターゲット層の拡大・変更を検討したほうがよい場合もある（**図表3-5**参照）。

図表3-5 戦略の変更

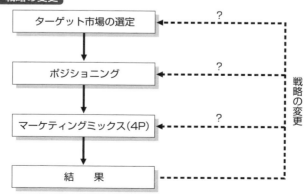

スノーピークの例で言えば、2013年時点のオートキャンプ人口は750万人で、日本の総人口の約6％しかなかった。これに対し山井社長は、「本当に自然を必要としているのは、非キャンパーである94％の人たち」だと考え、非キャンパーをターゲットとした「アーバンアウトドア」というコンセプトを打ち出した。スノーピークのコアバリューは「人間性の回復」であり、新しいコンセプトは、非キャンパーに都会の真ん中で自然を楽しんでもらおうというものだ。非キャンパーをアウトドアに引き付けるために、アパレル製品の開発などにも力を入れた。その結果、アーバンアウトドア事業、アパレル事業ともに順調に成長している。

　最近は特に、環境変化によって顧客ニーズが急変することも珍しくはない。顧客の変化を把握するために、定期的に調査を行ったり、セグメントやターゲット顧客を見直したりすることが重要になる。

デジタル時代のセグメンテーションとターゲティング

　スマートフォンの所有率が7割を超え、人々はいつでもインターネットにつながっている。その結果、これまでは把握できなかった、「購買前」や「購買後」など、「購買以外」の人々の意識や行動が把握できるようになった。例えばグーグルの検索履歴には、利用者がどんなモノやコトに興味、関心を持っているかが、ユーザーIDに紐づいたデータとして蓄積される。グーグル検索して自社サイトに来た利用者が、どのページにどれだけの時間滞在し、どのページに移ったか、といったデータも蓄積される。さらに、ウェブサイトで製品・サービスを購入すれば、ユーザーIDに紐づいた**購買履歴**が蓄積され、ソーシャルメディアに書き込まれるレビューも蓄積されていく。このようにデジタル時代においては、顧客の行動を理解するために、**ビッグデータ**を活用できるようになる。また、スマートフォンでいつもつながっているため、顧客のリアルな場での行動を捕捉することもできる。加えて、ソーシャルメディアでのコミュニケーションを分析すれば、特定の行動に対する顧客の心理を理解することも可能になってきている。

　従来のセグメンテーションは、ある意味、マーケターが一方的に市場を同質的な集団に分けており、「全体から部分へ」という方向での作業だった。個々のターゲット顧客については、商品のやりとりを介して初めて理解することも多かった。これに対し、デジタル時代のセグメンテーションでは、初めから「個人」を理解できる。つまり、顧客一人ひとりの購買前行動データ、購買行動データ、購買後行動データを分析し、類似した属性の個人を束ねることで、どんなセグメントが形成しうるかを検討することができるのだ。このように、従来型マーケティングとデジタ

ル時代のマーケティングは、セグメンテーションの形成方法が逆になるのである。
　ターゲティングについても、「集団から個人へ」のパラダイムシフトが起こっている。従来のターゲティングでは、自社にとって最も魅力的なセグメントを6Rに基づき選別していた。言い換えれば、「相手にしない消費者を決める」ことが重要だったのだ。だが、「個人」をより詳細に理解できるデジタル時代のターゲティングでは、大くくりでターゲット顧客を設定せずとも、ネットを介したアプローチに「反応した人がターゲットになる」と考えればよい。ネット広告に反応し、購買までつながった人の購買履歴がわかれば、普段どのようなことに興味、関心があるかを把握でき、コミュニケーションメッセージを最適化することができる。
　このように、ビッグデータが蓄積・利用される時代においては、企業のデータ分析力がものをいう。日々すさまじい勢いで蓄積されていくビッグデータから何を明らかにしたいのか、分析の目的は何か、そのためにどんなデータが必要で、どう分析すればよいのか、という分析のデザインができなければ消費者の理解に至らず、適切なセグメンテーションやターゲティングにはつながらない。データ分析の巧拙がマーケティングの成果に大きな差を生み出すことになる。

第4章 ● ポジショニング

POINT

　ポジショニングとは「ターゲット顧客に、自社の製品をどう認知させるか」を決定することである。いくらニーズを満たす優れた製品であっても、その価値が顧客にきちんと伝わらなければ意味がない。また、マーケティングの勝敗を決するのは、顧客にとって「最も魅力的な製品であること」よりも、「最も魅力的な製品だと"認識"してもらうこと」なのである。

CASE

　ブルーボトルコーヒーは、2002年にアメリカのオークランドで誕生した、セルフ式コーヒーチェーンである。2015年に海外進出第1号店を、東京・江東区の清澄白河にオープンさせた。競合の多いコーヒー店業界において、新たなセルフ式コーヒーチェーンとして、どのようにターゲット顧客に訴求してきたのだろうか。

　クラリネット奏者だったジェームス・フリーマン氏はコーヒーマニアで、新鮮なコーヒーを飲むことを大事にしていたが、焙煎したての豆を手に入れるのが難しかった。そこで、自ら豆を焙煎したコーヒーをファーマーズマーケットで売り出し、その後、友人宅のガレージを借りてブルーボトルコーヒーを創業したのである。サードウェーブコーヒー（インスタントコーヒーの普及を第1、スターバックスをはじめとするセルフ式コーヒーチェーンの隆盛を第2とし、それに次ぐ新しい"第3の波"の意味）の代表格と評されることの多いブルーボトルコーヒーだが、実は、日本に古くからある珈琲店と共通する部分がある。豆の産地にこだわり、（ブレンドではなく）単独の決まった産地のコーヒー豆を自家焙煎し、ハンドドリップで淹れて提供するのが珈琲専門店のスタイルで、フリーマン氏は日本の珈琲店から大きな影響を受けたと語っている。

　海外の外食チェーンが日本に初進出する場合、通常は、通行量の極めて多いエリアに第1号店を構え、ブランドの認知を一気に広げる手法をとることが多い。マクドナルドもスターバックスも、第1号店は東京・銀座である。しかし、彼らは第1号店に、都心から少し離れた清澄白河を選んだ。

大規模なプロモーションはしなかったが、グーグル・ベンチャーズ、インデックス・ベンチャーズ、インスタグラムやツイッターの創業者、元グーグルのエグゼクティブといった著名な投資家が、この新しいコーヒー会社に相次いで投資しているという情報も後押しして、ソーシャルメディアを中心に話題となった。それを受けてマスメディアの取材が殺到し、幅広い顧客に知られることとなったのである。その結果、第1号店オープン時は、コーヒー1杯に3時間待ちという長蛇の列ができた。
　ブルーボトルコーヒー日本第1号店は、倉庫と焙煎所を併設したロースタリー＆カフェというスタイルである。店内には世界中から届いたコーヒー豆の袋が積まれ、焙煎機から香ばしい香りが立ち、1杯ずつ丁寧にドリップされる様子を間近で見ることができる。これは、顧客が「シードトゥカップ（種からカップまで）」を体験できる場所というコンセプトのもとに設計されたものだ。
　世界中のコーヒー農家と直接契約を結んで最も美味しい豆を調達し、最も良い状態になるまで寝かせたものを焙煎後48時間以内に使い、バリスタが1杯ずつドリップして提供する。そのようにして、美味しさがピークの状態のコーヒーを味わってもらう。
　チェーン店だから、どの店でも同じ味のコーヒーを提供しなくてはならないが、手間がかかるほど味にばらつきが出るおそれもある。それに対しては、特別に設計されたドリッパーや、コーヒーを抽出する際の湯量、注湯の時間を決め、抽出後のコーヒー濃度等の計測器を揃え、一連の流れをレシピどおりに行うことを徹底して味を均一に保つようにしている。味の均質化を最重視するなら、マシンで提供したほうがよさそうに思えるが、あくまで人が手で淹れることにこだわるのが、フリーマン流なのだ。
　ブルーボトルコーヒージャパン取締役の井川沙紀氏によると、焙煎やバリスタ教育などを担当するコーヒーのプロが、焙煎拠点に1人ずつ、全社で5人ほどいる。彼らは、「普段から添加物を全くとらない食生活を徹底するなど、味のプロとしてストイックに生活している」そうだ。他の大手セルフ式コーヒーチェーンでは、メニューやトッピングの選択肢を豊富に揃え、顧客のニーズに広く応える方式が多いが、ブルーボトルコーヒーではコーヒーの種類やフードメニューをあえて絞り込み、彼らが本当に美味しいと思う厳選したコーヒーとそれに合うフードメニューに限定している。幅広い客層を狙う競合とは異なるアプローチである。
　店舗のデザインにもこだわりがある。第1号店の外観は、白い壁にブルーボトルコーヒーの象徴である青いボトルがペイントされ、元倉庫だった建物の雰囲気を残した内装に、飾りのないテーブルと背もたれのない椅子という、全体にシンプルな造作になっている。多くの要素を求められる付加価値の時代だからこそ、あえて、本質を追求するために余計なものを削ぎ落とそうという、フリーマン流の"引き算"の考え方が店舗デザ

インにも反映されているのだ。

　店舗をチェーン展開する場合、通常なら店舗デザインを統一し、同じ什器類を使用するのが経済的で、強いブランドメッセージを打ち出すこともできる。しかしブルーボトルコーヒーは、出店地域の特性や顧客のニーズに合わせて店舗デザインを行い、地域ごとにコンセプトを変えている。

　日本のコーヒー消費量は1人当たり年間約580杯にのぼり、コーヒー豆の輸入国としては世界のトップ4に入るほど、日本人の間にコーヒー文化は根付いている。近年では、広く「コーヒーを提供する外食業界」と捉えると、スターバックスとドトールの2強に、マクドナルドやコンビニ等の他業種も参入し、生き残り競争が激化している。特にマクドナルドやコンビニのコーヒーは、従来の価格帯とは一線を画す低価格ということもあって、業界の競争環境に大きな変化をもたらした。

　業態は異なるが、ネスレは「ネスカフェアンバサダー」というサービスの提供を開始した。「ラクラクお届け便」の契約をすれば、コーヒーマシンが無償貸与され、職場や家庭にいながら多彩なコーヒーメニューを低価格で楽しめる、というものだ。サービスの形態に違いはあるものの、カフェで飲むようなコーヒーがオフィスや家庭にいても飲めるとなれば、コーヒー好きの顧客にとっては選択肢の1つとなり、競合の一角になるといえよう。

　ブルーボトルコーヒーが日本に進出した後、これに呼応したと思われる動きが競合にも相次いだ。例えば、ドトール・日レスホールディングスは「神乃珈琲」を出店した。ロースターだけでなく、研究開発施設も備えた新しいコンセプトの店舗である。「素材を活かしたサードウェーブの先を行く。素材、加工、ブレンド技術のすべてを活かした、新しいコンセプトブランドとなる」とうたっている。また、スターバックスコーヒーは、世界中のコーヒー農家から調達した希少なコーヒー豆を提供する、リザーブバーをオープンした。出店を限定し、通常店舗とは違った豪華な内装を施し、一度しか飲めない希少なコーヒーを強調した。その後、焙煎所とカフェ併設のリザーブロースタリーを出店し、こちらでは個性的な豆を調達し、焙煎したてのものを1杯ずつ淹れる形態をとっている。

　価値観の多様化した時代に、大量生産型のセルフ式コーヒーチェーンとの違いを明確に打ち出したブルーボトルコーヒーは、当初の知名度の低さにもかかわらず、サードウェーブコーヒーの先駆者として、競合ひしめくコーヒー店業界に新しい風を起こしたといえよう。

> **理論**

　どれほど魅力的な製品を作っても、消費者がその価値を認めなかったり、正しく理解してくれなかったりすれば、購買には至らない。自社の製品が、どのように魅力的なのか、競合製品とどのように違うのかを明確にすることで、購買するに足る価値があることを消費者に理解してもらう必要がある。そのための活動であるポジショニングの概念や手順について解説していく。

1● ポジショニングの基本

　ポジショニングとは、ターゲットに定めた顧客に、自社製品がどのように魅力的であるかを認知させるための活動である。
　競合する製品群の中から、自社の製品を選択してもらうためには、顧客にとってどれだけ魅力的な価値を提供しているのかを明確に示し、それを認識してもらわなくてはならない。
　ポジショニングを考える際に注意したいのは、製品の売れ行きを決するのは、「他社製品と比較して、より優れた製品であるかどうか」ということよりも、「顧客が魅力的な製品だと"認識"しているかどうか」だということである。企業はとかく自社の視点で最高品質を追求しようとするが、顧客が製品の何を評価するか、価値として認識するかという視点が欠けていると、いくら努力を注いでも望む結果は得られない。
　特に、新規参入が容易で競合関係の変化が激しい業界では、競合との違いをいかに顧客に認識させるかは重要となる。コーヒー店業界もその典型例の1つであるが、ケースに挙げたブルーボトルコーヒーは、マスマーケットをあえてターゲットから外し、大手コーヒーチェーンとは明らかに違うポジショニングをとった。
　味への徹底したこだわりと十分な管理体制は、食の安全性や透明性を求める顧客に的確に伝わった。また、提供するコーヒーの種類や店舗デザイン、パッケージデザインにまでシンプルさを追求することで、ブルーボトルコーヒーの独自性が際立った。多彩な付加価値で多種多様な顧客ニーズを捉えようとする競合とは、対照的なポジショニングである。統一した店舗デザインや什器を用いず、地域ごとの顧客ニーズや地域特性を優先し、企業側のメッセージを押し付けすぎない手法も、買い手優位時代の顧客からの共感を呼んでいる。
　ポジショニングは、マーケティングミックスの方針を最終的に決定づける。例えば、若い女性をターゲットにしたファッションブランドを立ち上げようとするとき、それだ

けの情報では、具体的にどのような施策をとるべきかが不明確だ。トレンド重視のモードなイメージを打ち出すのか、清楚でコンサバティブなイメージを打ち出すのか、ナチュラルでリラックスしたイメージを打ち出すのか。消費者にどのように感じてもらいたいかによって、ブランドの名前、店舗デザイン、取り扱う商品、価格帯、コミュニケーションの方法など、すべてが変わってくる。

このように、ポジショニングに沿ってその後のマーケティングミックスが設計されることになるので、その決定はマーケティング戦略上の極めて重要な意思決定になる。

2● 戦略的ポジショニングの作り方

ポジショニングを検討するアプローチとして、自社製品のユニークさを簡潔に認識してもらえる表現を考えるやり方がある。これは、その製品のコンセプト自体が、これまで市場になかったような場合には、特に有効である。

例えば、1979年にソニーが初めてウォークマンを出したとき、開発前の社内には、「録音機能のないテープレコーダーなんて売れるわけがない」という否定的な意見もあったという。たしかに、単に「録音できないが、小さいテープレコーダー」というポジショニングをとっていたら、売れなかったであろう。実際には、「歩きながら音楽が聴ける」という新たな価値を打ち出すポジショニングで、ウォークマンは大ヒット商品となった。

このように、製品のコンセプトそのものが消費者にとって全く新しい場合、他の製品と比較する（例えば、テープレコーダーやオーディオセットなどと比較する）よりも、新しい価値観やコンセプトをそのままポジショニングとして提案するのは、1つの有効な方法である。他の例では、ツイッターのポジショニングが、それに当てはまる。先行していたサービスと似ているからといって「短いブログ」とも「SNSの一種」とも打ち出しておらず、「ユニークなコミュニケーションサービス」というポジショニングで登場した。

もっとも、世の中の大多数の製品・サービスは、ここまで顕著な新奇性を持たない。そうした場合の正攻法のアプローチが、いくつかの軸をとってマップを作り、自社と競合の製品をその中に配置してみるやり方だ。同じ製品カテゴリーの中で自社製品の優位性を訴えたい場合に効果的である。他の製品との違いを明確にすることで、自社製品の優位性がはっきりするからだ。マッピングに空白箇所が見つかれば、それが新製品のアイデアにつながることもある。また、同じカテゴリーに自社製品が複数存在する場合には、各製品の特徴がそれぞれどう異なるかを確認・整理することができる。

● ──── **消費者が認識する特徴の抽出**

　消費者が多数の製品の中から最終的にある製品を購買するときの決定打となる要因を、**KBF**（Key Buying Factor：購買決定要因）と言う。例えば、似たようなTシャツがたくさんある中で、デザインやサイズなどを吟味しつつも、最終的に一番安いものを選んだとしたら、その人のKBFは「価格」ということになる。

　価格に敏感な顧客層をターゲットにするなら、「安さ」を打ち出したポジショニングがよさそうだ。しかし実際には、顧客が値段だけで選んでいるかというと、そうではない。ブルーボトルコーヒーの例で言えば、「コーヒーの美味しさ（豆や淹れ方のこだわり）」をKBFとする顧客層もいれば、「新しい流行のカフェの雰囲気」をKBFとする顧客もいるだろう。つまり、ポジショニングではKBFを意識しながら、それに訴求する自社製品の特徴を見つけていく必要がある。

　ポジショニングを検討する際には、戦略的に有効な2つの特徴を絞り込んで、**図表4-1**のように2軸のマップ（**ポジショニングマップ**）で表現することが多い。自社の製品の特徴を消費者にアピールしようと思うと、できるだけ多くの要素を伝えたくなるものだ。例えば、デジタルカメラであれば、「軽い」「画素数が多い」「安い」「デザインが良い」「扱いが簡易」「メモリーが大きい」……と、いくつも挙げたくなるだろう。

　しかし、情報があふれる現代社会では、訴求したい要素が多すぎると、かえって消費者の印象に残らない。「自社製品が良いと勝手に言っているだけ」という印象を与えたり、「いろいろと良いらしいが、結局はどこが優れているかわからない」というように、

図表4-1　男性会社員向け製品のポジショニングの例

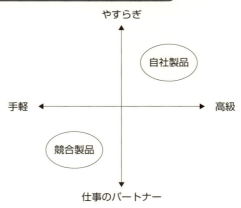

特徴がぼやけてしまったりする。
　マーケターは、訴求したい特徴を踏まえながら、消費者が自社ブランドや製品をどのように認識しているのか、消費者が何を必要としているのかを的確に把握し、最も訴求したい要素を思い切って絞り込まなければならない。

3● ポジショニングの手順

　2軸のマップを使って考える場合のポジショニングの基本的な手順について、説明していこう。

ステップ1　軸となりうる属性をリストアップする
　最初のステップでは、自社製品の特徴を洗い出す。ただし、あまりにも製品特性にこだわりすぎると、機能本位になりがちなので注意が必要である。
　ポジショニングの軸になる製品属性は、製品に付随可能なイメージであれば何でもよい。例えば、コーヒーを機能面だけで考えると、「コクがある」「香りが良い」「目が覚める」などが考えられるが、これらは明確な差別化が難しく、訴求力が弱い。それに対して缶コーヒーのジョージアは一時期、「やすらぎ」というイメージを生むポジショニングにより、男性会社員の「癒しを求める心」を上手く捉えた。こうした顕在的あるいは潜在的な消費者ニーズに訴求するポジショニングにつながることが、軸探しの基本になる。
　いくら消費者ニーズを満たしていても、競合製品も同じポジショニングであれば、必ずしも自社製品を選択してもらえるとは限らない。他社がとっていない独自のポジショニングの軸を探すことも、重要なポイントである。自社製品に機能面で明らかに独自性があれば、新たな軸を打ち出すことができ、競合に対して強力な武器となることは言うまでもない。
　しかし、明らかに優位な点がなくても、諦める必要はない。例えば、アメリカのライフブイ石鹸は、「体臭を消す」というポジショニングで消費者に訴求したところ、大ヒットした。実際には、普通の石鹸で体を洗えば体臭は消えるので、このポジショニングはどのメーカーの石鹸にも当てはまる。しかし、機能的に考えれば当たり前のことでも、他社が打ち出していないポジショニングで、消費者にとって新しい特徴や価値として訴求できれば、十分に意味はあるのだ。したがって、製品特性に過度に縛られずに、独自性、消費者ニーズという視点を含めて、様々なポジショニングの軸の可能性をリストアップしておくことが望ましい。

ステップ2　戦略的な属性を絞り込む

　消費者に強く訴求できる特徴は、経験的に言って2つ程度である。ステップ1で洗い出した多くのポジショニングの軸から、最適な軸を2つ以内に絞り込むことで、最終的なポジショニングが決まる。実際には、この絞り込みの段階で新たな軸を発見することも多く、ステップ1とステップ2の手順を繰り返しながら、最終的なポジショニングを考えていくことになる。

　では、具体的にどのような観点で軸を絞り込めばよいのだろうか。最適なポジショニングの条件とは、何よりもまず「消費者に共感してもらえること」だ。その上で、❶自社製品を他社製品より魅力的だと消費者に認識してもらう、❷競合の追随を防ぐ、❸自社製品間のカニバリゼーションを避ける、という3点に注意しなくてはならない。

❶ 自社製品を他社製品よりも魅力的だと消費者に認識してもらう
●新ポジションを創造する

　新ポジションの創造には、何もウォークマンのようにイノベーションが必須だというわけではない。以前からあるような製品であっても、そこに新しい価値を付与して提案できれば、新ポジションができるのである。例えばカルビーのフルグラは、シリアルは手抜きというイメージを、忙しい朝でも美味しく栄養摂取できる「賢く時短」という訴求に切り替えた。ドライフルーツが入っているフルーツグラノーラは、ヨーグルトを交ぜても美味しく食べられるという、既存のシリアルには打ち出しにくいポジションをとり、シリアル市場から朝食市場へとポジショニングを変えて、売上げを大きく伸ばした。

●競合のポジションを弱める

　自社が業界の**リーダー**である場合には、必ずしもユニークなポジショニングを行うことが成功の秘訣とは限らない。一方、**チャレンジャー**企業は、リーダー企業の製品と差別化したポジショニングを行うのが定石である。そこで、チャレンジャー企業が新製品を出してきたら、リーダー企業はそれと全く同じポジショニングの製品を出す同質化戦略をとることもできる。消費者は製品間にそれほど明確な違いがなければ、知名度や信頼感で勝るリーダー企業の製品を選ぶことが多いからである。

　近年の例では、眼鏡業界で新興のチャレンジャー企業であるジンズ（JINS）が、花粉から目を守る花粉CUT眼鏡を発売した。それまで、眼鏡は視力矯正用と考えられていたが、それ以外の消費者にアプローチしたことで大ヒットした。その後、このセグメントが大きくなってくると、業界リーダーであるメガネトップは、自社ブランドの眼鏡市場やALOOKから花粉プロテクトを発売した。ブルーボトルコーヒーの注目度を見た

スターバックスやドトールが、ブルーボトルに似せたコンセプトの新店舗を展開したのも、同じ流れである。

❷ 競合の追随を防ぐ

● 現行のポジションを強化する

現在の自社製品のポジショニングが消費者に支持されている場合、他社の追随をかわすために、そのポジショニングをさらに強める方法がある。基本的には、「ますます○○になりました」というタイプのものである。

P＆Gの台所用液体洗剤のジョイは、かつて「除菌もできるジョイ」というポジショニングをしていた。ちょうどそのころ、食中毒を起こすO-157が猛威をふるい、除菌に対する消費者の関心が一気に高まった。そこでP＆Gは、「も」を「が」に替えた「除菌ができるジョイ」というメッセージにより除菌機能をいっそう強くアピールし、シェアを急伸させた。

● 競合が真似しにくいポジショニングを行う

新しいポジショニングで競合製品と差別化しても、すぐに真似されてしまっては意味がない。あらかじめ競合が真似しにくいポジショニングを考えることも、戦略的には重要である。

2010年のLCCの登場などで低価格での海外旅行が可能になり、20～30代女性の旅行客が急増した。彼女たちの「女子旅」に着目したバッグの製造卸メーカーのエースは、新たなスーツケース、プロテカラグーナライトを発売し、「女性にやさしい」という製品イメージを訴求した。

従来、スーツケースは、出張の多い男性の需要を考慮して、男性目線で作られた直線的なラインとメカライクなデザインのものが多かった。

プロテカラグーナライトは、スーツケースを作った経験のない若手女性社員が、デザインを担当した。既成概念にとらわれない、柔軟な発想から生まれたスーツケースは、風に揺れる水面のイメージをモチーフにしたリブと、丸みのあるボディラインと、パステル調のカラーバリエーションを展開し、競合がとりにくいポジションを訴求することで、女性層を中心に多くの消費者の心を捉えた。

女性アイドルを起用したテレビCMでは、スーツケースを指1本で持ち上げるパフォーマンスや、スーツケースがふわりと宙に浮かぶ映像を用いて、女性でも軽々と持ち運べることを強くアピールした。プロテカラグーナライトは、業界初の女性用スーツケースという新たな価値を訴求し、異例のヒットとなった。

❸ 自社製品間のカニバリゼーションを避ける

　同一カテゴリーに1社で複数の製品を出している場合、自社製品間で顧客の奪い合いをさせるようなポジショニングでは意味がない。このような状況を**カニバリゼーション**と言う。ポジショニングでは、競合製品に対する優位性を訴えることが大切であり、自社製品同士のカニバリゼーションは極力避けるべきだが、それに注力するあまり、商機を見逃すことのないよう考慮する必要がある。

　図表4-2は、P&Gグループのカミソリ、ジレットの製品ラインナップと、各製品のポジショニングである。ここに新たなラインナップを付け加える場合、仮に「シェービング中冷やして、ビタミンE・アロエ配合」というようなポジションをとるならば、既存のジレットフュージョンプロシールドクールやジレットフュージョンパワーエアーは、新しい製品に代替されてしまうか、少なくとも新製品よりも機能面で劣る製品と見られてしまうだろう。新しいラインナップを加える場合、これまでのポジショニングとは異なる軸を用いたポジショニングを考えたほうがよい。

図表4-2　ジレットブランド　カミソリ本体のポジショニング

製品	ポジショニング
ジレットフュージョンプロシールド	シェービング中に肌を守り、優しい剃り心地
ジレットフュージョンプロシールドクール	シェービング中に肌を守り、冷やして爽快な剃り心地
ジレットファーストフュージョン	潤滑成分配合で、滑らかな剃り心地
ジレットフュージョンプログライドフレックスボールパワーシルバータッチ	摩擦軽減モーター搭載で、肌への抵抗を感じさせない
ジレットフュージョンパワーエアー	ビタミンE、アロエ配合で肌に優しい剃り心地

出典：P&Gグループ　ジレットホームページをもとにグロービス作成

4● ポジショニングの検証と見直し

　戦略的にポジショニングを絞り込んだら、あらためてそのポジショニングが有効であるかどうかを見直す必要がある。ポジショニング策定の段階では、時間を追うごとに自社製品の特性こ考えが集中しがちなので、次の2点について再確認してみるとよい。

●ターゲット顧客のニーズを満たしているか

　競合との差別化はできていても、売り手の考えるポジショニングに消費者が共感しな

ければ意味がない。そのポジショニングが本当にターゲット顧客のニーズを満たすものであるかどうか、あらためて検証する必要がある。

● **競合製品とはっきり差別化できているか**
　一見すると、競合がまだとっていないポジションのようでも、競合製品が簡単に追随できる場合は、明確な差別化ができているとはいえない。チャレンジャー企業がリーダー企業の製品に対抗するような場合は、特に注意が必要である。

　一旦ポジショニングが成功しても、永続的に競合に対して優位性を保ち続けられるとは限らない。あるいは、現在のポジショニングが優位性をもたらしていない場合、消費者が自社および競合の製品をどのように受け止めているかを知ることは、戦略的に有効なポジショニングの再検討において重要な判断材料となる。
　図表4-3は、高機能インナーに対する消費者の認識を示したものである。このように、消費者の認識を2軸で表したものは、**パーセプションマップ**と呼ばれる。企業側がマーケティング戦略を立てる上で能動的にポジショニングを策定するポジショニングマップと区別して分析し、マーケティング戦略の修正などに役立てる。
　2003年より以前、高機能インナーといえば、一部のアウトドア用品の高機能・高価格な製品か、あるいは保温効果はあるが生地が厚手でカラーバリエーションも少なく、冷えを予防したいシニア層のニーズに応えるという域を出なかった。
　しかし、2003年にユニクロからヒートテックが登場すると、徐々に消費者の認識が変わっていった。発売初年度は、発熱と保温を訴求した男性向けインナーとして、

図表4-3　高機能性インナーのパーセプションマップの変遷

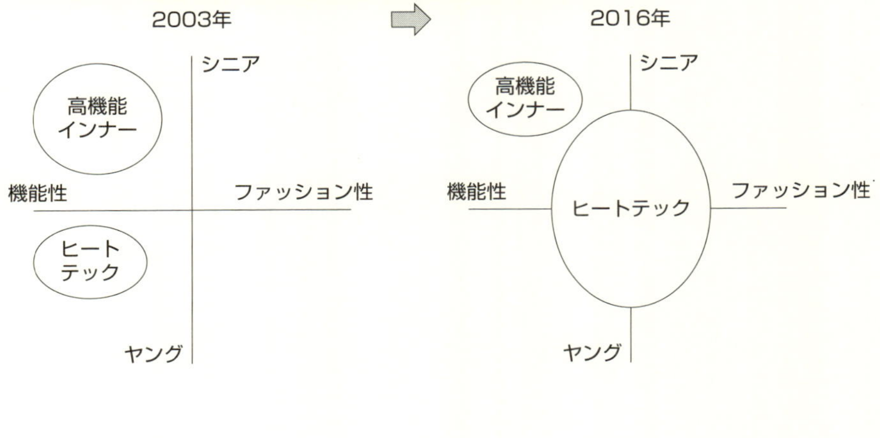

150万枚程度の売上げだったが、翌年からは、発熱と保温以外の機能を加える改良を行い、男性だけでなく女性にも受け入れられるように、デザインやカラーのバリエーションを拡大した。さらに新たなプロモーションを仕掛けることで、インナーの領域からファッションアイテムへと昇華させ、シニアだけでなく若年層へも広がり、現在ではヒートテックは高機能インナーの代名詞となっている。

　マーケティング戦略を見直す際には、まず消費者の認識を示すパーセプションマップを作ってみて、それが現行のマーケティング戦略のポジショニングマップと異なっているなら、基本的にはポジショニングの変更を考えるべきである。もちろん、ターゲット自体に変更すべき点があればその部分から見直さなければならないし、市場機会の前提が異なっていれば市場機会を再発見すべく、マーケティング戦略立案のより上位の概念に立ち戻って戦略を練り直す必要があるだろう。

第5章 ● 製品戦略

POINT

　マーケティングでは製品そのものの属性だけでなく、付随するサービスなども含めた、より広義なホールプロダクト（Whole product）として製品を捉える。これは、本質的なニーズを満たす製品を核とし、使いやすいデザインや補助製品、補完サービスを含んだ包括的な製品のことである。製品戦略では新製品開発だけでなく、製品特性やライフサイクルを踏まえて、製品ラインの拡張や集約など、市場投入後の製品の育成やマネジメントについても検討していく。

CASE

　寺田倉庫は、1950年創業の歴史ある企業だ。倉庫業界で中位にある同社は、広大な土地を有する大手企業に勝つことは困難と考え、独自性を出すべく他社との差別化を図り、時代に応じてユニークな事業に取り組んできた。創業後しばらくは米や精密機械を扱う空調倉庫を、その後はワイン保管、美術品保管、メディアや文書の保管、建築模型保管といった、ターゲットを絞ったサービスを提供してきた。そんな同社の事業の中でも最近注目されているのが、2012年に開始したminikuraという個人向けクラウドストレージサービスだ。

　これは、「誰でも自分の倉庫が持てる」をコンセプトに、専用の段ボール箱1つから預けられるようにしたサービスである。スペース単位で借りるトランクルームと違い、専用ボックスを必要な数だけ購入して利用する仕組みで、料金は1箱200円からだ。申し込みはウェブ上で行い、ボックスが自宅に届いたら預けたいものを詰めて宅配便で送る。荷物は温度や湿度が管理された倉庫で保管され、必要になったときにウェブで申し込めば、自宅に宅配される。

　トランクルームやコンテナ収納といった収納サービスの市場規模は2009年度から右肩上がりで、12年度には490億円近くにまで拡大した。そのため不動産業など他業界からの参入も相次ぎ、競争が激しくなっていた。増え続ける個人向けトランクルームと同じ土俵の上で戦えば、価格競争に巻き込まれると危機感を抱いた寺田倉庫が開発し

たのがminikuraである。

　多くのトランクルームは料金体系が複雑だったり、預けたものの出し入れを自分でやらなくてはならないなど、個人ユースの利便性を考えるとネックとなる課題がいくつかあった。それに対してminikuraは、「トランクルームよりちょうどいい。安く、必要なだけ、カンタンに」を訴求し、1箱200円という明確な料金設定と宅配便の活用で、ネットを使って自宅にいながらトランクルームを利用できるようにしたのである。申し込みから預け入れ、取り出しまでをウェブ上で簡単に手配できるよう、ユーザーインターフェイスのわかりやすさにも注意を払っている。

　2012年のサービス開始以来、minikuraが若い世代を中心に人気を博すと、minikuraブランドを軸にして、minikura MONO、minikura HAKO、minikura クリーニングパックを展開した。minikura MONOは、寺田倉庫のスタッフが顧客から預かった箱の中身を1点ずつ写真撮影し、画像データとして顧客の「マイページ」に登録してくれるサービスである。顧客は自分が預けているものを、いつでもウェブ上で確認できるわけだ。また、minikura クリーニングパックでは、衣類の保管と高品質クリーニングをセットで提供している。

　本来、顧客から預かった荷物を開けることは、倉庫業ではタブー視されていた。法人向けのサービスなら、万が一、荷物を壊してしまったり、失くしたりしても弁償することができるが、個人向けの荷物は、通常、弁償できないからだ。しかし、あえてリスクを取って"箱を開ける"ことで、同社はサービスの拡大と顧客接点の拡大という方向に進んだ。

　最近では、顧客が預けたものをSNSやブログなどの好きなサイトで販売できるオプション機能を付けたminikuraTRADEというサービスも開始した。出品手数料はかからず、ネット上で売買が成立すれば、20%の販売手数料でminikuraから直接、購入者に発送してくれる。

　預かった荷物を保管するだけでなく、それを軸に次々と新たなサービスを展開することで、minikuraの保管点数は、立ち上げ初年度の100万点から1700万点（2016年度）へと急カーブで増加している。

理論

　企業活動において、製品（サービスを含む）こそがまさに価値を生み出すものである。売るべき製品が手元になくては、いかに精緻に価格戦略や流通戦略、コミュニケーション戦略を考えても、何の意味もない。他のマーケティング戦略に先駆けて練らなくてはならない戦略、それこそが製品戦略である。

ここでは、製品の捉え方、新製品開発プロセス、製品ラインの設計、製品ライフサイクルについて解説する。

1 ● 製品の捉え方

顧客が求めるのは、様々な便益を一括して手に入れられるような製品である。狭義には、製品は製品そのものの属性を指すが、マーケティングの観点からは、これを広義に**ホールプロダクト**として捉え、製品そのものの属性に加えて、売り手が提供する技術サービス、支払方法、売り手と買い手の間で育まれる人間関係まで含んだ包括的な製品として考えたほうがよい。なぜなら、顧客は様々な便益の束として製品を捉え、評価するからである。

◉── 製品に関する意思決定

図表5-1で示すように、製品は3つの階層に分けて考えることができる。

中核となる顧客価値：顧客の本質的なニーズを満たす機能そのもの。ビールや清涼飲料であれば液体そのもの、プロ野球であれば試合そのものを指す。

図表5-1　製品の構造

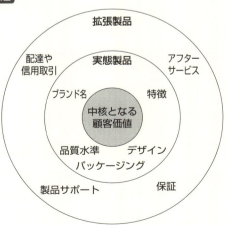

出所：P.コトラー、G. アームストロング、恩蔵直人『コトラー、アームストロング、恩蔵のマーケティング原理』丸善出版　2014年

実態製品：中核となる顧客価値に付随する製品特性、スタイル、品質、ブランド、パッケージなどを含めた概念。飲料であれば斬新な缶のデザインやパッケージ、プロ野球であればジャイアンツといったブランド名や球場での飲食が含まれる。

拡張製品：アフターサービスや保証など、顧客が価値を認める付加機能も含めた概念。スマートフォンのアップデートサービスや家電メーカーの修理サービス網などがこれに当たる。製品によっては、保守サービス、テクニカルサポート、情報サービスなどが特に重視されることがある。

　これら3つの階層のどの部分がマーケティング戦略において重要かは、その製品特性や市場の発達段階で異なる。例えば、書籍であればコンテンツ（中核となる顧客価値）と著者というブランドからなる実態製品が重要だが、パソコンでは利用可能なソフトや様々な付加機能（実態製品）に加え、アフターサービスや保証など拡張製品のレベルで考えることが、より大きな意味を持ってくる。また、それが導入期の製品であれば、中核となる顧客価値そのもの、そして実態製品で差別化することが最大の関心事となるが、市場が発達して同様の製品が出回り、機能や性能などで差別化が難しくなれば、コンサルティングサービスのような拡張製品レベルでの差別化が必要になるかもしれない。
　それぞれの階層の中でどの要因が最も重要になるかは、製品によって異なる。例えば、パソコンは性能や仕様などが重視されるのに対し、化粧品はブランドやパッケージなどが製品の魅力作りに大きく影響する。
　例えば、minikuraの中核となる顧客価値は保管サービスだが、使いやすいサービス設計と契約がウェブで簡単に行えるという実態製品、さらに、預けたものを写真撮影して確認できるようにしたり、オークションへの出品や旅行先への荷物の手配、クリーニングといった拡張製品を充実させて、競合との差別化を図っている。

◉──── **製品の分類**

　製品はその特性により、マーケティング戦略を策定する上で有意義なカテゴリーに分類されている。様々な分類法があるが、マーケティングの実務上で特に重要なのが、❶製品の物理的特性による分類、❷使用目的による分類、❸購買行動による分類である（**図表5-2**参照）。こうした違いによって、セグメンテーションや重視するポイント、マーケティングミックスの設計などが多少異なってくることもあるが、「製品コンセプト → セグメンテーション、ターゲティング → ポジショニング → マーケティングミックス」という一連のマーケティングプロセスや検討すべきポイントそのものが変わるわけ

図表5-2 製品の分類

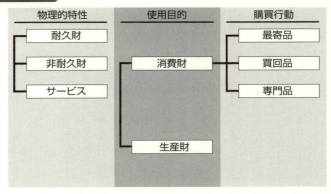

ではない。各分類の特徴を見ていこう。

❶ 物理的特性による分類

耐久財（Durable goods）：自動車、家電製品、コンピュータ、衣料品など

何回も使用でき、使用期間も長い有形の製品を指す。非耐久財と比べて耐久財は、一般的に製品1個当たりの価格が高く、販売個数は少ない。

耐久財のマーケティングにおいては、販売員や営業担当者が顧客に直接アプローチする販売活動や、製品保証、アフターサービスの重要性が高い。そうした手間がかかる分、粗利益率は高めに設定する必要がある。

非耐久財（Non-durable goods）：飲料、食品、洗剤など

1個当たりの使用回数が少なく、使用期間も短い有形の製品である。非耐久財のマーケティングにおいては、初期購入のみならず再購入を促進することが大きな課題であり、そのために店頭シェアの獲得や、継続的なマス広告の重要性が高くなる。価格を低めに設定してでも量をさばくことで店頭シェアを高め、広告費を捻出する場合が多い。

サービス（Service）：航空、運送、金融、ホテルなど

無形の製品であり、その取引対象は「機能」である。耐久財、非耐久財と違い、生産の場がそのまま販売の場であり、消費の場でもある。また、特定の場所で特定の時間に提供され、その後に修正や返品ができない。品質を一定のレベルに揃えにくいという特徴もある。

サービスのマーケティングにおいては、形が見えないだけに売り手に対する信頼性の重要度が高い。また、一度顧客の信頼を勝ち取ってリピーターになってもらえば、高い収益性を得る可能性が高まる。

　ただし、モノとサービス、有形と無形というような分類はあくまでも概念的なもので、現実のビジネスは両方の要素を多かれ少なかれ併せ持っている。例えば、ダスキンには化学薬品を染み込ませたモップの訪問レンタルというサービス事業があるが、売り切り製品である花王のクイックルワイパーと直接的に競合する。消費者が望んでいるのは、「安価で簡単に家の中を綺麗かつ快適にすること」であるからだ。そのニーズを具現化するに当たっては、モノを提供するか、レンタルサービスを提供するかということよりも、トータルの効用が大きくなるのはどちらかという点に着目して、ターゲットとすべき顧客や、製品・サービスの内容について検討していくことが重要である。

❷ 使用目的による分類
消費財（Consumer goods）：食品、衣料品など
　不特定多数のエンドユーザーを対象市場とし、個人の消費を目的に提供される製品。消費者は分散しているためマスマーケティングが中心となる。また、消費者は必ずしも製品に関する知識が豊富なわけではないため、イメージなどが重要な判断基準となる傾向が強い。

生産財（産業財）（Industry goods）：工作機械など
　生産者、再販売業者、地方自治体などの組織体が対象市場。生産財市場の顧客は全体的な傾向として、消費財市場より大規模で少数である。また、専門知識を持っていることが多く、その購買の判断基準も概してコストパフォーマンスをシビアに見る傾向にある。一般的には、人的販売が有効とされる。

❸ 購買行動による分類
最寄品（Convenience goods）：清涼飲料、洗剤、雑誌など
　消費者が、特別な努力を払わずに頻繁に購入する製品。一般に製品単価は低く、最寄りの店で購入される。最寄品は計画的に購入されることが少なく、製品へのアクセス機会を確保すること、すなわち、なるべく多くの小売店になるべく多くの製品を陳列してもらうことが売上げ増の決め手となる。

買回品（Shopping goods）：家具、家電製品、マンションなど

消費者が、いくつかの製品を十分に比較検討した上で購入する製品。手間と時間をかけて買い回る、すなわち、複数の店舗や売り場を訪れて購買を比較検討するほどの製品であり、一般に製品単価は高い。またマンション、中古車などのように個別性が強い製品も多い。価格と品質が、購買者が最も重視するポイントである。

専門品（Specialty goods）：高級自動車、高級ブランド製品など

購入に当たって特別な知識や趣味性を要する製品。一般に製品単価は高く、販売している店舗数も限られているが、購買者はわざわざ店に出向いてその製品を指名買いする。専門品として競争力を持つためには、ブランドの構築や維持を最優先にしたマーケティング戦略を策定する必要がある。パソコンのように、かつては専門品だったものが、普及度が上がるにつれて買回品となることも多い。

2● 新製品開発プロセス

新製品のコンセプト作りは、セグメンテーションやポジショニングと並行して行われ、狭義の製品戦略や他のマーケティングミックス戦略の上位に位置する。そのため、戦略上の重要度も高い。

新製品の開発プロセスは、**図表5-3**のように大きく4段階に分けることができ、各プロセスに関わる人々は多岐にわたる。多様な関係者を調整・統制しながら、一貫したコンセプトのもとで新製品を開発していかなくてはならない。

図表5-3 新製品開発プロセス

第1段階			第2段階		第3段階			第4段階
製品コンセプトの開発			戦略仮説の検討		製品化			市場導入
1 製品アイデアの探求	2 アイデアのスクリーニング	3 製品コンセプトの開発	4 マーケティング戦略検討	5 事業経済性分析	6 製品開発	7 テストマーケティング	8 製品生産	9 新製品の市場導入

● 第1段階:製品コンセプトの開発

【1】製品アイデアの探究

新製品開発の第1段階は、**製品アイデア**を出すことから始める。製品アイデアとは、市場に提供しようと考える製品に固有の機能のことである。この段階では、様々な情報ソースを駆使して、できるだけ多くのアイデアを出すことが求められる。新製品のアイデアは、大きく**シーズ発想**と**ニーズ発想**に分類される。

シーズ型のアイデアは「我々が持っている技術やノウハウ(強み)を何かに利用できないだろうか」という問い掛けから始まり、ニーズ型のアイデアは「このようなニーズがあるが、何か解決できる方法はないものだろうか」という視点から生まれる。前者は、社内の技術開発グループや担当者個人の創意発案が起点になることが多い。一方後者は、消費者層別のモニターグループによるフリーディスカッションなどを通して発見された、消費者が漠然と心に抱いている不満や問題点に対する解決方法の提供、という形で生まれることが多い。前者には液晶テレビのようなハイテク製品が多く、後者の例としてはアンチエイジング用化粧品のような消費財が挙げられる。

一般には、新製品や新規事業を成功させるためには市場のニーズを無視できないので、ニーズ型の発想が重視されることが多い。しかし、新しい市場を創出しようとする場合は、当初はニーズが明確につかみにくく、自社の強みを活かすシーズ型のアイデア開発が有効なこともある。また、シーズ型製品とニーズ型製品を明確に区別しにくいこともある。電子レンジ、パソコンなどがその代表例だが、基本技術は別の目的で開発され、後から消費者の潜在的ニーズに合わせて、より低価格で使いやすい形で市場に投入する。このように、アイデア開発はニーズとシーズの両面から行う必要がある。

情報技術の進化した現代では、消費者が情報を多く持ち、発信する力も持っている。こうした消費者のニーズに応えるには、企業内で行う従来の製品開発プロセスでは限界がある。そのため、**オープンイノベーション**というアプローチが注目されている。提唱者であるヘンリー・チェスブロウによれば、オープンイノベーションとは、企業内部と外部のアイデアを有機的に統合して価値を創造することである。イノベーションの門戸を開け放ち、顧客、従業員、フリーの科学者や研究者という不特定多数の人々に、広く製品イノベーションのプロセスに関わってもらおうとする企業が増えている。

例えば良品計画は、コミュニティサイトのIDEA PARKを開設して顧客からの意見を掲載し、それを見た別の顧客が「いいね!」を付けたり、コメントを寄せたりできるような場を作っている。IDEA PARKを通じて、アンケート参加のほか、モニターとして試作品を評価するような形で顧客が開発の一部に参加することも可能で、新製品のアイ

デア取得や意外なニーズの発見など、顧客の声を活かした製品開発につながっている。顧客との価値共創の成功例である。

【2】アイデアのスクリーニング

　製品開発は具体的な段階になるにつれて、それに関わる人も加速度的に増え、開発コストが膨らんでくる。したがって、多面的でユニークなアイデアをできるだけ多く出す努力を続ける一方で、成功確率の高いアイデアを早い段階から絞り込み、開発に向けて優先順位を付けるようにする。これが、アイデアのスクリーニングと称されるプロセスである。

　創出されたアイデアを、経営理念や事業ドメイン、経営資源、経済性、市場性、実現性などの観点から、ふるいにかけていく。企業規模が大きくなるほど、客観的かつ全社的な統一基準を作り、チェックリストなどを事前に作成するようになる。単に製品アイデアを説明するだけではなく、「誰に対して、どのような価値を持った製品を、どのように提供していくのか」といった概要、予測される事業規模、採算見通しなども付加して提出し、経営陣の審査を受けるのが通例である。

　経営陣は一般的に、既に競合が開拓した成長市場への参入には積極的でも、潜在ニーズを顕在化させるような新製品の投入の意思決定には消極的になりがちである。この傾向は、全方位型をとるリーダー企業に顕著である。かつて松下電器産業（現・パナソニック）が「マネシタ」などと言われたのも、このためである。

　しかし、後追いを繰り返していたのでは、さらなる飛躍を望めないばかりか、創造性のない企業というレッテルを貼られてしまう。時には、「それまでの常識を疑う態度」を持つことも必要である。もちろん、常識の有用性（意思決定の速さ、リスクの軽減）を否定するわけではないが、常識に頼っている限り、過去からの延長線上での成功はあっても、それを超えた画期的な成功は望めない。実際に、常識によってスクリーニングされたアイデアは、常識的な製品で終わってしまうことが多い。

【3】製品コンセプトの開発

　スクリーニングを経て採用されたアイデアは、誰にどのようなベネフィットを与えるかを念頭に置きながら、明確かつ詳細なコンセプトとして記述する。

　minikuraの例で言えば、「誰でも倉庫を持つことができ、発想次第でさらに先の活用ができる」というのがコンセプトである。箱に詰めて送るだけで、ウェブ上でいつでも中身を確認できるだけでなく、気軽に必要なものだけ取り出せて、まさに自分の倉庫である。さらには、minikura MONOに預けたものをオークションに出品したり、荷造り

して旅行先へ届けるといった、倉庫プラスアルファのサービスを顧客に提案している。

このように、製品コンセプトとは「想定するユーザーが、実際にそれを使用している場面をイメージできるまでに具体化されたアイデア」「基本的なアイデアを、消費者にとって意味がある形にして、わかりやすく説明したもの」である。

製品コンセプトは「コンセプトテスト」を通じて詳細まで詰めていく。コンセプトテストでは、「誰がこのコンセプトに共感するか」「競合製品に対する優位性は何か」「考えられる改良点は何か」「価格はいくらにするか」「使うのは誰か」「購入決定者は誰か」などを徹底的に検証する（**図表5-4**参照）。

製品コンセプトを明確化していく過程で、それと並行して明らかにすべきなのが、第3章と第4章で解説したターゲティングとポジショニングである。すなわち、製品コン

図表5-4 ある新刊雑誌のコンセプトテスト

コンセプト

首都圏に住む20代から30代の旅行好きな女性向け。オールカラーページによるビジュアルなスポット紹介＋お得な宿泊プラン紹介。まだあまり人に知られていない国内の穴場情報をメインに提供。すべてのスポットについて宿泊施設のクーポン付き。150ページ、隔週刊。毎号、抽選で10名の読者に旅行券をプレゼント。また、穴場情報が採用された読者には、抽選で10万円相当のマウンテンバイクをプレゼント。

質問項目（例）

・この新雑誌の特徴を理解できますか

・この新雑誌はあなたのニーズに適していますか

・この新雑誌と既存誌の違いがわかりますか

・この新雑誌の良い点はどこですか

・この新雑誌の改良すべき点はどこですか

・この新雑誌を買うのはどのような人ですか

・この新雑誌の価格としてどの程度が適当だと思いますか

・あなたはどのようなときにこの雑誌を買いたいと思いますか

セプトそのものが、想定される顧客の購買理由であり、市場価値なのである。また、比較検討されて絞り込まれたコンセプトは、製品化の具体的検討に当たって、すべての関連部門が共有すべき共通言語となる。この部分で誤解があったり、不明な点があったりすれば、顧客の求める製品は具現化できない。したがって、コンセプト立案の最終段階までに、主要関連部門の間で徹底的に議論し、お互いに納得のいくものにしなくてはならないのである。

● ── 第2段階：戦略仮説の検討

【4】マーケティング戦略検討

　次に、コンセプトを、企業が提供する具体的価値体系に組み立てる。すなわち、コンセプトに従ってマーケティング戦略の基本骨子を固めるのである。具体的にはターゲット市場の市場特性（顧客行動、市場規模など）、ポジショニング、マーケティング目標（売上額、市場シェア）を明確にした後、中長期にわたるマーケティングミックス戦略およびマーケティング予算を明確化する。これについては以降の章で解説する。

【5】事業経済性分析

　暫定的なマーケティング戦略を策定したら、その製品事業に関する経済性の検討を開始する。具体的には、当該製品の予想売上高、原価、利益をいくつかのシナリオ別（少なくとも楽観的、現実的、悲観的という3パターンは必要）に推定し、戦略目標に合致するものであるかどうかを検討する。この段階で採算性が否定されれば、製品コンセプトの段階からマーケティング戦略を練り直すことになる。

● ── 第3段階：製品化

【6】製品開発

　事業経済性分析において良い結果の出たものについては、設計開発部門を巻き込んで、具体的な製品への作り込みを始める。技術系のスタッフとマーケティンググループは、製品コンセプトを具現化するため、様々な製品属性の観点からきめ細かく素材、仕様を検討していく。

　具体的な製品像がまとめ上げられた後、設計開発部門（造形部門が関わることもある）はそのコンセプトに基づいて、いくつかの試作品を作る。試作品は、造形、機能を含めた物理的・心理的な両面から比較検討され、改良が加えられていく。そうして完成した試作品は、安全性や耐久性といった実用面の実験にまわされる一方で、想定顧客の反応を見るために様々なリサーチが行われる（地域を限定したテストマーケティングに対し、

純粋に顧客の反応をチェックするためのリサーチをプレテストという)。こうしたプロセスを経た上で、担当役員の承認を得て、ようやく製品化にこぎつけるのである。

製品化が確定したならば、後発メーカーの参入をできる限り阻止するため、開発に関する特許の申請を行う必要がある。特にアイデア主導型の製品は、そうしておかないと模倣品に市場を荒らされてしまうリスクが大きくなる。

ネーミング

製品のネーミングは、製品の特徴を伝えたり、消費者の興味を喚起したりする上で大きな力を発揮する。ネーミングの巧拙が製品の売上げを大きく左右する要因となることもある。

緑茶飲料のトップブランドである伊藤園の「お～いお茶」の成功には、ネーミングの果たした役割が小さくないといわれている。同製品は、1989年に、それまで伸び悩んでいた缶入りの緑茶「缶入り煎茶」をリニューアルする形で発売された。「缶入り煎茶」というネーミングはあまりにストレートすぎるとの意見や、「煎茶」という漢字を読めない人が多数いたこともあり、ネーミングが変更されることになったのだ。「お～いお茶」は、家庭の会話の一部を切り取ってネーミングに用いた珍しいケースであるが、その話題性と親しみやすさにより、消費者に好感を持って受け入れられた。

ネーミングを決めるタイミングは様々で、コンセプト設計など早い段階でほぼ決まっていることもあれば、試作品や容器等の模型作りと並行して固めていくこともある。少なくとも、パッケージへの印刷やプロモーションの詳細を詰めていく前に、決定しておく必要がある。

ネーミングでは、親しみやすいこと、覚えやすいこと、製品との整合性があることなどを考慮した上で、ユニークな語感を持たせることが肝要である。ネーミングの上手さに定評のある小林製薬の製品には「ポット洗浄中」「熱さまシート」「のどぬ～るスプレー」「ミミクリン」「髪の毛集めてポイ」など、製品の効果や利用方法が容易に想像できるユニークなネーミングが多い。また、花王が1994年に発売した食器洗い用洗剤「ファミリー　キュキュット」は、すすいだ瞬間に汚れ落ちを「キュキュッ」という音で実感できることを表現している。感覚を音で表現したユニークなネーミングとして、様々なメディアで取り上げられ、パブリシティに大きく貢献した。

法務面からは、ネームが決まり次第、商標登録を行ったほうがよい。他の人が同じ名前で商標登録した場合、そのネームやロゴが使用できなくなることもあるから

だ。現状で使用している企業はないと思っても、既に登録済みのこともある。同時に、これはと思うネームは早めに商標登録して、権利を取得、保護しておくことが必要である。

【7】テストマーケティング

次は、テストマーケティングの実施である。テストマーケティングは、多大なマーケティング費用の支出を伴う全国発売に向けた最終調整の場になる。テストでの消費者の反応が良くなければ、発売を延ばして修正を加えたり、発売中止としたりすることも考えなくてはならない。そうすることで、多額の損失や流通に対する信用の失墜を未然に回避できる。一方、潜在需要の大きさを測ることで、本格発売時の供給不足による機会損失も防止できる。さらに、全国発売に当たって広告や販売促進の方法を考える上での判断材料にもなる。

一般にテストマーケティングは、限定地域の反応をもとに全国発売時の状態を予測することになるので、できるだけ異常値が出にくい地域を選ぶことが重要になる。国内では、テストマーケティングの場として静岡県や北海道がしばしば選ばれる。消費者の購買力や購買特性などが全国平均に近く、地勢的にも夜間人口と昼間人口の移動が少ないなど、「試験管的」にテストを実施できるという理由からである。

しかし一方で、テストマーケティングを行えば新製品を競合の目にさらすことにもなり、その製品の市場性の高さを知らしめ、他社の参入を助長するというリスクもはらんでいる。また、精緻な結果を得ようとすればするほど、時間とコストが必要になる。市場環境の変化が速い製品の場合には、こうした時間やコストがかえって命取りになりかねない。

【8】製品生産

テストマーケティングの結果に基づき、最終的にデザインやパッケージングなどの製品仕様を決定し、その後に生産体制を組むことになる。しかし、本生産に移行したからといって終わりではない。製品が市場に出た後も市場動向や消費者の反応を調査、分析して次の製品開発に役立てるのが、マーケターの役割である。

パッケージング

パッケージングは製品の保護だけでなく、そのデザインなどによって消費者を引き付け、中身以上に購買意思決定に大きな影響を及ぼすこともある。パッケージのデザインは、競合製品との重要な差別化要素となるのだ。

例えば、デパートや専門店で売られる高価なチョコレートと、一般的なチョコレートの間のスペシャリティチョコ市場を狙って明治が発売したmeiji THE chocolateは、パッケージをリニューアルしたことでヒット商品になった。新パッケージは海外で主流の縦型クラフト調のボックスで、商品写真や味の説明を省いたシンプルなデザインが採用された。競合にない洗練されたパッケージデザインは、発売するや女性層の注目を集め、SNSで一気に反響が広がったほか、購入者がパッケージを再利用して手作りした財布やノート、スマホケース、キーホルダーなどの写真も多く投稿された。パッケージの素材、質感、色調などは、ブランドイメージの表現にも重要な役割を果たすことがこの例からわかる。

　また、パッケージは製品情報の提供においても重要な役割を担っている。例えば、花王のクイックルワイパーの市場投入に際しては、全く新しい概念の掃除用具だったことから、パッケージのスペースを徹底的に利用して製品の特徴や使い方の説明を行った。箱の表には、製品名と「簡単にフローリングのホコリや髪の毛を残らずキャッチする」という製品コンセプトが大きく表示され、さらにフローリングの床をスイスイと掃除しているテレビCMのワンカットを載せて、テレビCMとの相乗効果を狙った。また、製品イメージがつかめない消費者のために、小窓を開けて中身が見えるようにもした。さらに、箱の両サイドに使用方法や品質、注意書きなどを集中させて、裏面にはイラスト入りで様々な使い方（ベッドの下や、壁、天井まで掃除できること）や多岐にわたる効用（騒音がないので幼児が起きないことや、テレビや照明器具などの手入れにシートだけでも使えること）をコンパクトにまとめて提示した。そうやってパッケージを手に取った消費者に、新しい掃除用具を使ってみたいと思わせることに成功したのである。

　さらに、優れたパッケージはロジスティクスの効率化や省資源化などにも貢献する。かつてリプトンは船で紅茶を輸出するに当たって、船内の限られた貨物スペースを有効に使うために、現在のような立方体のパッケージを考案した。キリンビールの缶チューハイの氷結などで使われているダイヤカット缶には「ミウラ折り」という技術が用いられているが、これによって、プルを開けるとダイヤモンド型が浮き出てくる面白さやデザインの美しさだけでなく、強度を落とさずに従来の缶よりも30％の軽量化を実現している。

　このようにパッケージングは様々な役割を果たし、マーケティングにおいて重要な意味を持つため、4Pに続く第5のP（Packaging）として扱われることもある。

●──── 第4段階：市場導入

【9】新製品の市場導入

　最後の段階は、市場導入である。既に大枠でのマーケティング計画はできているはずなので、それに基づいた戦術作りとその確実な実行に注力し、一気に事業基盤を築く。

　経営資源を大量に投入する新製品の導入は、経営者にとって重大な意思決定である。したがって、開発プロセスの各段階において問題点が発見された場合には、フィードバックを随時行い、戦略を練り直すことが必要不可欠になる。これは当たり前のことのようであるが、動き出した計画をストップし、見直すことには非常に勇気がいるものだ。

　一連の新製品開発プロセスを進めていると、経営トップが根拠もなく自分の好みを押し付ける、他部門が協力したがらないなど、組織内で衝突が生じることがある。したがって、評価や判断基準の明確化・客観化、処理権限の公式化などを念頭に置いて新製品開発体制を事前に整備するとともに、プロジェクト担当者が社内で強力なリーダーシップをとれるようにしておくことも重要である。

3● 製品ラインの設計

　製品戦略では、個別の製品のみならず、製品ライン全体の観点から考えていくことで、製品力を増強することができる。特定セグメント向けの製品がヒットしたとき、バリエーションを少し付加することで、周辺市場まで取り込めることが多いからだ。しかも、ゼロから新製品を立ち上げるよりも、マーケティングの活動効率が良い場合が多い。

　製品ラインとは個々の製品の集合であり、「幅」と「深さ」という2次元の広がりを持つ。幅とは、例えば自動車メーカーであれば、乗用車のみを扱うのか、それともトラックや2輪車も扱うのか、ということである。深さとは、例えば乗用車についてはいくつのモデル数を扱うのか、ということである。一般的に、製品ラインの深さは、「高級－中級－低級」「高価格－中価格－低価格」、あるいは「熟年向け－壮年向け－若年向け」のように設定される場合が多い。

　マーケティング担当者は、長期的利益を最大化できるよう、あるいは企業の目的に合致するよう、最適な製品ラインを模索する必要がある。製品ライン政策に影響を与える要因を順に見ていこう。

❶ 顧客ニーズ

　当然ながら、最も重要なのは顧客のニーズである。一般に、市場が拡大・成熟するに

つれて顧客ニーズは多様になり、顧客はより深い製品ラインを望むようになる。逆に言えば、こうした顧客の変化に合わせて製品ラインを拡大していく必要がある。製品ラインを拡大する場合には、既存の製造ラインを改良して新製品を追加するというように、なるべく既存の製品とのシナジーが出ることが期待される。

❷ 製品ごとの収益性

　製品ライン政策に影響を与える第2の要素は、個別製品の収益性である。当然のことながら、ある製品の収益性が低い、あるいはキャッシュフローが見込めないならば、廃止の対象になる。もちろん、個別の製品自体は赤字でも、戦略的にその製品を維持することが有意義な場合には、この限りではない。

　例えば航空会社では、たとえ赤字路線であったとしても、東京−ニューヨーク便などは「広告塔」として運航し続けるかもしれない。あるいは、パソコンショップが「総合専門店」のイメージを保つために、一部の製品が多少の赤字を出していたとしても扱い続ける場合があるだろう。

　また、製品ラインの種類が標準と高級仕様のみだと、両者の価格が開きすぎて、利幅の大きい上級バージョンが敬遠されるきらいがある。こうした場合、中間にワンクッション（標準版の「デラックス仕様」等）を入れると、購入の上級移行が促進される。これを忘れて、単に売上げが少ないからといって中間バージョンを外すと、利益を確保しにくい標準バージョンに売上げが集中しかねない。

❸ 競合の状況

　製品ライン戦略を考える上で、競合他社の製品戦略を知ることは重要である。競合の主力製品にあえて勝負を挑むこともあるだろうし、逆に相手があまりに強ければ、それを避けて別の製品に注力することになるかもしれない。

　1970年代、アメリカの2輪車市場に進出したホンダには、あえて大排気量でハーレーダビッドソンと戦うか、競争を避けて中排気量までにとどめるかの選択肢があったが、ホンダは後者を選んだ。

❹ 自社製品同士のカニバリゼーション

　自社製品間の差異化が消費者に認知されず、カニバリゼーションを起こしてしまうような場合には、製品ラインの整理・統廃合によって拡大を抑制したり、製品間の違いを消費者に認知させるようなマーケティング努力を行わなくてはならない。化粧品大手の資生堂は、百貨店、化粧品系列店、ドラッグストアなど、様々なチャネル向けに多数の

ブランドを擁していたが、2014年頃、カテゴリーごとの注力ブランドを決めて、選択と集中を進めた。

❺ リスク分散

　1つの製品に売上げが偏りすぎていると、その製品の売上げが急激に落ち込んだときに大きなダメージを受ける。かつてBSE（狂牛病）感染問題でアメリカ産牛肉の輸入が一時的にストップしたとき、牛丼をメインにする吉野家などの飲食業は食材の調達が困難になった。消費者の間にも牛肉を敬遠するムードが広がった。このとき吉野家は、豚肉を使うなど代替メニューを考案して危機を乗り切ったが、社内のオペレーションを整備していても、思いがけない外部環境の変化に見舞われ、大きなダメージを受けることがある。企業としては市場の動向や自社の強みを理解した上で、適切な製品ラインを持つようにしなくてはならない。

4● 製品ライフサイクル

　製品は、導入期、成長期、成熟期、衰退期からなる**製品ライフサイクル**（Product Life Cycle）を経るのが通常である。市場の発展段階ごとに定石と言えるようなマーケティング戦略があり、それを理解しておくことは有益である。

●──── 製品ライフサイクル理論

　典型的な製品の売上げは、時間の推移につれて導入期、成長期、成熟期、衰退期の4段階を経ながらS字型のカーブを描く（**図表5-5**参照）。それぞれの段階で、製品と利用方法についての消費者の理解度、競合の数や競争の焦点、マーケティング組織の発達段階などに違いが見られ、それに伴ってマーケティングの課題が変化するため、おのずと異なるマーケティング戦略が求められるようになる。

　もちろん、自社の製品特性や経営資源などの諸条件によって、この理論どおりにはいかないこともあるが、マーケティング戦略を策定する際の1つのガイドラインとなる。個別製品だけでなく、製品ライフサイクルという大きな視点で製品を捉えることが重要である。

❶ 導入期

　市場の発達の初期段階であり、新技術によって市場が創出される場合も多い。この段階におけるマーケティングでは、製品の使用方法や従来品に対する優位性に関した販売

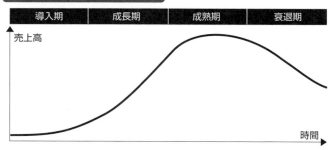

図表5-5 製品ライフサイクル

促進活動が重視され、消費者へのコミュニケーションが試みられる。この段階における基本的な目的は、第1次需要を作り出すことである。すなわち、できるだけ迅速かつ完全に従来品に取って代わることにより、需要を拡大していく。この段階では、特許を持つ企業が市場や利益を独占する場合もある。

❷ 成長期

　新製品が市場に浸透し始めると、状況は著しく変化する。新製品に敏感な消費者は、製品を購入し、使用方法に関して知識を得ていることも多い。また、セグメントごとのニーズに合わせた製品が求められるようにもなる。この段階では、差別化を図ったり、自社の製品を競合製品とは違うものだと認識したりするよう、より多くの消費者に積極的に販売促進する必要がある。戦略としては、製品の拡張、つまり特定のセグメントのニーズに合わせて製品ラインを拡大する場合が多い。

❸ 成熟期

　ある時点で、市場というパイをできるだけ大きなものにする作業は終わり、企業は自社の取り分を最大化しようとし始める。この段階になると、業界構造は固定化し、少数の企業が大部分の市場シェアを獲得している。これらリーディングカンパニーの目標は、市場シェアを維持し、可能であればこれを拡大することになる。そのため、値下げによって販売量の拡大を図る戦略がしばしば用いられる。また、流通チャネルや顧客グループを守るため、サービスや価格を武器にして競合の攻撃を防ごうとする。リーディングカンパニーにとって困るのは、競合あるいは新規参入者が、自社製品を陳腐化させるような新製品を開発したときである。こうした新製品の開発は、しばしば異業種から生まれるので、業界外の動向にも注意を払っておく必要がある。

リーディングカンパニーとは対照的に、小規模な下位企業は生き残ることが第一目標になる。多くの場合、彼らは特定のセグメント（その企業が独自の強みを発揮でき、かつ必要とされる経営資源がそれほど大きくないセグメント）をターゲットとして定め、そこに集中するようになる。

❹ **衰退期**
この段階に至ると、売上げは低下し、利益も激減する。新規投資がほとんど必要ないことから、一部のリーディングカンパニーはキャッシュを生み続けることができるが、それ以外の企業は、撤退するか、イノベーションにより新たな価値の創造を行うか、どちらかの戦略をとることになる。また、キャッシュを生み出している企業も、それをその事業に再投資するのではなく、新しい事業に投資するようになる。

◉───**製品ライフサイクル理論の限界**

製品ライフサイクル理論は非常に有益な考え方であるが、いくつか弱点もある。それを理解しておかないと、戦略を見誤るおそれがある。

まず、すべての製品が導入期、成長期、成熟期、衰退期のプロセスをたどるとは限らないことに注意したい（**図表5-6**参照）。実際のところ、導入後に急成長し、その後すぐに衰退期を迎える短命な製品は実に多い。ブーム型製品が典型である。その一方で、発売後から徐々に普及し、何十年経ってもいっこうに衰退のきざしを見せない製品もある。息の長い定番商品などが該当する。

さらに、製品ライフサイクル理論を適用する際に注意したいのは、対象製品のレベルが個別のブランドなのか製品カテゴリーなのかによって、ライフサイクルのタイムスパンや形態が大きく変わってくることである。例えば、ビールという製品カテゴリー、ドライビールというサブカテゴリー、アサヒスーパードライなどの個別ブランドに注目してみると、後者から順にサイクルのタイムスパンは短く、その形態もイレギュラーになる傾向がある。製品ライフサイクル理論を応用する際には、どのレベルに注目しているのかを明確にする必要がある。個別の製品としては衰退期に入っていても、製品カテゴリーそのものはまだ成長している場合も十分にありうる。

最近は、製品ライフサイクルにも変化が起きている。経済産業省のデータによると、製造業における10年前の製品ライフサイクルとの比較において、短くなっているとの認識を示す企業が全業種で増えている。情報技術の進展や技術革新のスピードの影響で、短期化が進んでいるといえる。業界や製品・サービスの特性によってばらつきはあるものの、企業は、顧客や市場の変化を見極める判断のスピードアップが求められる。

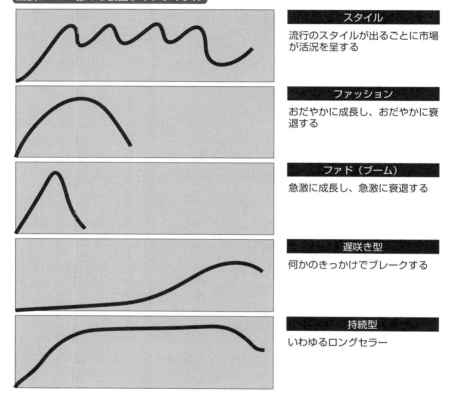

図表5-6 様々な製品ライフサイクル

スタイル
流行のスタイルが出るごとに市場が活況を呈する

ファッション
おだやかに成長し、おだやかに衰退する

ファド（ブーム）
急激に成長し、急激に衰退する

遅咲き型
何かのきっかけでブレークする

持続型
いわゆるロングセラー

クラウドファンディングのマーケティング効果

　近年、起業や事業の資金調達の方法として、**クラウドファンディング**が利用されている。必ずしも定義があるわけではないが、一般には「新事業を立ち上げようとする個人や企業等と資金提供者をインターネットを介して結び付け、多数の資金提供者（＝crɔwd〔群衆〕）から少額ずつ資金を集める仕組み」を指すものとされ、寄付型、購入型、投資型の3種に大別される。国内のクラウドファンディングは、新規プロジェクト支援額ベースで、2013年度の124億7800万円から、2016年度には745億5100万円へと急成長している。

　資金集めのビジネスモデルだが、一連の活動には、マーケティングの要素が含ま

れている。例えば、会員制レストランの290N（ニクオン）は、「焼かない焼肉屋」というコンセプトのもと、クラウドファンディングに応じてくれた支援者に会員権を発行し、店で肉をどれだけ食べても定額というリターンを用意した。SNSで発信したところ710人のサポーターが集まり、940万円の資金を得て開店にこぎつけることができた。肉を焼かないという目新しい発想と魅力的なリターンが、メディアやSNSで話題となって多くの反響を得たのだ。

　また、大企業の例としては、デンソーが新製品開発にクラウドファンディングを利用し、支援者からのフィードバックを得て製品化につなげている。BtoBビジネスがメインでエンドユーザーとの接点がほとんどなかったデンソーにとって、クラウドファンディングは資金調達だけでなく、開発の方向性を確認し、直接エンドユーザーにPRできる絶好の機会となった。

　一方で、支援者からの反響が少なく、資金が集まらずに事業化されないケースもある。例えば、日本ポステックが、IoT製品oniaというスマートフォンで操作する照明を開発し、クラウドファンディングで資金調達を行った。ユーザーの気分に合わせて色や明るさを調整できるというもので、用途として、リラックスしているとき、パーティのとき、また普段の照明としても使えるなどと幅広い用途を提案したが、目標金額の半分以下しか支援が集まらなかった。oniaのケースでは、利用シーンを幅広く打ち出しすぎたことで、逆にターゲットがぼやけてしまい、開発側の意図が支援者に伝わらなかったと考えられる。

　クラウドファンディングは、マーケティング施策の1つであるテストマーケティングが、よりオープンに、より低コストに、より消費者と密接になったものと考えられる。

　従来、製品開発プロセスには時間とコストがかかっていたが、製品ライフサイクルの短縮化が進む今日の市場環境には適応しにくくなってきている。短い開発サイクルが連続し、漸進的で反復的なアプローチを重視する、**アジャイル型開発**を採用する企業も出てきた。3DプリンタやARDUINOといった電子回路基盤を活用する開発環境が整い、試作品を作るハードルも格段に低くなっている。こうした新たな手法や技術とクラウドファンディングが融合することで、顧客が求める製品・サービスが、スピーディーに実現される時代になっている。

第6章 ● 価格戦略

POINT

　価格は企業収益を大きく左右するものであり、製品・サービスの価値を表示するという重要な役割を果たす。企業は需要動向と利益確保のバランスをとりながら、製造コスト、カスタマーバリュー、競争環境に留意して戦略的に価格設定を行う必要がある。

CASE

　サイクロン掃除機で有名なダイソンが美容家電市場に参入し、2016年に高機能ヘアドライヤーを世界に先駆けて日本で発売した。市場中心価格帯を大きく上回る価格設定であったが、発売前から多くの予約が入り、注目を集めた。

　ジェームズ・ダイソン氏によってイギリスで創業されたダイソンは、今やサイクロン式掃除機の代名詞となり、世界中で人気を博している。しかし、1998年に日本法人を立ち上げた当初は会社の認知度がゼロに等しく、家電大国である日本での販売活動は困難な状況だった。ダイソンの掃除機はサイズが大きく高価格であるため、1つのものを長く使う文化の欧米では受け入れられたのだが、狭小住宅が多く市場競争が激しい日本の掃除機市場では、苦戦を強いられた。

　そこで、日本市場向けに小型化した製品を発売すると同時に、テレビCMを積極的に展開した。CMでは主婦層に受けの良い女性タレントなどは起用せず、掃除機本体と搭載されたサイクロン技術を全面的に訴求した。さらに「吸引力の落ちないただひとつの掃除機」というキャッチフレーズによって、競合との明確な違いを消費者に印象付けた。このCMが話題になって掃除機はヒットし、その後も革新的な扇風機や空気清浄機を出してヒットを連発した。一連のマーケティング戦略が奏功して「技術のダイソン」として消費者に認知され、高機能を武器に高価格でも指名買いをする顧客が増えていった。

　ダイソンは、「消費者調査に頼らない」「広告宣伝費より技術開発に投資」「安売りはしない」という3原則を掲げている。調査会社を使った調査を行わない代わりに、イギリス本社から毎週、技術責任者たちが来日して一般家庭を訪問し、発売前の商品を試用してもらってその様子を観察する取り組みを行っている。つまり、技術者が現場で見て

気づいたことが製品にフィードバックされるわけだ。それが、高価格でも消費者に選ばれる製品を生み出す、ダイソンの強みとなっている。

技術開発に注力するダイソンは、「安売りはしない」という原則を、値引き販売が常識の家電量販店においても徹底している。量販店側としても、指名買いが多く、高価格でも売れるダイソンの製品はぜひとも扱いたいアイテムであり、ダイソンの方針を尊重している。

しかし、全く値引きを行わないというわけではない。製品を購入した顧客がシリアルナンバーを登録すると、買い替え時に特別価格で、ダイソンから直接購入できる。顧客になると受けられる特典を設けることで、同社製品を再購入する確率が高まるのだ。店頭で大々的な値引きをしないので、ブランド毀損にもつながらない、巧みな戦略である。

ヘアドライヤーは、60年以上技術的なイノベーションがなかった分野である。長年、使用している消費者にとっては、従来のヘアドライヤーの形や機能が当たり前になっていて、濡れた髪を乾かすことができれば特に不満は感じなかった。だが、エンジニアでもあるダイソン氏はそれを問題視した。「信じられないくらいたくさんの人たちが、毎日、この非効率的な機械を使って時間を無駄にし、髪を傷めている。これを何とかしないといけない。いや、何とかできるはずだ」と。

そして「ヘアドライヤーの常識を変える」というコンセプトのもと、新しいヘアドライヤーを開発するために毛髪研究所を設立し、約5年の歳月をかけて、103名のエンジニアが毛髪を徹底的に研究することから始めた。彼らの研究開発によって、過度の熱から髪を守りながら乾かし、さらにはヘアセットもできる画期的な製品、スーパーソニック（Supersonic）が誕生したのである。

ヘアドライヤーの国内市場は、シェアトップのパナソニックが6〜7割を占めており、価格はパナソニックの上位機種が2万円台、中心価格帯は数千円である。それに対し、ダイソンのスーパーソニックは4万円を超える価格設定となった。毎日使うものであるなら、高価格でも消費者は納得して購入するだろうと考えたのだ。

とはいえ、掃除機や扇風機にはダイソンの愛用者がいるが、ヘアドライヤーは美容家電の分野だ。未知の分野で新たな消費者を開拓すること、そしてそのターゲット層に、市場中心価格帯を大きく上回る価格でも納得できる価値を見出してもらうことが、マーケティング上の大きな課題だった。

ダイソンは、消費者が認識する価値を高め、高機能ヘアドライヤーとしての地位を獲得するために、プロモーションに注力した。テレビCMでは、独創的なデザインと革新的な技術を訴求し、「ヘアドライヤーの常識を変えます」というフレーズで、幅広い消費者からの認知獲得を狙った。掃除機や扇風機のときとは違って女性タレントをCMに

起用したり、複数の有名ヘアメーキャップ・アーティストにCMやイベントで専門家目線での解説をさせるなどして、高くても購入する価値のある製品だというイメージの定着化を図った。加えて、美容家電という特性を考慮して、ソーシャルメディアも積極的に活用した。ソーシャルメディアは、エンドユーザーからのフィードバックも得やすいからだ。さらに、ターゲット層が親しみやすいように、化粧品売り場のような内装のポップアップストアを主要デパートにオープンした。そこでは実際に製品を試し、頭皮チェックも受けられる。家電量販店だけでなく新たな販路へも拡大し、製品の体験から価値を理解してもらうこと、新たな客層を取り込むことに成功した。

　ヘアドライヤー市場で1万円を超える製品が占める割合は、販売台数ベースで2015年度の2割弱から、16年度は2割強となり、金額ベースでは6割強を占めるまで伸びたのである。2016年度の売上高ベースでダイソンは多くの競合を抑え、パナソニックに次ぐ第2位になった。

理論

　マーケティング戦略において、価格は常に大きな焦点となる。なぜなら、価格戦略は企業が手にするキャッシュに直接影響を及ぼし、企業収益を直接的に規定する要因だからである。価格設定とはある種のアートであり、ゲームでもある。価格は、ダイレクトに消費者に訴えることができるメッセージ手段であり、同時に、それは競合企業に対するメッセージにもなる。ある企業が設定する価格は、消費者がそれを受け入れるかどうかだけではなく、競合企業の価格にも左右される。そして、その企業が設定した価格は、競合企業の価格戦略にも影響を与える。ここでは、価格戦略における重要項目について解説していく。

1● 価格の捉え方

　価格は、マーケティングミックスにおける4Pの中でも、収益と直接的につながる唯一の要素である。その設定は、マーケティング以外の部門からも注目され、マーケティング担当者の力量が問われることになる。

● ─── 価格戦略の重要性

　歴史の大半を通じて、価格は買い手と売り手の交渉によって決められていた。すべての買い手向けに1つの価格を付けることは、19世紀末に大規模小売業の発達とともに生まれた考え方である。しかし現代では、インターネットをはじめとする情報通信技術

の発達によって、同じ商品でも買い手によって異なる価格を機動的に付けることが可能となり、交渉価格設定の時代に私たちを連れ戻そうとしている。買い手の側も、店舗へ出向くことなく、価格.comに代表されるウェブサイトで、興味を持った製品やサービスの内容と価格を容易に比較できるようになった。このようなサービスは、顧客が店舗を値踏みできるというかつてない機能を作り出した。

しかし、安価ならば売れるという時代でもない。顧客は、製品・サービスを利用して獲得した経験により値踏みを行う。実際に購入し、利用した製品・サービスそのものの価値だけでなく、例えばウェブサイト（ネットショップ）で買う場合であれば、サイトのデザインや利便性の良し悪しなども判断材料となる。実店舗であれば、店舗のデザインや接客の質も判断材料となるだろう。顧客は、一連の購買活動を通じて接したすべての経験や体験から、その製品・サービスを値踏みし、さらには、それらを提供する企業やブランドの価値を値踏みすることにもなるのだ。

それゆえ、企業やマーケティング担当者にとっては、価格設定は単なる値決めにとどまらず、他の要素も考慮に入れた戦略として捉えるべき要素なのである。

2● 価格の上限／下限を規定する要因

価格設定は様々な要因の影響を受ける。とりわけ、価格の下限を規定する**製造コスト**と、価格の上限を規定する**カスタマーバリュー**（Customer Value）は、価格設定において大きな意味を持つ（図表6-1参照）。まず、これらについて見てみよう。

● ─── 製造コスト

製造コストが価格の最低限度となるのは明らかだろう。企業は特殊な場合を除いて、製造コスト以下の価格を長期間維持することはできない。

しかし、コストを算出することはそれほど簡単ではなく、コストをどう定義するかということ自体が戦略的な含みを持っている。現在のコストを重視した価格設定にするか、将来のコストまで見込んで考えるのかなど、経営的な判断によって数値は相当変わってくる。

コストについて考えるときに、まず注意したいのが固定費と変動費である。固定費は、生産や販売の規模が大きくなっても（逆に小さくなっても）一定額かかるもので、例えばメーカーでは製造設備の減価償却費や工場の人件費がこれに当たる。一方、変動費は生産や販売の規模に比例して変化するコストであり、メーカーで言えば製品を製造するための材料費や燃料費、消耗品費が変動費となる。

図表6-1 プライシング可能な範囲

　固定費がコストの大部分を占めている場合には、**損益分岐点**を常に念頭に置く必要がある。固定費の比率が大きい場合、固定費をカバーする（損益分岐点を超える）までは赤字だが、損益分岐点を超えてしまえば、後は売上げ増加分のほとんどが利益となるからである（**図表6-2**参照）。逆に、商社や小売店のように変動費の比率が大きい場合には、製品1つ当たりの限界利益（売上高−変動費）の最大化が課題となる。

　製造コストは、固定費と変動費以外に、その製品に直接そのコストが関与しているかどうかで、直接費と間接費に分けることもできる。このうち、直接費についてはそれほど問題になることはないが、間接費をどのように各製品に割り振り、正確な原価を見積もるかは、しばしば問題となる。

　図表6-3は、異なる間接費の配賦方法を比較してみたものだ。間接費を製品ごとの売上高に応じて配賦する従来の原価計算法を用いれば、各製品ともそれぞれ利益を計上し、適切な価格設定が実現されているように思われる。しかし、より実態を反映する新原価システムを採用すると、現在の価格設定では、7品目中3品目（A、B、E）しか利益を出していないことになってしまう。適切な価格設定を行う上で、正確なコストを把握することは非常に重要であり、企業は価格戦略を考える以前に自社の経営実態に即した管理会計システムを整備しておかなくてはならない。

　製造コストが価格設定の下限を規定すると述べたが、実際には、状況によって製造コストより低い価格が設定されることもある。それは以下のような場合であるが、いずれも一定期間あるいは単体では赤字でも、長期的・全体的には黒字となることを見込んでいる。

図表6-2 損益分岐点

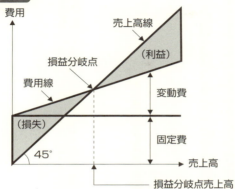

図表6-3 ある企業の製品別製造コストと販売単価

製品	年間生産数（個）	販売単価（円／個）	従来システムでの1個当たりのコスト（円／個）（売上高で間接費を配賦）	新システムでの1個当たりのコスト（円／個）（作業員の労働時間で間接費を配賦）
標準部品 A	400,000	1,250	780	480
標準部品 B	200,000	900	550	550
標準部品 C	100,000	1,300	800	1,550
半特注部品 D	30,000	1,400	900	2,000
半特注部品 E	3,000	900	600	450
特注部品 F	6,000	2,200	1,200	3,000
特注部品 G	500	1,500	750	7,500

- より大きな注文を取るための「客寄せ」として利用する場合（ロスリーダー価格政策）。スーパーや家電量販店の目玉商品が典型例である。
- 生産量を増やすことによって単位コストを低減し、後に価格を上げて利益を得ようとする場合（ペネトレーション・プライシング。詳しくは96ページ参照）。今後急速に普及が予想される製品に見られる。かつての自動車、ビデオデッキなどが典型例である。
- その製品を市場導入することで、それに続く関連製品（消耗品やサービス）の購入が期待できる場合。コピー機（トナーやコピー用紙で儲ける）、携帯電話（通話／通信

料で儲ける)、エレベーター(保守サービスで儲ける)などが典型例である。

近年ではウェブサービスの進展に伴い、**フリーミアム**という考え方が広まっている。これは2006年、ベンチャー投資家のフレッド・ウイルソン氏によって提唱されたもので、サービスや製品を無料で提供し、一定の使用量や期間を超えたり、ある特定のオプション的サービスを選択したりすると有料になるビジネスモデルである。いわば、ペネトレーション・プライシングの究極的な形である。デジタル製品およびサービスは複製や流通が極端に低コストで行えるため、フリーミアムの適用が容易であり、急速に拡大することとなった。

この結果、潜在顧客へのアプローチが積極的に行われるようになった。例えば、オンラインゲームでの「トライアル期間無料」や、オンラインストレージを提供する企業の「一定量のデータまでは無料」などがフリーミアムである。また、インターネット上に限らず、マクドナルドでコーヒー無料配布が行われたのも、フリーミアムの一種である。無料で提供した製品・サービスによって認知を高め、顧客が体験を通じて納得した場合、有償の製品・サービスへの誘導が期待できるからだ。

●──── カスタマーバリュー

製品は、顧客が認める価値であるカスタマーバリューを超える価格を付けると、売りにくくなる。したがって、これが価格設定の上限となる。通常、カスタマーバリューは市場リサーチなどを通して見極めていくが、それは正確なコストを把握する以上に難しい作業で、マーケティング担当者のスキルが問われるところとなる。カスタマーバリューを決定する上で留意しなくてはならないポイントを挙げてみよう。

第1に、カスタマーバリューは買い手が認識する価値なので企業は全く影響を及ぼすことはできない、と考えるのは間違いである。顧客に対して積極的に働きかけることにより、カスタマーバリューを高めることは可能だ。マーケティング担当者はテスト版の試用を促したり、製品特性を正確に伝達したりすることで顧客を啓発し、製品の価値を正しく認識してもらうように努める。

ダイソンは、市場中心価格帯より高価格のヘアドライヤーを導入するに当たり、革新的な技術を搭載した製品であることを主張しつつ、新たなターゲット層にフォーカスしたプロモーションや販路を用いて、「ヘアドライヤーの常識を変える(のだから、高くてもそれだけの価値がある)」というカスタマーバリューを定着させることに成功した。競合に合わせた価格設定ではなく、付加価値的な特徴やサービスを際立たせることにより自社製品を差別化し、高い価格を支えるという付加価値価格設定を試みたのである。

第2に、製品の価値は顧客グループ、または市場セグメントによって異なる。もちろん、異なる顧客グループに対し個別に最高の価格を提示できればよいが、多くの場合（特に消費財の場合）そうはいかない。したがってマーケティング担当者は、そうした条件の下で、最大限の利益が得られる価格を見出さなくてはならない。

　なお、同じ製品を消費者によって、異なる価格で販売できる場合もある。それは、ある市場で販売されている製品を他の市場の消費者が買うことができない、同じ製品を他の市場において低価格で買えることに消費者が気づいていない、保管や保存ができないサービス財である、といった場合だ。特に、サービス業界では、消費時間帯、曜日、季節などによって大きく価格が異なることも日常化している。

　その1つに**イールドマネジメント**がある。例えば、航空運賃やリゾートホテルの宿泊料金がシーズンのオン・オフによって変動したり、映画館が時間帯や曜日によって料金を変えたりすることが挙げられる。

　情報通信技術の進化により増えているのが、**ワン・トゥ・ワン・プライシング**と呼ばれる、製品・サービスを提供する企業と一人ひとりの消費者が個別に、納得するように決める価格設定だ。インターネットの取引では、購買履歴や利用頻度の分析精度が高まったことで、購買意欲の高い消費者が、いくらなら購入するかを予測できるようになった。

　例えば、ゾゾタウンが提供する「あなただけのタイムセール」の場合、興味はあるが購入までに至ってない商品をユーザーが事前登録すると、不定期に時間限定の特別割引価格をオファーするというものだ。この手法は、消費者が事前登録した商品限定であることや購入期間も限定されるので、消費者の混乱が少ないと考えられる。消費者の製品やサービスの利用価値が多様な場合に適している。

3● 価格設定に影響を与える要因

　これまで価格の上限と下限を決める要因について見てきた。次に、その幅の中で価格設定に影響を与える要因について解説する。

●───競争環境

　企業が自社製品の価格を考える上で、最も影響を受ける要因の1つが**競争環境**である。例えば、砂糖やガソリンなどのように実質的に差別化しにくい製品では、市場価格を上回る価格を付ければ売上げは急激に落ちるだろうし、下回る価格を付ければ売上げアップにつながるだろう。

逆に言えば、ある企業が競争環境に左右されない価格設定をしたければ、製品を差別化しなくてはならない、ということだ。機能、デザイン、ブランドイメージ、サービスなどに関して競合製品と明確に差別化されており、ターゲット顧客が自社ブランドを他社ブランドよりも確実に好むなら、その程度に応じて競合より高い価格を提示できる。

業界が寡占化するほど、**プライスリーダー**（業界全体の価格構造に大きく影響を与える業界リーダー）が存在しやすくなる。プライスリーダーは通常、最も大きなシェアや強力な流通チャネルを持ち、製品開発の先頭に立って業界を牽引していく。プライスリーダーは、低価格を打ち出してくる小さな競合に対して、あえて価格で対抗しないことが多い。シェアを維持するために価格を下げて利益を犠牲にするよりも、多少のシェアは譲っても価格を維持したほうが得策だと判断するからである。もっとも、その場合でも適切に状況判断を行わないと、旅行業界で格安航空券販売のH.I.S.が台頭したときのように、気がついたら小さな競合が巨人になっていた、ということになりかねない。

また、業界内の各企業の価格は、他社の価格戦略の影響を大きく受け、かなりの度合いで同じような動き方をするものだ。したがって価格設定は、コストの場合と同様、現在と将来の両方の競争環境を見越して検討していかなくてはならない。

●──── 需給関係

需要と供給の関係もまた、価格設定に大きく影響する。特に、差別化の難しいコモディティ（日用品）では、古典的な**需要供給曲線**で価格帯がある程度決まる場合が多い。

独占的な製品を持つ売り手は、供給量をコントロールすることで価格を維持することも可能であるが（もちろん、複数の企業がこれを共謀して行えば、カルテルという違法行為となる）、こうした手法は消費者の反感を買い、将来競合が出てきたときに自社の弱みになるおそれがある。マーケティング担当者には、市況や顧客との長期的関係、自社のブランド力を総合的に判断して、価格設定をする能力が求められる。

●──── **売り手や買い手の交渉力**

特に生産財においては、顧客との交渉力が価格設定を大きく左右する。そして、顧客との交渉力は、需要と供給の関係、製品の差別化の度合い、売り手と買い手の相互依存度、**スイッチングコスト**（切り替えコスト）などの要因によって規定される。ここでは、売り手と買い手の相互依存度とスイッチングコストについて見ていこう。

買い手の購入額や量が、売り手側の売上高と出荷量において大きな比率を占め、かつ、ほかにも購入先が選べる場合、買い手は価格交渉に強い立場で臨むことができる。大手メーカー（買い手）とその下請業者（売り手）との関係は、多くの場合こうした構図に

なっている。また、販売力のある小売チェーンは、それを武器に、ベンダーに対して強気の価格交渉を行うことができる。

　逆に、買い手が売り手に大きく依存しており、売り手の言い値がそのまま通ってしまう場合もある。例えば、売り手が独占的な先端技術を持っていたり、特許に守られて独占生産を行っていたりする場合がそうだ。

　さらにスイッチングコストも、売り手と買い手の交渉力を考える上で重要な要素である。これは、買い手あるいは売り手が、取引相手を変更する際に発生するコストである。スイッチングコストは、互いの関係が長期間に及び、かつその関係が業務上重要になってくるにつれて上昇する。例えば、一度ある会社にシステム構築を依頼したならば、多少価格が高くても、メンテナンスも同じ会社に依頼することが多い。システムを熟知している会社であれば、余計な説明の手間がかからないなど、様々な点で便利であるため、表面上の価格の安さよりもトータルのコストで評価できるからである。

4● 価格設定手法

　世の中にある製品・サービスの価格は、実際、どのように設定されているのだろうか。極論すれば、価格設定方法は売り手と買い手の間の交渉の数だけ存在する。したがって、すべてを検討することはできない。ここでは特に、価格設定に大きく影響する3つの要因、製造コスト（原価志向）、カスタマーバリュー（需要志向）、競争環境（競争志向）に基づく手法について解説していこう。

●───原価志向の価格設定

　原価志向の価格設定は、適切な利益を得て、かつ製造コストを増大させるリスクを最小化することを重視する。なお、この方法には、価格設定が簡単という利点がある半面、顧客が払ってもいいと考えている価格よりも低い価格を提示してしまう（すなわち、得られるはずの利益を逃してしまう）リスクがある。

❶ コストプラス価格設定

　実際にかかったコストに、利益を上乗せして価格を算出する方法である。売買契約は成立しているものの、事前にコストがはっきりしない場合に用いられる。建設業界やシステム開発業界などで適用される。ただし、この方法には、売り手側にコストダウンの意識が働かないといった問題がある。売り手が買い手に対して強い交渉力を持っている場合には、コスト要素について、かかった分だけ余計に負担することを事前に取り決め

ることもある。したがって買い手としては、交渉の際に支払額の上限を決めるなど、ある程度の歯止めを設けることが必要である。

❷ マークアップ価格設定

仕入原価に一定のマークアップ（上乗せ）を行うもので、流通業では一般的に用いられている手法である。また、マークアップの度合いは、その製品が薄利多売型のコモディティであるか、あるいは回転率の低い高級品であるか、という点に大きく左右される。通常、食品のようなコモディティは利幅が薄く、逆に宝飾品のような高級品は50％以上の利幅が設定されることが多い。

❸ ターゲット価格設定

想定される事業規模をもとに、一定の利益が確保できるように価格設定を行う手法である。製造設備の稼働率が問題となる化学品や自動車などの業界で採用されている。

◉──── 需要志向の価格設定

顧客が認識する価値に焦点を合わせて、価格を設定する。カスタマーバリューは上限価格となるので、これを適切に行えば、企業にとって最も利益が上がることになる。

❶ 知覚価値価格設定

マーケティングリサーチなどにより「売れる価格帯」を発見し、原価がそれよりも高い場合には、コスト削減や製品仕様の見直しなどを行い、その価格帯に原価を近づける手法である。製品が差別化されており、激しい競争環境にない場合は、この「売れる価格帯」を発見すること、さらには顧客に「適切な価格である」と認識させることが重要となる。

❷ 需要価格設定

市場セグメントごとに価格を変化させる方法で、顧客層（学割など）、時間帯（深夜料金など）、場所（グリーン車など）によって異なった価格が提示される。OEM（委託先のブランド名で生産すること）供給と一般ルートでも、中身は同じ製品であっても卸売価格が異なってくる。また、ソフトウェアなどの中には、ベーシック版は無料、プロ版は有料というように、ターゲット別に価格設定する戦略をとっている製品もある。これは99％の人に無料とすることで利用や普及を促進する一方で、1％のプロ向けで儲ける構造をとっている（90ページのフリーミアム参照）。

● 競争志向の価格設定

　差別化されていない製品である程度の競争がある場合には、競合製品の価格を踏まえて価格を設定する方法が用いられる。ただし、このやり方は価格競争に陥りやすく、しばしば売り手同士に徒労感を残すだけの結果になる。ガソリンスタンドの価格競争などが典型例である。マーケティング担当者は「価格だけの競争」になる前に、何らかの差別化を図るなどの対策を練らなくてはならない。

❶ 入札価格

　価格が売り手と買い手との交渉で決められない場合や、純粋に市場メカニズムによって決まらない場合は、入札によって価格が決定される。買い手は、入札によって、一番低い価格を提示する売り手を探すことができる（もっとも公共団体などでは、なまじ入札を採用したがために、能力的に不十分な業者を採用せざるをえなくなるという弊害も報告されている）。

❷ 実勢価格

　競合の価格を十分に考慮した上で、価格水準を決定する方法である。多くの業界でこの手法が用いられている。金属やプラスチックなどプライスリーダーがいる業界では、プライスリーダーが2番手以下の競争状況を踏まえて価格を決め、他の企業はその価格を基準に自社の価格を設定する。

　プライスリーダーが不在で、競合がお互いの価格を意識し、牽制し合いながら価格を決定している業界もある。これは一般に、多数の小規模企業からなる業界でよく見られるが、寡占業界でも、少数の大規模企業によって激しい価格競争が行われることがある。かつての携帯電話業界を例にとると、後発参入した日本テレコム（現ソフトバンク）は「常に最安値となるよう値下げを続ける」と発表し、徹底的に価格競争を行うことを宣言した。2番手でauが追随したことで価格競争が激しさを増し、かつてプライスリーダーであったNTTドコモはその圧倒的な優位性を失った。その後、NTTドコモも値下げ競争に参戦することになり、プライスリーダー不在の激烈な価格競争へと突入した。

5● 新製品の価格設定

　マーケティング担当者は、製品ライフサイクルに応じて適切な価格設定を行わなくてはならない。なかでも導入期の価格戦略は、その後の製品の普及度にも大きく影響する

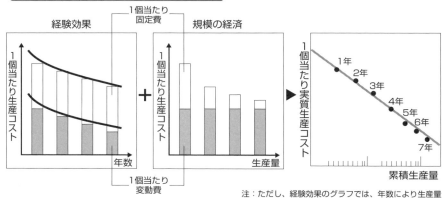

ので重要だ。

　新製品の価格戦略として代表的なものに、市場シェアを獲得するために、価格設定をコスト以下、あるいはコストとほとんど同じにする**ペネトレーション・プライシング**（Penetration Pricing：市場浸透価格設定）と、製品ライフサイクルの初期段階で短期に資金を回収するため価格を高く設定する**スキミング・プライシング**（Skimming Pricing：上澄吸収価格設定）がある。両者の効果、リスクなどを十分認識した上で、適切な価格戦略を選ばなくてはならない。

◉─── ペネトレーション・プライシング（市場浸透価格設定）

　この手法は、販売量が上がるにつれて単位コストが顕著に下がるという仮定に基づいている（**図表6-4**参照）。まず、経験を積むことによって生産プロセスはより効率的になり、従業員は熟練し、原材料や部品の大量購入が行われるようになることから、変動費が低減する（経験効果）。同時に、生産量増大に伴って固定費が分散されるようになることから、単位当たりの固定費も低減していく（規模の経済）。

　かつて日本メーカーが海外に進出した際には、こうした原価低減を見越したペネトレーション・プライシングが採用された。この戦略の成功のカギは、将来の需要を正確に見積もること、そして競合他社が追随する機会を取り除くことにある。

【ペネトレーション・プライシングの特徴】
　前提条件：広い潜在市場が存在する

```
          価格弾力性が大きく、価格変動による需要への影響が大きい
          経験効果により投資の回収ができる
期待効果：早い時期に高い市場シェアを獲得できる
          低マージンのため競合他社の参入意欲を減退させる
          製品ブランドを広く消費者に認知させることができる
          莫大な利益を享受できる可能性を持つ
リ ス ク：期待どおりに原価が下がるとは限らない
          設備投資や資金繰りにおいてリスクが大きい
```

● スキミング・プライシング（上澄吸収価格設定）

これは、初期に高価格を設定することで、早期の資金回収を図るものである。巨額の投資が必要な半導体製造などでこの手法が用いられており、製品開発を最も早く行った企業が、2番手以下の企業に対して収益面で大きく優位に立てる。

【スキミング・プライシングの特徴】
```
前提条件：製品の差別化の大きさから市場での競争の心配が少ない
          価格弾力性が小さく、需要が価格の高低に左右されない
期待効果：プレステージ性の高いブランドイメージを確立できる
          市場の良質な顧客層を獲得でき、高い利潤が得られる
          価格弾力性の小さい市場を開拓できる
リ ス ク：競合の参入を許してしまう
```

価格弾力性

価格弾力性とは、価格の変化率に対する需要の変化率の比である。以下の式で算出される。

$$価格弾力性 = -\frac{(Q_1 - Q_0) \div \{(Q_1 + Q_0) \div 2\}}{(P_1 - P_0) \div \{(P_1 + P_0) \div 2\}}$$

Q_0＝価格変更前の販売数量　Q_1＝価格変更後の販売数量
P_0＝変更前の価格　　　　　P_1＝変更後の価格

価格を変更してもほとんど需要に変化がないとき、「価格弾力性が小さい」と言う。通常、米や野菜など生活に不可欠かつ日常的な製品は価格弾力性が小さく、宝

飾品など高価な贅沢品は価格弾力性が大きいといわれる。価格設定に当たって、価格弾力性を知ることは非常に重要である。

　価格弾力性は顧客セグメントによって多様であり、同じ顧客セグメントであっても状況が異なれば同一ではない。例えば飛行機で移動する場合、プライベートとビジネスの場合では、利用する座席も変わってくるだろう。

　また、価格弾力性はスイッチングコストの有無にも影響される。顧客は、製品にわずかな価格の違いしかないとすれば、新たな学習が必要となるような製品については、不確実性を無視してまで新製品にスイッチしようとはしない。パソコンのソフトなどは、スイッチングコストが高いことで価格弾力性が小さくなっている典型例である。

6● 成長期の価格設定

　通常、成長期になると、価格は横ばいか低下傾向となる。なぜなら生産・販売量が増え、規模の経済や経験効果により原価が低減されるとともに、競争激化により低価格化の圧力が高まってくるからである。企業としては、成長を維持するため、価格に敏感な消費者をも市場に引き込むべく、適切なタイミングでの価格引き下げや、消費者に合わせたオプションの拡充を検討しなければならない。

　例えば、省エネで長持ちという特長が消費者に受け入れられて広まったLED電球の価格は、本格的な市場が立ち上がり、普及が進むにつれて急激に下落した。経済産業省の資料によると、2009年4月のLED電球の市場平均価格は6000円以上だったが、現在は大手メーカー製LED電球の市場価格が1000円を切るまでに低価格化した。LED電球の価格と連動するように、LED照明器具も市場の中心価格帯は3万円を切り、新規参入事業者の製品では1万円を切るものも登場した。

　成長期を終えて成熟期を迎えると、市場成長率は鈍化し、限られたパイの奪い合いが始まる。差別化は困難になり、過剰生産能力とあいまって、競争は価格を中心に展開される。普及率が高まり成熟期に差しかかった携帯電話は、格安携帯の参入も重なり、端末価格、基本料、通話料、通信料、割引期間など多岐にわたって激しい競争が続いており、最も安い料金の情報を提供すること自体がビジネスになるほど複雑化している。

7 ● 効果的な価格設定のために

　収益性を左右する価格設定は、事業戦略の要である。効果的な価格設定を行うためには、その目的を正しく認識することが必要不可欠である。価格設定の目的は、あるときは市場シェアを獲得することかもしれないし、またあるときは競合他社の気勢をそぎ、新規参入者の動きを制することかもしれない。どのような目的を置くにせよ、その設定と市場導入後のモニタリングは慎重に行わなければならない。

　価格設定のプロセスでは、テニスなどのゲームと同様、1つ1つの意思決定は、一連のプレー中における1つの動きにすぎない。自社の設定した価格に対し、競合他社は顧客獲得のためにさらに低い価格を設定してくるかもしれない。それに場当たり的に対応するのではなく、自社のマーケティング目標を果たすためには、どのような価格設定にすべきか、事業戦略やブランド戦略との連携を踏まえた判断が求められる。

　特にBtoBビジネスにおいては、価格変更に際して、マーケティング担当者は新しい価格を顧客に受け入れてもらえるよう努力しなくてはならない。価格の引き上げに際して、企業は多くの場合、コスト上昇分を転嫁したものだと説明する。しかし、その変更が公正であると納得してもらえなければ、顧客にそっぽを向かれてしまう。

　値下げをする場合にも注意が必要だ。顧客は通常、値下げを歓迎するが、それによって品質やサービスの低下を招けば不満を募らせる。さらに、一度引き下げた価格を再び上げることは非常に難しく、顧客が納得するような適切な理由を示せなければ、顧客は離れていくおそれがある。頻繁な価格変更を行えば、顧客は混乱し、製品に対する価値判断ができなくなるだけでなく、企業やブランドに対する価値判断にも影響してしまう。したがって、マーケティング担当者は、価格変更による様々な影響を考慮した上で慎重に意思決定するとともに、顧客に対するコミュニケーションや価値の見せ方に細心の注意を払わなくてはならない。

◉─── バンドリングとアンバンドリング

　ここまでは基本的に、ある製品やサービスの価格戦略を考える際に、その製品、サービス単体での値付けを想定してきた。しかし、実務上は必ずしも単体で価格戦略を考えるとは限らない。複数の製品を組み合わせて価格を設定するケースもしばしば見られる。

　バンドリングとは、関連する2つ以上の製品やサービスを組み合わせ、1つのセットとして提供する販売手法であり、これに対し**アンバンドリング**とは、消費者のニーズに合わせて組み合わせられるように、元は1つのセットになっていたものをばらばらに分けて提供する販売手法である。例えば、ISP（インターネットサービスプロバイダー）と

回線を一括で販売する場合や、ファミリーレストランで単品のハンバーグとサラダをセット販売する場合がバンドリングに当たる。消費者は割安感を得られる利点があり、単体だけでは売りづらい製品を需要の高い製品に付随して販売できる。また、客単価が上がり販売促進につながるという企業側のメリットもある。

　一方、デジタルサービスの進化により、コンテンツビジネスを中心にアンバンドリングが一般化してきた。例えば、音楽ビジネスでは、楽曲を1曲ずつ販売することや雑誌の一部コンテンツのみを販売することが可能になった。企業側は、CDアルバムとして販売するだけでなく、1曲ずつ切り売りできるメリットがあり、消費者にとっては、気に入った曲だけを購入できるメリットがある。

　ただし、バンドリングかアンバンドリングのどちらが適しているかを見極めるためには、業界特性、製品・サービスの特性、競争環境、需要動向等を考慮する必要がある。

第7章 ● 流通戦略

POINT

　流通チャネルは企業の競争優位を構築する上で極めて大きな役割を果たす。その主機能は、製品を効率的に市場に届けるとともに、市場からの情報をタイムリーに収集することにある。マーケティング戦略として、製品の特性、顧客の特性、競争環境などを総合的に考慮に入れて、最適な流通チャネルを選択し、構築する必要がある。

CASE

　資生堂は、1872年に日本初の洋風調剤薬局として創業し、1916年に薬局から化粧品部門を独立させ、化粧品事業を始めた。以降、ブランド作りや広告宣伝、販売組織の育成・整備に力を入れ、国内トップの化粧品メーカーに上り詰めた。

　高度経済成長期にライバルの群れの中から抜け出し、業績を伸ばすことができた大きな要因として、1923年に構築した「チェインストア制度」が挙げられる。チェインストア制度とは、定価で販売すると契約した専門店にのみ、自社系列の販社から商品を卸すものである。それだけではなく、無償で販売テスターやポスター、POPなどの販促物を提供したり、カウンセリングや接客を行う美容部員の派遣も行ったりした。当時は、第1次世界大戦後の不況のため、化粧品業界では値引き競争が激化し、乱売が横行していた。そのため、この制度は、安売りに苦しむ小売店から絶大な支持を得て、資生堂の取扱店舗は順調に増加した。さらに、他の化粧品に比べ少し価格が高くても、安全で質の高い商品が揃っているというブランドイメージの確立にもつながった。こうして資生堂は、全国に販売網を構築することで、業界トップの地位を築いた。

　しかし、1997年に化粧品の再販制度が撤廃されたことで、化粧品業界を取り巻く環境は大きく変化した。再販制度とは、メーカーが卸売業者や小売店に販売価格を守らせて、商品の価格を維持できる制度のことをいう。この再販制度が撤廃されたことによって価格は自由化され、勢力を伸ばすドラッグストアや大型スーパーが化粧品販売に乗り出し、価格競争の時代が始まった。競合のカネボウなどは、いち早くドラッグストア向けにカウンセリングを必要としないセルフ商品を投入するなど、新たな戦略を打ち

出していた。

　国内化粧品市場が成熟化する一方で、インターネットや通信機器が飛躍的に進化して流通や情報伝達手段が多様化し、ネット販売も普及してきた。同業他社もネット販売を始める中、いつまでも専門店での販売にこだわっていれば、時代に取り残されてしまうのは明らかであった。専門店もまた、経営者・主要顧客の高齢化、10～20代の若者層を取り込めない、といった課題を抱えていた。それでも、戦後の資生堂の成長を支えてきた専門店をないがしろにできず、資生堂はドラッグストアやスーパー、ネット販売など多様化するチャネルへの対応が遅れた。特にネット販売に関しては、社内や専門店の強い抵抗があったともいわれている。1990年代には、資生堂の国内売上げの40％を占めていた専門店の販売比率も、2012年には25％まで縮小した。

　そうした中、資生堂はついに2012年に、美容情報サイトのBeauty & Co.（ビューティー・アンド・コー）と、化粧品のネット販売の機能を備えたwatashi+（ワタシプラス）を立ち上げた。ワタシプラスは、ネット販売だけでなく、ウェブ上でカウンセリングを行うWeb BCカウンセリングや、化粧品販売店の検索・紹介ができるお店ナビなどの機能を備え、実際の店舗と連携させることで、ネット経由で顧客を専門店へ誘導する仕組みになっている。こうして、ワタシプラスを立ち上げてから5年間の累計で、ネットからリアルへの送客効果で得た店頭売上げは、200億円以上にものぼった。

　2016年には、ワタシプラスを主要販売網とする新ブランドを立ち上げ、EC専用商品の開発も始め、セブン＆アイ・ホールディングスやローソンとの共同企画商品の発売も開始した。さらに17年には、2つの高級ブランド以外はカウンセリングなしで販売できるよう小売店との契約を見直し、アマゾンでのネット販売を拡大した。専門店との連携と、チャネルの多様化への対応は今後も続きそうだ。

理論

　優れたチャネルの存在は企業にとって大きな資産となり、長期的な優位性構築の源泉にもなる。また、スマートフォンやタブレット端末の普及に伴って消費者の購買行動が大きく変化しており、消費者がスムーズに情報を入手して購買へと進めるチャネルを整備する重要性は、ますます高まってきている。

　流通チャネルは、その大部分が基本的に外部資源であるという点で、マーケティングミックスを構成する他の要素とは本質的に異なっている。その構築には通常、非常に多くの時間と費用がかかる上、簡単に変更できないことも多く、長期的観点からの意思決定が求められる。本章では、**流通チャネル**の設計やマネジメントのポイントについて解説していく。

1 ● 流通チャネルの意義

　製品の生産者と最終顧客との間を結ぶのが、流通業者（流通チャネル）である。流通チャネルは、企業独自の販売網やサービス機関に加え、再販機能を果たす**販売代理店**、**卸売業者**、**ディーラー**、**小売業者**などの外部組織によって成り立っている。流通チャネルは、製品が倉庫から顧客に届くまでの物理的流通のパイプライン、および市場の現場と企業を繋ぐ情報伝達経路として、中心的な働きをしている。

　図表7-1は流通業者の存在意義を示したものだが、ここからわかるように、流通業者が介在することで、取引コストが下がる。不特定多数の消費者を相手に個別に取引を行おうとすると、そのコストは莫大なものとなる。つまり、メーカーにとっても消費者にとっても、流通業者は経済合理性を高めているのである。

　この点について、年間生産量が約400億本（500mlペットボトル換算）にもなる清涼飲料水の例で考えてみよう。各飲料メーカーの営業担当者が、不特定多数の個人や法人ユーザーに直接売り込むことは不可能である。消費者は清涼飲料水を自動販売機やコンビニ、スーパーなどで買うが、コンビニ、スーパーだけでも全国に数十万店存在するので、飲料メーカーの社員が各店を直接担当することは経済的に見合わない。そのため、流通業者の活躍の場が出てくるのである。

　次に、流通チャネルが果たす機能について見てみよう。メーカーが、創造した価値をターゲット顧客に供与し、その見返りとして対価の支払いを得るという交換活動を営む上で、埋めなくてはならない様々なギャップがある。メーカーと顧客との間にあるこうしたギャップを埋めるために、流通チャネルは次のような機能を担っている。

図表7-1　流通業者の経済効果

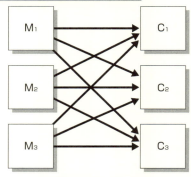

流通業者が介在しない場合

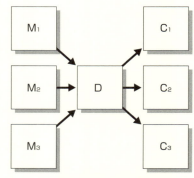

流通業者が介在する場合

【主機能】
- 調査（製品の交換を計画し、実施するための情報収集）
- プロモーション（広告、販売活動の促進、人的販売）
- 接触（見込み客を探しコンタクトをとること）
- マッチング（顧客のニーズに合わせた製品を提供するために、包装、組み合わせなどを行うこと、およびメンテナンス）
- 交渉（価格を含む販売に関わる諸条件の最終合意作りを行うこと）

【販売支援機能】
- ロジスティクス（輸送業務、在庫管理）
- ファイナンス機能（売上金回収、流通に必要な資金の調達と融資）
- リスク分担（流通業務遂行に伴うリスク〈輸送途中の事故など〉を取ること）

　流通チャネルは広範囲にわたる活動を行うが、製品のタイプに応じて重要な機能は異なる。消費財の場合は通常、チャネルに最も期待される機能はプロモーションや**マッチング、ロジスティクス**である。ケースの資生堂が業界トップの地位を築くまでのように、商品の効能の説明や顧客との継続的な関係構築等が重要な業態にあっては、良質なチャネルを有することは強力な競争優位となる。生産財では、接触や交渉の比重が高まり、さらにはマッチング（特に製品のアフターサービス）が期待されるようになる。アフターサービスは、オフィス機器や工場設備などの市場で、特に重要な役割を果たす。

2● 流通チャネルの種類

　流通チャネルは、その参加者および構造により、いくつかのパターンに分類される。

◉─── 自社組織と外部組織

　まず、自社の従業員で構成される営業組織と、代理店やディーラー、小売店のように複数企業の製品を再販する外部組織とを明確に区別しておく必要がある。分社化されている販売会社はこの中間的な位置付けとなるが、資本関係があり、自社製品のみを扱うのであれば、自社組織と考えるほうがよいだろう。自社の営業部隊は、ユーザーに直接販売する場合と、外部の流通業者に販売する場合がある。

❶ 自社の営業組織

　流通チャネルの中で、自社の営業担当者が果たす役割は様々である。基本的な仕事は潜在顧客、あるいは下位の流通業者を訪問して購入を勧めることであるが、必ずしも注文を取ることだけが営業担当者の役割ではない。彼らは、価格および契約条件について交渉するほか、配送を促す、製品の設置を監督する、クレームを処理する、返品を受け付ける、といった販売後の責任も引き受ける。

　流通業者を訪問する営業担当者は、これらの機能に加えて、製品技術や販売技術の面で流通業者を教育する機能も果たす。そして通常、彼らの在庫を調査し、その在庫補充の注文を扱う。その上、製品のデモンストレーションなどの販売促進活動を行ったり、流通業者の業務管理の改善計画を提案したりする。

　法人相手のビジネスでは、営業担当者は直接の購入者やユーザーだけでなく、購入の意思決定に影響力を持つ関係者にも働きかけることが多い。例えば、建材メーカーの営業担当者は、実際にユーザーとなる施主やゼネコン以外に、建物を設計し、使用資材を決める建築家に対しても営業活動を行う。繊維・機能化成品等を製造および販売している東レは、ユニクロなどのアパレルメーカーの開発部門に対して営業をかけて、新しい機能素材を共同で開発することにより、取引を独占できるように働きかけている。

❷ 外部の流通組織

　消費財などでは、外部の流通業者を指して流通チャネルと呼ぶこともある（狭義の定義）。外部の流通業者はメーカー（もしくは、自社より上流の流通業者）から仕入れた製品の販売を行うことで利益を得る。また、流通業者は一般に、限られた分野の製品を扱う専門業者と、幅広い分野の製品を扱う一般業者に分けることができる。多くの流通業者は複数の支店・店舗を持っているが、そのサービスの大半は地域的に限定されており、製品ラインや顧客サービスをその地域に適合したものにするなど、独自の運営スタイルを築いている。

　一般に、メーカーと流通業者との関係は、明文化された協定に基づく長期的なものであることが多い。これにより、流通業者は安定した供給源を確保するとともに、販売トレーニングや新製品情報、在庫管理、顧客サービス、技術支援などの面で、メーカーからの援助を受けることができるのである。

　ただし現在は、流通業者側がメーカーに頼りきりというよりも、メーカーに対して強い交渉力を持つようになっている。特に、大資本による全国規模のチェーン組織は、一方で地域の市場環境に適合する柔軟性を持ちながら、他方では絶大な取扱量に支えられて、仕入先のメーカーに対して強気の交渉ができるようになった。また、ネット通販市

場の拡大に伴い、アマゾンや楽天といったECサイトがチャネルとしての影響力を強めている。

◉──── **小売業者と卸売業者**

外部の流通組織はさらに、直接エンドユーザーと接する小売業者と、エンドユーザーとは直接接触しない卸売業者に分類される。当然ながら、求められる役割も異なる。

❶ **小売業者**

ある製品の存在を知り、興味を持った消費者は、どうやってその製品に接触しようとするだろうか。まず、どこで販売されているかを知ろうとするだろう。そして、自動車ならカーディーラー、パソコンなら家電販売店、高級衣料品なら有名百貨店、飛行機のチケットなら旅行代理店やチケットカウンターへ出かけるだろう。小売業者に求められる機能として特に重視されるのが、集客機能である。

消費者は他の製品を買いにきて、たまたま別の製品に行き当たることもある。そうなると、目立つ場所や大きな展示スペースを確保できる製品ほど有利になる。このように、消費者が直接その製品に接触するという意味でも、小売業者は非常に大きな役割を果たす。したがって、小売業者に対して営業活動を行う際には、納品数量の多寡だけで一喜一憂せず、どのフロアのどの位置に、どの程度のスペースを確保できたかというところまで詰めて、初めて仕事が完結することになる。

小売業者は通常、地代、店舗投資、販売員経費、販促経費など様々なコストが必要となるため、卸売業者よりもマージンは高く設定されている。正札価格を極力キープしている百貨店では、4〜5割のマージンが設定されている。

ただし、スマートフォンやタブレット端末が普及してからは、消費者の購買スタイルが変わり、小売業者に求められる役割も変化している。単なる集客機能や販売サービスという役割ではなく、消費者の購買体験における重要な接点として、消費者の期待に応えられるようにしなければならない（詳細は117ページのオムニチャネル参照）。

❷ **卸売業者**

先に見たように、買い手の数が増えるに従って、メーカーと小売業者の取引は加速度的に煩雑さを増していく。そこで、製品の特性や地域にマッチした卸売業者が、メーカーと多数の小売業者の間に介在して、消費者が接触するであろう小売チャネルに効率良く製品を届け、かつ小売業者からの情報を吸い上げるべく様々な便宜を図るのである。

こうした卸売業者の機能が、エンドユーザーの目に留まることは稀である。また、そ

の期待される役割が、複数の製品提供者と小売業者の間の接触回数を大幅に減らすことにあることから、その機能は極めて労働集約的な組織や、複雑な人間関係の上に構築されている場合が多い。川上（メーカー）と川下（小売業者）の両側から絶え間なく流通合理化の圧力がかかるのも、この業界の宿命といえる。

なお、卸売業者には、製品を買い取って販売する業者もいれば、売り手と買い手の間を仲介することで利ザヤ（口銭）を得る業者もいる。当然ながら、買い取りリスクを負う前者のほうがより大きなマージンを得ることになる。

● 流通チャネルの段階数

流通チャネルの構造は、その段階数でも特徴付けられる。それを分類したのが**図表7-2**である。何段階の流通チャネルを用いるかは、その製品の特性によるところが大きい。一般に、製品がコモディティ化するほど、流通チャネルは多層化する傾向にある。

❶ ゼロ段階チャネル

メーカーが直接消費者に販売する典型的な例としては、ポーラ化粧品、通販会社大手のセシール、あるいは高価格少量生産の建売住宅のようなビジネスが当てはまる（ただし、総合通販のベルメゾンを運営している千趣会は、自社ブランド製品を持たないので、通販会社であってもゼロ段階チャネルには該当しない）。

販売量や金額が直接販売組織を賄うのに十分なだけあれば、このゼロ段階チャネルは有効である。直接販売には、販売活動を方向付け、きちんとコントロールできる利点がある。当然ながら、営業担当者は自社製品に集中して、消費者が求める製品情報や技術

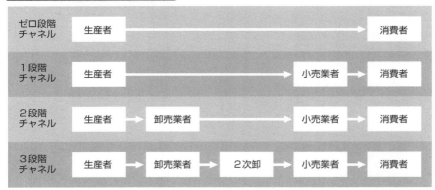

図表7-2　流通チャネルの段階数

サポートなどを提供できる。

❷ 1段階チャネル

　メーカーと消費者との間に流通業者が1つ介在する場合である。かつては家電や自動車業界などのようにメーカー主導の系列販売店の形で進展してきたが、近年は大型小売業者が卸売業者を排して直接メーカーと取引する形態などが増えつつある。

　自動車業界では、ディーラーの経営不振に際し、メーカーが資本のテコ入れをすることがある。その意味では部分的にゼロ段階化が進行しているともいえよう。しかしながら、このような垂直統合が度を越えると、独立系の販売店に脅威を与え、反発を招くことにもなりかねない。

❸ 2段階チャネル、3段階チャネル

　消費財において最も多く見られるのが2段階チャネルである。小売業者にとっては少量取引に好都合であり、メーカーにとっては広範囲に販売を拡大したり、小売業者が多数で分散していたりする場合などにメリットがある。

　比較的製品の単価が低く、購買頻度の高い最寄品になると、もう1段階増えて、3段階チャネルを通して販売されるようになる。食料品や日用雑貨品など、小売店の数が多い製品がこれに該当する。

　時計販売は様々な流通業者が介在するビジネスであるが、一般に、名の通ったブランドは2段階止まりの場合が多い。一方、弱小ブランドや、10万店存在するともいわれる多様な時計販売店への流通は、2次卸経由の3段階チャネルとなる場合が多い。

　このような分類はわかりやすい半面、事象を単純化しすぎている側面もある。実際に流通構造が何段階になっているかの判断は、必ずしも簡単ではない。例えば、複数の部品業者から部品を仕入れて組み立てているだけの、純粋なメーカーとは言い難い製造業者も多いし、資本参加により製造販売を垂直統合しているケースも少なくない。メーカーと小売業者の両方のブランド名の付いたダブルネーム製品も存在する。

　さらに、古典的なゼロ～3段階チャネルの概念ではくくれない形態もある。その代表的な例として、フランチャイズ方式とライセンス方式が挙げられる。

● フランチャイズ方式

　フランチャイズ方式とは、コンビニエンスストア、コーヒーショップ、カーディーラー、郊外型レストラン、ファストフード、語学学校などに典型的に見られるシステムで

ある。**フランチャイザー**（ビジネスシステムの提供者）は、トレードマークやサービスマークの使用権、およびビジネスの構築からオペレーションシステムまでのノウハウのすべてを**フランチャイジー**（フランチャイザーから特定地域のビジネスシステム使用権を得て、自己資本や労力を提供して事業化する個人や企業）に提供し、側面サポートする見返りとして**ロイヤリティ**（加盟料）を徴収する。また、共同仕入れを義務付けることにより、仕入れからの利ザヤを稼ぐことも可能である。ただし、消費者との接触を持たず、すべてフランチャイジーに依存していたのではサービスの質の維持・管理ができないため、直営方式とフランチャイズ方式を組み合わせることが多い。

　フランチャイズ方式の最大の利点は、他人の資本や労力を活用して急速にシェアを拡大できるところにある。例えばマクドナルドと違い、大手資本をバックに持たなかったモスバーガーは、直営店舗にこだわっていれば、今日のように店舗を増やすことはできなかっただろう。フランチャイジー側にしても、資金とやる気はあっても、どのように事業に取り組んだらよいかわからない人や、リスクを抑えて資産を有効活用したい人は多くいる。フランチャイズ方式は、こうした互いのニーズを満たすことができる。

　フランチャイズ方式では、フランチャイジー間の格差を是正することが重要になる。店舗間でサービスにばらつきがあると、ある店舗の不評が他店舗の足を引っ張ることになったり、ブランドイメージに悪影響を及ぼしたりする。

　特に難しいのが、資産運用を目的に事業を行っているフランチャイジーを教育し、共通の事業目的に向けてベクトル合わせをすることだ。フランチャイズシステムの健全性を保つためには、本部のコントロールが末端まで行き届かなくてはならない。このコントロールが上手く行われていれば、消費者は直営店かフランチャイズ店かの識別すらできないはずである。

●ライセンス方式

　ライセンス方式とは、自社の努力によって築き上げたブランドなどを他社に貸すビジネスである。高級品ブランドのイヴ・サン・ローランや、ハローキティなど人々に親しまれているキャラクターを擁するサンリオは、ブランド名、ロゴ、絵柄などのカテゴリー別使用権を第三者の企業に与えることで、売上げに応じたロイヤリティを徴収している。ライセンス方式の場合、様々なカテゴリーでブランド使用権を与えられるため、すそ野が大きく広がり、多額の収入がもたらされることがある。

　ライセンスビジネスでは、**ライセンシー**（使用権を与えられる側）が値頃感を出して販売量を伸ばすために、材質を落としたり、安易なデザインを採用したりと、ブランドイメージを損なう売り方に走ることも考えられる。そのため、**ライセンサー**（使用権を与

える側）は製品やデザインの品質は当然ながら、具体的な販売方法に至るまできめ細かな管理を徹底して行う必要がある。

3● 流通チャネルの構築ステップ

流通チャネルは企業経営に大きな影響を与え、しかも、いったん築いてしまうと変更することは難しい。したがって、その構築に当たっては、様々な要因を考慮に入れながら、系統立てて考えていく必要がある（**図表7-3**参照）。

◉──── ターゲット市場と経営資源の把握

企業が製品の効果的な流通チャネルを選択・構築するには、まずその目標とする市場をどこに絞るかを決める。その際は、チャネル構築には莫大なコストを必要とするため、経営資源（ヒト、モノ、カネ）の制約も考慮しなくてはならない。

◉──── 流通チャネルの長さの決定

チャネルの長さとは、流通チャネルの段階数を指す。最初に決めなくてはならないの

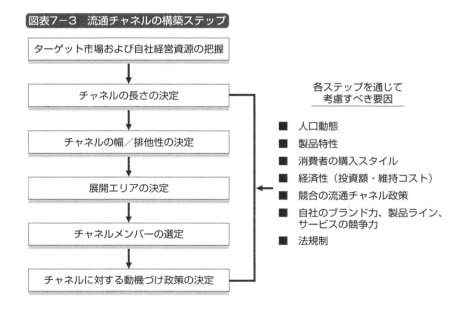

図表7-3 流通チャネルの構築ステップ

が、直販にするか、それとも外部の流通業者を用いるかということだが、そこで問題になってくるのが、販売量が直販方式を維持するのに十分かどうかである。この判断に当たっては、想定される総販売量、製品特性や製品単価、潜在顧客の地理的集中度または分散度、ターゲット市場の規模、そして1取引当たりの取引量が影響してくる。

例えば、製品単価が安く潜在顧客も分散している製品を、メーカーが直接販売するのは非経済的であろう。逆に、製品単価が高かったり大量購入の可能性があったり、潜在顧客が地理的に集中しているなどで特定できるようであれば、直販のほうが有利になる。また、経済性をある程度犠牲にしてでも、直販を一定比率維持する場合もある。多くの高級ブランドは、百貨店で販売を行うインショップの手本となり、さらに、超優良顧客の囲い込みなどの使命を果たすことを目的として、直営店を運営している。

チャネルの長さを上手く活かしたのが、通販大手のセシールである。消費者から見ると、通販には小売店での購入と比べて大きなデメリットがある。それは、商品を手に取ってみたり、試着したりできないことである。セシールは、その限界をカバーするために「郵送料会社負担で返品可能」というシステムを設けた。このシステムの合理性は、一度商品を購入した顧客が、同じものを買う際に返品することはまずないという点にある。セシールの主力商品である女性用下着(特にパンティストッキングなど)は本来消耗品であり、リピーターを獲得できれば、通販のデメリットは小さくなる。また、通販であれば、店頭で陳列するスペースがないために商品の品揃えに限界が生じるということもない。セシールは通販という流通形態のメリットを活かして、品揃えの豊富さで売上げを伸ばしたのである。

●──── 流通チャネルの幅の決定

次に、チャネルの各段階で使う流通業者の種類と数、すなわちチャネルの幅を決定する。メーカーは、製品の販売に必要な流通業者の数を決める際、これに関するトレードオフを認識する必要がある。消費者の利便性を最優先するならば流通業者の数を増やすほうがよいが、製品の販売権を流通業者にとって魅力的なものにすることが重要な場合には、流通業者の数を制限して、業者ごとの担当範囲を広くすることが望ましい。

流通チャネルの幅に関しては、以下のような3つの基本政策がある。

❶ 開放的流通政策

自社製品の販売先を限定せずに、広範囲にわたるすべての販売先に対して開放的に流通させる政策。大量販売を狙う最寄品に採用されることが多い。この政策には、コントロールしにくく、販売管理のオペレーションが複雑になるといったデメリットがある。

特定市場を担当する流通業者の数が過剰になれば、流通業者間での販売競争が激しくなり、販売価格が下がって流通業者の利益が減ったり、製品イメージの低下を招いたりするおそれがある。そうした場合には、思い切って流通業者を選別するか、あるいは常習的に安売りを行う流通業者に対し、懲罰の意味を込めて、販促サポートを減らすなどの処置が必要となる。

❷ 選択的流通政策
　販売力や資金力、メーカーへの協力度合い、競合製品の割合、立地条件などの一定の基準を用いて選定した流通業者に、自社製品を優先的に販売してもらう政策であり、開放的政策と排他的政策の中間に位置するものといえる。平均以上の成果、適度なコントロール、流通コストの低減などを実現しやすいとされる。

❸ 排他的流通政策
　特定の地域や製品の販売先を代理店あるいは特約店として選定し、独占販売権を与える代わりに、時には競合他社製品の取り扱いを禁じる政策である。メーカーはこの政策により流通業者の販売意欲を高め、その販売方法をコントロールして、製品イメージの向上や利益確保を図ることができる。この方法は効率的・有効的なマーケティング活動を行うための系列化促進政策を展開するときに有利であり、自動車、建設機械などでよく見られる。ただし、政策を維持するために生じるコストの増加や、流通業者の創造性・主体性が減退するなどのデメリットがある。

　これらの政策とは別に、直販営業部隊と流通業者との間の販売競争についても考えておく必要がある。本来、直販部隊と流通業者はお互いに補い合うべきものだが、これらの間で摩擦が生じることも往々にしてある。製品の提供者は、チャネル間における製品および市場の境界線を維持し、区分することにも注力する必要がある。
　ルイ・ヴィトン・ジャパンは、百貨店チャネルと直販を一定の比率でバランスよく組み合わせている。同社では、100万都市と言われる大商圏の一流百貨店を選りすぐってインショップを展開する一方で、東京、横浜、大阪、神戸という大都市に限定して直営店を展開している。さらに、電話オペレーターが直接顧客と話して良好な関係を作り、販売につなげるテレマーケティングなどでも大きな売上げを出している。テレマーケティングは、極度の排他的流通政策の弊害として「店舗のない地方で発生する満たされない需要」に応えるための最適な方法として考案されたものである。この大義名分のおかげで、既存の取引百貨店もある程度理解を示している。直営店に関しても大都市の一

部に限定することで、百貨店との競合を最小限に抑えている。

● ── **展開エリアの決定**

　販売エリアの広さも決定しなければならない。一斉に全国展開を図るのと、地域を限定して売れ行きを見ながら徐々にエリアを拡大していく場合とでは、プロモーション方法も必要な経営資源の量も全く異なってくる。また、流通業者は地域密着型の展開を図っていることが多いため、取引メンバーの選定にも影響が出てくる。

● ── **チャネルメンバーの選定**

　以上が決まれば、次はチャネルメンバーの選定である。マーケティング担当者は、具体的にどのような流通業者と取引を行うかに関して、明確な選定基準を持たなければならない。選定基準としては、財務内容などの経営の健全性、果たしうる機能、得意とする製品カテゴリー、販売組織の確立度、顧客の数と質、対顧客交渉力、顧客との人間関係、小売店での売り場獲得力、取引条件、物流能力、情報武装のレベル、コントロールのしやすさなどが挙げられる。

　花王が2003年に発売したヘルシア緑茶は、体脂肪を減少させるという機能を消費者が高く評価すると考え、価格を同容量の他飲料より高い180円に設定し、チャネルをコンビニに絞った。コンビニはメインターゲットの中年男性がよく利用し、定価販売を原則としているので、ディスカウントを防ぐことができた。

　ホンダは1960年にオートバイでアメリカに進出した際に、典型的な買回品であるオートバイのビジネスの場合、知識豊富で熱心な販売員と腕の良いメカニック、およびアフターサービス設備を持つ優秀なディーラーをいち早く確保することが成功のカギであると察知し、わずか数年の間に優秀なディーラーを全米最大規模でフランチャイズ化した。このため、ヤマハやスズキなどの競合メーカーは、相当期間、広大なアメリカ市場でホンダの後塵を拝することになった。

● ── **チャネルに対する動機づけ政策の決定**

　次に、チャネルに対してどの程度のマージンを与え、どの程度の支援（販売研修や運営協力など）を行うかを決めなくてはならない。製品の提供者が流通業者に与えるマージンには2つの要素がある。機能に対するマージンと、量によるディスカウントである。機能に対するマージンは、在庫維持、現場での販売、配送といった機能に対して支払われるものであり、分担してもらいたい機能が増えるほど、そして業者のリスク負担が大きくなるほど、マージンも大きくなる。製品の導入期には、流通システムを確立するた

めに魅力的なマージンが設定される場合が多いが、一度それが定着してしまうと、廃止や削減は難しいため、注意が必要である。

　量によるディスカウントは、流通業者の1回の注文、あるいは特定期間の購入量によって決まる。イトーヨーカドーなどの大手小売業は莫大なディスカウントを得ているが、それは同社がそれだけの販路、棚スペースを提供し、大量に仕入れ、かつ取引コストを低減させていることへの見返りでもある。

　マージン以外にも、様々な支援方法がある。パナソニックのスーパープロショップ制度では、重点機種が明確になる販売契約や、販売実務に結び付く研修の実施、頑張りに応じてより多くのメリットが受け取れるような積極的な販売支援策を設計することで、店側のモチベーションを高めている。

　以上、流通チャネル構築のステップを見てきたが、プロセス全体を通して念頭に置くべき要因がある。重要なものをいくつか挙げておく。

● **人口動態**
　どのような潜在顧客がどれだけの数、どれだけの密度で存在しているかが、流通戦略を考える上での第一歩となる。例えば、その製品のメインターゲットが大学生なら、大学が集中している都市部の流通業者や、大学構内で小売活動を行っている全国大学生活協同組合などのチャネルを開拓していく必要がある。

● **製品特性**
　製品の物理的特性、イメージ、使用法、複雑さ、製品の回転率、価格などの要素次第で、適切なチャネルは大きく変わる。サイズが大きい、あるいは値が張るような耐久財や買回品は、フランチャイズ式のカーディーラーのように、製品に特化した接客用ショールームや、アフターサービス機能の整った大型の販売設備を必要とすることが多い。

● **消費者の購入スタイル**
　消費者がチャネルに何を望んでいるか、という視点を持つことも重要である。製品によっては、消費者がチャネル選びで重視するポイントが、製品と市場の発達に応じて変わることもある。例えば、消費者が、製品ライフサイクルのある時期に、技術支援と購入先の確実性を重視するか、あるいは迅速な配達と在庫維持費の削減、まとめて購入できる簡便さを重視するかによって、望ましい流通チャネルは異なってくる。また、製品の普及度が高まるにつれ、発売当初の一部のファン層から、一般のユーザーも購入する

ようになると、求められるチャネル機能が変わることもある。
　アップルは2003年に直営店を銀座に開いた。同店舗では、高級ブランド専門店と同じように、接客と内外装デザインに徹底してこだわり、詳細な情報を求めるマニア層や、コンピュータにファッション性を求める消費者のニーズに応えようとしている。

● 投資額／維持コスト

　流通チャネルを構築し、維持するには、そのための投資、運営コストが必要である。そして、そのチャネルをレベルアップしようとすれば、コストはさらに増加することになる。例えば、流通チャネルを顧客層別や製品別に専門分化しようとすると、追加的に必要となる運営費を維持できるだけの売上げを確保しなくてはならなくなる。

● 競合の流通チャネル政策

　前述したアメリカにおけるホンダのように、ある企業がある地域において、消費者に対して影響力のあるチャネルを既に押さえていたとすると、これは大きな競争優位となる。競合企業は、同じ流通業者にアプローチして、販売強化や棚スペースの拡大を働きかけるか、あるいは既存のチャネルとは別に、新たなチャネルを構築する必要が生じる。

● 自社のブランド力、製品ライン、サービスの競争力

　流通業者は、当然のことながら、「売れる製品」「儲かる製品」を扱いたがるものだ。より多くのエンドユーザーにそのメーカーの製品に対するニーズがあれば、チャネルに対するメーカーの交渉力は強まる。
　特定メーカーのブランドに対するユーザーの評価は、製品の優秀な性能、製品ラインの広さ、優れたユーザー教育、販売後の修理とメンテナンスなどの要因によって決まる。そして一般に、人気やブランド力が高い製品であるほど、チャネルとなる流通業者は多少の摩擦には目をつぶるものである。逆に差別化が難しい製品の場合、後発メーカーは、マージンやコミッションを高めに設定するなどして流通業者に食い込むか、サポート活動を増やすなど別の好条件を提示しなくてはならない。

4● 流通チャネルの変更の難しさ

　市場環境に合わせて柔軟に戦略を実行していくためには、チャネルの再構築、新規チャネルの開拓に継続的に取り組んでいく必要がある。
　流通チャネルは、潜在顧客の人口動態、製品特性、購入スタイル、投資額・コスト、

製品力、競合の流通戦略などの要因によって規定されるが、市場の成長と製品の成熟化に伴い、これらの要素がすべて変化する。製品に関して言えば、ユーザー教育の必要性は減少し、低価格化と迅速なサービスがますます重要な要素になる。製品によっては、流通ルートが不明な廉売品が出回るグレーマーケットが出現するかもしれない。

多くの場合、それと前後して、メーカーにも流通業者にも新しい競争相手が現れる。新規参入メーカーは、大手顧客に低価格で直接販売することによって市場に食い込み、地位を確立しようとするかもしれない。あるいは、既存企業が確立した流通ネットワークを逆に重荷に感じさせるような、大胆なチャネル政策を打ち出してくる可能性もある。流通業者のレベルでは、マージンを犠牲にしてでも高回転率で補うような、大量販売戦略をとる専門流通業者が進出してくるかもしれない。

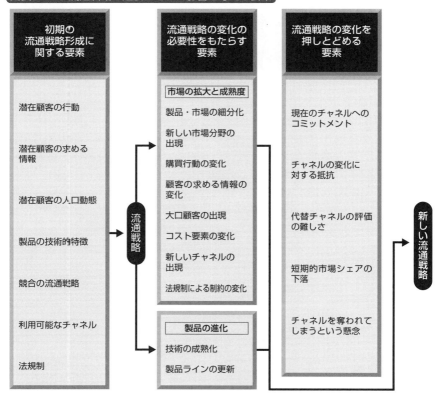

図表7-4 流通戦略の進展とそれに影響を与える要素

市場の成長に応じて、メーカーと流通業者の力関係は変わる。例えば、再販制度や希望小売価格制度の見直し、プライベートブランドの台頭、消費者が利用する小売チャネルの変化、メーカーと販売業者の連携……。こうした新しい動きに促されて、流通戦略の再編成が必要になるときが来る。特に、大口顧客への直販を増やす、新しい流通業者と手を組むといった再編策をとると、既存の流通業者との関係に大きな影響が出る。自社組織とは異なる外部組織を使っている場合は、マーケティングミックスの他の要素のように、自社の一存だけで戦略変更できないことも多い。そして外部組織との関係悪化は、製品を置いてもらえなかったり、意向どおりに自社製品を扱ってもらえなかったり、客寄せのための安売り品に位置付けられて、ブランドイメージを損なったりするリスクを増大させる。さらに、これまで共に成長してきた歴史があると、簡単に信頼関係を断ち切ることはできない。しかし、経営環境に合わせて戦略を変更できなければ、結局は共倒れになってしまう。流通チャネルはマーケティング政策の中で最も変更が難しく、再構築には時間がかかるものなのである（**図表7-4**参照）。

5● オムニチャネル

インターネットが普及する以前の買い物は、直接店舗に出向いてするのが中心で、流通チャネルも地域の小売店しか選べない、1対1対応の**シングルチャネル**だった。しかし、ネット通販が一般的になってくると、実店舗に加えてインターネット、テレビなどが加わる**マルチチャネル**へと買い物環境が変化した。さらに、マルチチャネルのサプライチェーンを統合して在庫管理を一元化しながら、インターネットで注文した商品を実店舗で受け取る、という複数のチャネルをまたがる**クロスチャネル**も形成されていった（**図表7-5**参照）。

上記の変化に加えて、消費者の購買行動を激変させたのが、スマートフォンやタブレット端末といったモバイルの普及だ。モバイルを使った買い物が主流になったことにより、2つの購買行動が出現した。1つは、**ショールーミング**と呼ばれる、店頭で現物の商品を確認してからネット通販で購入するスタイルだ。特に家電量販店がショールーミングによる影響を受けた。もう1つは、**ウェブルーミング**と呼ばれる、ネットで商品の情報収集や在庫の確認をして実店舗で購入するスタイルだ。ショールーミングやウェブルーミングが一般的になると、消費者は24時間いつでもどこでも買い物を楽しむようになった。

オムニチャネルとは、商品の選定から購入に至るまでの過程で、制約を受けることなく、自分の都合、好みに合わせて選べる、シームレスな顧客体験を実現させるための仕

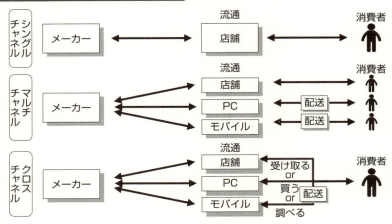

図表7-5 シングルチャネルからの変化

組みである。オムニチャネルを利用する消費者は、購買行動のあらゆる**タッチポイント**（顧客接点）において思いどおりの買い物体験を求めており、その購買体験価値をいかに高められるかが、オムニチャネルの本質的なテーマである（**図表7-6**参照）。ケースで見た資生堂のワタシプラスは、専門店への送客を促している点でウェブルーミングといえるが、顧客は単に情報収集をするだけでなくカウンセリングを受けられるなど、多様なタッチポイント作りを意図した仕組みとなっている。

◉──── **オムニチャネル実現のための条件**

オムニチャネルは、多くの消費者がネットと実店舗を含めた複数の買い物への入り口を自由に持てる時代において、企業を競争優位に導いてくれる強力な武器であり、重要な戦略である。競争優位を生むオムニチャネルを実現するには、3つの条件がある。

❶ **在庫の一元管理**

オムニチャネルでは、顧客の望む場所に必要とするタイミングで商品を届けることが重要になる。例えば、買い物に出かける時間がなくネットショップで注文したが、すぐに必要だから近所の店舗で受け取りたいという顧客がいた場合、顧客が取りに行ける店舗に在庫があれば、それを利用するのが最も効率的な方法だ。近所の店舗に在庫がなくても、同じエリア内の店舗にある在庫を利用したり、物流センターから近所の店舗に届ける方法もある。

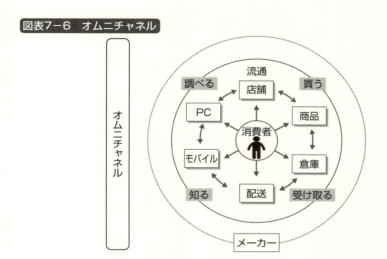

図表7-6 オムニチャネル

こうした対応を可能にするには、各店舗の在庫情報を一元管理し、それぞれの量と位置情報をほぼリアルタイムで把握できている必要がある。

❷ 価格の統一

顧客が一貫性のある体験をするためには、価格の統一が必要だ。実店舗とネットショップで意図的に価格の差をつけているケースがある。ネット通販のほうが価格比較をされやすいので店頭価格よりも安くしているようだが、店舗間で価格がまちまちだと、オムニチャネルを展開する上では顧客にとってデメリットになる。例えば、スマートフォンで購入した商品の店頭受け取りをした際に、店頭価格のほうが安ければ、顧客は不満を感じるだろう。

❸ 店員教育

オムニチャネルの成功には、実店舗の魅力向上が不可欠だ。オムニチャネルの構築によって、顧客とのタッチポイントが増える。ウェブサイトでの商品情報、SNS、店舗での実物確認、購入、受け取り、配送状況の確認などのあらゆるタッチポイントにおいて、店員全員が顧客を待たせることなく商品やシステムの知識でサポートができる態勢を整えなければ、顧客の期待には応えられない。

● オムニチャネル構築のステップ

オムニチャネルを構築する際は、以下のステップを踏む必要がある。

❶ 購買行動プロセスにおけるすべてのタッチポイントとチャネルを洗い出す

チャネルにはコミュニケーションと販売の役割があるが、1つのタッチポイントが複数のチャネルと結び付いていることも考えられる。顧客が最初から最後までシームレスで一貫性のある経験をする上で、タッチポイントにおける顧客とのやりとりとチャネルとが密接にリンクしていることが重要である。より多くのタッチポイントとチャネルを構築すれば広範囲の顧客をカバーできるが、チャネルの複雑性が増すため、顧客カバレッジとチャネル構造のわかりやすさのバランスをとる必要がある。

❷ 最も重要なタッチポイントとチャネルを明確にする

顧客はそれぞれ異なる体験を通じて購入に至る。例えば、洋服を購入しようと考えている顧客がスマートフォンに出てきたバナー広告を見て、詳細情報を知ろうとウェブサイトを訪れ、店舗の在庫情報を確認する。そして実店舗に行き、試着して、購入を決めるかもしれない。あるいは、テレビ番組で見た服が欲しくなり、番組で紹介された店舗へ行き試着をした。サイズとデザインは気に入ったが、欲しい色の服がなかったため、アパレルメーカーのネット通販サイトへアクセスして購入を決めるかもしれない。このように、顧客体験のシナリオはたくさん考えられるため、オムニチャネルの設計は複雑になりがちだ。そこで、最も一般的な顧客体験にフォーカスして資源を集中させることが重要になる。

❸ 最も重要なタッチポイントとチャネルを統合する

本当の意味でオムニチャネルの顧客体験を提供するためには、どのチャネルであっても同じように最高の体験が得られるよう、チャネルを統合する必要がある。ここで一番の課題となるのは、部門間の壁を越えて協働することである。だが、社内であってもネット販売と店舗販売がライバル関係にある会社は少なくない。会社全体の売上げを伸ばすという意識の共有がなされていなければ、シームレスな顧客体験を実現させることは難しい。

オムニチャネルを通じて買い物の利便性を飛躍的に高めるためには、高度な物流システムを構築する必要があり、システム構築には時間も金もかかる。オムニチャネルマー

ケティングは、経営者が本腰を入れて、先頭に立ってとりかからなければ前に進まない課題であることを肝に銘じる必要がある。

第8章 ● コミュニケーション戦略

POINT

製品の価値を正しく伝え、購買につなげるためには、ターゲットとする顧客に、適切な情報を、適切な方法とタイミングで送らなくてはならない。加えて、激しい競争環境の中で顧客との良好な関係を築き、継続的な購買を促し、新たな顧客の獲得に繋げることも重要である。そのために、顧客の購買意思決定プロセスと近年のメディアの進化を踏まえながら、適切なコミュニケーション手段を組み合わせて用いることが不可欠になっている。

CASE

2007年6月に開設されたコカ・コーラパーク（以下、パーク）は、ピーク時の2013年には1300万人もの登録会員を有し、メーカー運営のウェブサイトとしてはトップクラスに成長した。メーカーサイトの成功例として各種メディアでも取り上げられて注目を集めた。

パークでは、キャンペーン情報やニュース、天気予報などのほか、ユーザーがサイト上のゲームで遊ぶとパークGというポイントがもらえ、貯まったポイントで懸賞に応募できるなど、充実したコンテンツでユーザーを引き寄せていた。パークは、ユーザーがコンテンツに触れると同時にコカ・コーラ社の製品ブランドにも触れるように設計され、各種キャンペーンの応募用プラットフォームとしての役割も果たしてきた。

しかし、会員数は2013年以降増加せず、特にパソコンからの利用者については減少傾向が続き、ピークから3年後の16年12月には閉鎖されることになった。

パーク閉鎖と前後して、コカ・コーラ社はSNSを活用した取り組みにおいて様々なチャレンジを行ってきた。

例えば、ツイッター上で同社製品に関してツイートしたユーザーに、直接返信する。思いもよらない返信に驚いたユーザーは、その"驚きの出来事"をリツイートという形で共有し、さらにそのフォロワーからも拡散される。コカ・コーラ側にとっては、個別のツイートを確認しながらの地道なやりとりではあるが、SNSの特性を活かしたコ

ミュニケーションの挑戦的な試みであった。

　近年では、ツイッターの投票システムを利用したクイズやくじが、多くの拡散を得て話題となった。ユーザーはファンタのアカウントをダウンロードし、特定のツイートをリツイートすることで、人気俳優がくじを引かせる動画を見ることができる。当選すると特定の商品をもらえるが、はずれを告げる動画が複数バージョン用意されていたことから、はずれることを楽しみに何度も応募するユーザーも多かった。結果的に、トータルで100万回を優に超えるリツイートがされたという。

　このほかにも、特定の日にツイッターであらかじめ指定されたツイートをすると、抽選の上、30分以内にコカ・コーラのクーポンが届くなど、リアルの場とSNSが融合した様々なイベントも実施した。ユーザーにブランドに触れてもらい、拡散される中で多くの人にファンになってもらう取り組みが、自社独自の媒体にSNSの利用も含めて展開されたのである。

　同社は2016年4月に、スマートフォンアプリCoke ON（以下、コークオン）をリリースした。コークオンは、専用のアプリをダウンロードしてもらい、専用自動販売機と連動させることで、15本購入につき1本無料で提供するサービスが中心である。ユーザーは飲料を1本購入するごとに、スタンプ1つが付与される。アプリ内の検索機能を使えば、近隣にある対応可能な自動販売機を簡単に地図検索できる。

　リリースから2年3ヵ月が経過した18年7月時点で、アプリダウンロード数は1000万件、対応自動販売機は26万台を突破するなど、順調に利用者を増やしながら利用環境を充実させている。

　コークオンの特徴は、オリンピックなどのイベントやニュースと連動させる形でドリンクチケットを配布するなど、デジタルとリアルがより連動しやすい点にある。全国に展開する自動販売機を利用することで、例えば、気温が35度を超えたエリアに限定してスポーツドリンクの無料チケットを発行するなど、地域に特化した施策をとることも可能だ。

　また、アプリのダウンロード数増に繋がるかどうかを検証することで、SNSの各媒体ごとにどのようなプロモーションが効果的か、バージョンを変えて効果測定を行えるなど、マーケティング施策の検討においても購買やそれにつながる利用者のアクションをより意識した活用が期待できる。

　コカ・コーラ社は現在、コークオンを軸にイベントやメディアとの連動を進めている。例えばリオオリンピックの際には、日本代表選手団が金メダルを獲得するたびに抽選でコカ・コーラがプレゼントされる企画を実施した。コカ・コーラのアカウントから投稿する「おめでとう」ツイートのリツイート数によって当選本数が決まる仕組みだ。

LINEでは、スタンプのプレゼントやドリンクチケットが当たるキャンペーンも行っている。そのほかにも、アプリと他社パートナーとの抽選企画でのコラボレーションなど、プロモーションにおける柔軟性の高さを見せている。

　また、テレビCMでは、職場の後輩にコークオンのダウンロードを勧められた男性が、その場では拒絶するも、後でこっそりとダウンロードし自動販売機の前でコークオンの利用を楽しむ姿を描写したコミカルなストーリーを展開するなど、アプリ利用の拡大に力を入れている。

　コカ・コーラ社が自社ウェブサイトのパークを閉鎖し、コークオンに注力した背景には、パークの利用者減少のほか、利益率の高いチャネルである自動販売機での販売額が減少したことがある。それら直接的な要因のほかにも、例えば若年層に顕著なモバイル活用スタイルや、ウェブサイトとアプリにおける消費者の関与度の違いなど、リアルを含めたプロモーション施策との連動性で、アプリのほうにより期待を持てたこともあるだろう。

　ターゲットのアクションにつながるコミュニケーションの媒体と手段は何か。同社は強みである資産を棚卸ししながらも、成功体験にとらわれず、SNSなどのコミュニケーション媒体の特性や、それを利用する消費者の行動変容を起点に考え続けている。

理論

　消費者ニーズに合致した製品を開発し、価格を決めて消費者がそれを購買できる状態にしたとしても、その製品の情報が効率的かつ効果的に消費者に伝わらなければ、製品は売れない。近年のITの急激な進化や消費者特性の変化、情報量の増加といった経営環境を意識した上で、ターゲット顧客の購買を促すために有効なコミュニケーション戦略を立案しなくてはならない。そのためには、コミュニケーション手段やメディア特性に関する理解が必須である。

　なお、コミュニケーション戦略は4PではPromotionと示されるが、これは本来、コミュニケーション手段の1つである**販売促進**（セールスプロモーション）を指す。本書では、情報伝達戦略という意味で**コミュニケーション戦略**という言葉を用いていく。

1● マーケティングにおけるコミュニケーションの役割

　マーケティングにおけるコミュニケーションとは、企業が提供する製品・サービスの情報を、それを必要としている潜在的な顧客に最適なタイミングと方法で伝え、製品・サービスの購買と顧客満足に結び付けることである。

どんなに良い製品を作り、魅力的な価格を設定し、入手しやすい流通経路を選択しても、消費者がその製品について知る機会がなければ購入してもらえない。また、製品について知る情報の内容や手段、そのタイミングが適切でなければ購入されないし、仮に購入されたとしても十分に満足してもらえない。つまり、マーケティング活動においてコミュニケーションは、最適な顧客に最適な価値を届けるための、最終的かつ最も重要な要素である。

ここで注意したいのは、マーケティングコミュニケーションにおいては、ある製品・サービスについての情報を消費者にただ知らせればよいというものではないことだ。同じ情報でも、受け取る相手や受け取り方によって意味は変化する。情報を「誰が、いつ、どのように」伝えるのか、すなわち情報の発信主体、発信するタイミング、そしてその伝達方法を十分に検討し、効果的に発信しなくてはならない。

また、eコマース、製品レビューサイト、SNSなどの発展により、消費者は企業からの一方的な情報だけではなく、コミュニケーションの主体者となった消費者が発信する情報からも影響を受けている。スマートフォンやタブレットなどのモバイル端末が「1日で最も触れるメディア」となり、消費者とのコミュニケーションのあり方には大きな変化が起きている。

なお、コミュニケーション戦略は、より広義の意味では、「(企業)組織が関わりを持つ様々なステークホルダー（利害関係者）との間に良好な関係を保ち、その事業展開に対して好ましいレピュテーション（評判・名声）を獲得することを目的としたあらゆるコミュニケーションを統合する戦略」のことを指す。

この場合のステークホルダーには、顧客や潜在顧客はもちろん、従業員や取引先とその家族、地域社会、株主などあらゆる意味で関わりを持つ者が含まれる。つまり、広義のコミュニケーション戦略は、企業の存続のために必要不可欠なものなのである。こうした広義のコミュニケーションと、それをコントロールするための枠組みや表現形式を**コーポレートコミュニケーション**と呼ぶ。

マーケティングにおけるコミュニケーションもコーポレートコミュニケーションの一部であり、コーポレートコミュニケーションの方針に沿って行われるべきものである。しかし、本書では主テーマであるマーケティングにおけるコミュニケーションを中心に解説する。

●── 消費者の購買意思決定プロセス・態度変容モデル

コミュニケーションは、その内容もさることながら、いつ伝えるかというタイミングが重要な意味を持つ。ある製品を全く知らない消費者に対して、その製品の特長を長々

と説明しても聞いてもらえない。反対に、その製品の購入を検討しており、機能やメンテナンスについて詳しく知りたいと考えている顧客に対して、製品名だけを連呼しては逆効果になる。

このように、消費者とコミュニケーションを行うタイミングを考える際には、その消費者が製品の購買までどの程度近づいているかを踏まえることが重要になる。これを考えるために使われるのが、**購買意思決定プロセス**と呼ばれるモデルである。

一般的な消費者がある製品のことを知ってからそれを店頭で購入するまでに至る心理的状態を説明するモデル（態度変容モデル）として、**AIDMA**の5段階モデルがよく知られている。これは、消費者はまず製品に注目（Attention）し、次に興味（Interest）を持ち、さらに欲求（Desire）を抱くようになって、記憶（Memory）して店舗に来て、ようやく実際の購買という行動（Action）に至るという考え方だ（4つ目のMは購買の動機を持つ「Motive」の略とされることもある）。Aを認知段階、IからMまでを感情段階、最後のAを行動段階と区別する。日本ではこのAIDMAモデルが有名だが、欧米ではMを除いた**AIDA**モデルが使われることが多い（**図表8-1**参照）。

ただし、このモデルには「消費者が今どの心理的ステップにいるのか、本人から聞かなければマーケティング担当者には知りようがない」という欠点がある。このため、マーケティングコミュニケーションの目標達成の評価と結び付けられるように、AMTULというモデルが使われることも多い。

AMTULは認知（Awareness）、記憶（Memory）、試用（Trial）、本格的使用（Usage）、ブランド固定（Loyalty）の略であり、それぞれのステップにリサーチによって定量的に把握可能な指標が割り当てられている（**図表8-2**参照）。これにより、コミュニケーション施策の効果を定量的に把握することができ、また、製品の購買前のみならず、購買後の顧客の心理状態についても段階を分けて見ることができる。顧客が単に購買したかどうかだけでなく、製品に満足し購買を継続してもらえるかどうかを明らかにできるという意味でも、優れたモデルであるといえよう。

このほかにも数多くのモデルが提唱されているが、重要なのは、消費者がある製品を認知してから購入するまでには一定の心理的なステップがあり、あるコミュニケーションがどのステップにいる消費者に向けたものかを、明確に意識しなければならないということだ。

◉── インターネットの普及による購買意思決定プロセスの進化

購買意思決定プロセスは、製品特性や流通チャネルの形態などによっても異なり、上記以外にも様々なものが提唱されている。特にインターネットの普及に伴う商流と消費

図表8-1 消費者の状態に応じたコミュニケーション目標

購買意思決定プロセス	消費者の状態	コミュニケーション目標
注目（Attention）	知らない	認知度向上
↓ 興味（Interest）	知っているが興味がない	製品に対する評価育成
↓ 欲求（Desire）	興味はあるが、欲しいとは思っていない	ニーズ喚起
↓ 行動（Action）	買う決心がつかない	購入意欲喚起

図表8-2 効果測定に用いる指標

AMTULの段階	定量化する指標
Awareness（認知させる）	再認知名率*
Memory（記憶させる）	再生知名率**
Trial（試験的に使う）	使用経験率
Usage（頻繁に使う）	主使用率
Loyalty（ブランドを決める）	今後の購買意向率

＊再認知名率：ブランド名を与えることにより、製品として認知できる
　　　　　　質問例「○○というブランドの製品を知っていますか？」
＊＊再生知名率：ブランド名を記憶しており、助けを借りずにブランド名を挙げられる
　　　　　　質問例「○○の製品カテゴリーでは、どのブランドが好きですか？」

出所：水口健次著『マーケティング戦略の実際』日本経済新聞社　1983年をもとにグロービス作成

者の購買行動の変化に合わせたモデルのうち、ここでは代表的なものを2つ紹介したい。

1つ目は**AISAS**だ。AIDMAモデルから欲求（Desire）と記憶（Memory）を省き、注目（Attention）、興味（Interest）、検索（Search）、行動（Action）、情報共有（Share）の各プロセスで構成したモデルである。2つの「S」が組み込まれていることがAISASの大きな特徴だ。

例えば、消費者がテレビ番組の美容家電特集を見て魅力的な新製品の存在を知り、グーグルで検索し、アマゾンや楽天のサイトで製品のスペックや価格、ユーザーのレビューを見て購入を決定し、購入後の満足体験をSNSで友人たちとシェアするといった具合だ。

2つ目は2011年にグーグルが発表した**ZMOT**だ。このモデルはP&Gが提唱した

図表8-3 ZMOT (Zero Moment of Truth) の概念

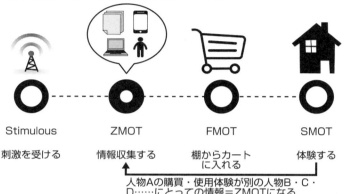

出所:グーグル社ウェブ公開資料

FMOT、つまりFirst Moment of Truth（最初の真実の瞬間）が下敷きとなっている。これは、「消費者は店舗に陳列された製品を目にした最初の3秒から7秒の間に購入を決定する」という考え方でマーケティングを行うべきだ、というコンセプトをキーワード化したものだ。

グーグルはこの考え方を発展させ、FMOTの前にZMOT：Zero Moment of Truth（ゼロ段階の真実の瞬間）という「インターネット上での情報収集」があることに着眼した新たなフレームワークを生み出した。

広告や友人との会話などから興味を持った商品をモバイルで検索し、eコマースサイト、レビューサイト、比較サイト、SNSから情報を得ることで購買の意思を固める（ZMOT）。その後、店舗や、場合によってはそのままeコマースで購入し（FMOT）、実際に製品を体験する（**SMOT**：Second Moment of Truth）ことを通じて製品への評価を固め、その評価をSNSやレビューサイトで共有することにより、別の新規顧客のZMOTにつながっていくというモデルである（**図表8-3**参照）。

AISAS、ZMOTのいずれも、消費者がインターネット上で情報収集することで購買の意思を固め、購買・使用体験を共有することで製品に関する情報が流通していくという点で共通している。企業は、インターネット上の情報量が加速度的に増し、かつモバイル端末により、いつでもどこでも情報を収集できる時代であることを念頭に置き、コミュニケーション戦略を構築する必要がある。

2● コミュニケーション手段

　消費者の状況を踏まえた上で、次に考えるべきは最適な伝達方法である。例えば、専門知識がそれほど重視されない家電などの分野において、ある新製品が従来品よりも使い勝手が良いという情報があったとする。それを、テレビCMによって知るのと、雑誌の評価記事で読むのと、クチコミサイトで情報を得るのとでは、どれが最も信頼できるだろうか。全く同じ内容の情報であっても、テレビ広告よりは雑誌記事のほうが、さらにはクチコミサイトのほうが、情報としての信頼性が高いと思う人が多いだろう。

　このように、情報の効果の度合いは、消費者が製品の購買に至るまでのステップのどこで情報を受け取るかだけでなく、その情報が誰によって、どのように伝えられたかによっても大きく変わってくる。現代の消費者の日常には、様々な経路から入ってくる情報があふれており、消費者は内容だけでなく、入手経路や伝達手段によっても情報を選別しているのだ。

　以下に、消費者とのコミュニケーションの際に企業が想定しうる情報伝達の手段（コミュニケーション手段）を**広告**、**販売促進**、**人的販売**、**パブリシティ**、**クチコミ**の5つに

図表8-4　コミュニケーション手法

手法	特性	具体的方法	役割（機能）
広告	広告主である企業負担で行う宣伝。発信者側の一方的なコミュニケーション手法。マス市場へのアプローチ	テレビ、ラジオ、新聞、雑誌、インターネット、看板	認知、情報提供、リマインド
販売促進	特定の興味、関心を持つ対象者への一方的なコミュニケーション手法	サンプル・クーポンの配布、値引き、実演販売、POP広告、流通チャネル対象の販売コンテスト	購買促進
人的販売	営業販売活動。顧客に直接対応する双方向のコミュニケーション	顧客訪問、製品説明、フェアやトレードショーでの顧客対応	購買促進、取引先の販売サポート、市場の声の吸い上げ
パブリシティ	マスコミなど第三者が商業的に意味のあるニュース（新製品情報など）を公の媒体に配信・報道する一方的なコミュニケーション。スポンサー企業の費用負担がない場合をいう	テレビ、新聞、雑誌、インターネット等のニュースや編集記事（新製品情報、製品評価など）。プレスリリース	信頼性の高い情報としての認知
クチコミ	消費者同士のネットワークによる双方向的なコミュニケーション	口頭、電話、電子メール、ホームページなどの掲示板	情報の信頼性の向上

分類して解説する（**図表8-4**参照）。

❶ 広告

　広告は、1〜3ページで説明するプル戦略の中心を成すものであり、メーカーが消費者に対して直接的にメッセージを流して購買意欲を喚起し、自社の製品を指名買いしてもらうことを狙うものである。広告は、消費者の購買意思決定プロセスの前半（特にAttentionの獲得）において大きな役割を果たす。また、生産財よりも消費財、専門品よりも最寄品のコミュニケーション戦略においてより重要な意味を持つ。

　広告はその性格上、後述するメディアミックス、特に「4マス」と呼ばれるマスメディアと重要な関係を持つ。

　なお、広告活動、特にマスメディアを利用する広告には、クリエイティブの作成や媒体の買い付けなど、極めて高い専門性が要求されるため、**広告代理店**の活用が欠かせない。広告主である企業は、代理店に対して、誰にどのようなポジショニングで売り込みたいのか、現在の認知度はどのレベルなのか、といった要望や現状認識を的確に伝える必要がある。代理店はそれをもとに、広告主の立てた仮説や要望を代理店の立場で検証した上で、広告活動の骨子となるメディアプランを提出する。広告主は、代理店の提案を十分に吟味し、精査して最終承認を行うことになる。

　また、近年の傾向としてインターネット広告の比率が高まっており、現時点でテレビ広告に次ぐ広告費が投じられている。

ブランデッド・エンターテインメント

　情報が氾濫し、消費者が触れるメディアが多様化する中、企業が消費者に伝えたいメッセージを上手く伝達し、意図どおりに印象付けることは難しくなっている。そこでエンターテインメントと広告を融合させ、ストーリー仕立てのコンテンツを作ってブランドや製品の価値を伝える手法、すなわち**ブランデッド・エンターテインメント**が多く見られるようになってきた。

　そのやり方としては、❶CM自体にエンターテインメント性を持たせるもの、❷自社のウェブサイトで動画を流すもの、❸映画やテレビ番組の中に製品を登場させるもの、などが代表的だろう。

　❶の手法の具体例としては、複数の携帯電話キャリアが、一貫性のある世界観のコミカルなCMを放映している。店頭のPOPや販促グッズと連携させて、長年にわたりシリーズ化して展開されている。

　❷の手法は、企業やブランドの世界観をメッセージ化した短編動画が、時には数

分間の長さで公開されるものである。ある程度の長さのものを制作できるので、ストーリー性を持たせて消費者に問題提起したり、心に訴えかけたりするものも多い。サントリーのC.C. Lemonのプロモーションでは、元プロテニスプレーヤーの松岡修造氏が100種類の名前を呼びながら応援メッセージを届ける動画が話題になり、自分や友人の名前が呼ばれる動画をSNSでシェアするといった現象も起きた。また、テレビCMの最後に「続きはウェブで公開」といったメッセージを流す手法は、❶と❷の連係版といえよう。

❸の手法は、**プロダクト・プレイスメント**と呼ばれるものである。映画の007シリーズに登場する自動車や腕時計が、ジェームズ・ボンド モデルとして売り出され、主演俳優が実際に腕時計の広告に登場することもある。また、近年はeコマースサイトで、サングラスやバッグなど様々な種類の製品が「ボンドが身に着けていたモデル」として紹介されるなど、チャネル独自の販売促進に派生する例も見られる。

日本では、家庭用ゲームソフトの販売にプロダクト・プレイスメントが活用されることも多い。例えば、スクウェアエニックスのファイナルファンタジー XVでは、ゲームの登場人物の体力回復アイテムとして日清食品のカップヌードルが採用され、CMやYouTube動画、パッケージや販売促進キャンペーンと連携して展開された。日本ではコンビニ利用が浸透しており、ゲーム画像が高精細化していることもあって、「ふと思いついたときに買いに行ける」最寄品にとって、ゲームは有効なメディアの1つといえるだろう。

今後、ブランデッド・エンターテインメントの手法がさらに発展していくと見込まれているが、活用に当たっては、何のために実施するのか目的を明らかにし、上位の経営戦略、マーケティング戦略との整合を図る必要がある。

❷ 販売促進（セールスプロモーション）

広告が消費者の意識下に累積的にイメージを浸透させていくアプローチなのに対し、販売促進は広告によって高まった消費者の関心を購買に直結させる意図を持ち、比較的即物的な面が強い。また、広告とは違って、流通業者に働きかけ、流通業者側がこれを受けて単独、あるいはメーカーと共同で消費者に購買をプッシュするものである。ただし、押し込み販売にならないように、特にブランド品の場合は、築き上げたブランドエクイティ（156ページ参照）を崩さないよう、細心の注意が必要である。

販売促進は、流通業者向けと消費者向けの2つに分かれる（**図表8-5**参照）。流通業者向けの販売促進は、卸売業者や小売業者へのインセンティブであり、消費者の目には触

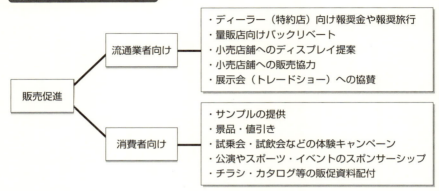

図表8-5　販売促進のツール

れないことが多い。一方、消費者向け販売促進は、主に流通業者を介して潜在顧客に試用を促したり、値引きや記念品などのおまけ（景品）を付けるといった手段を講じて購買意欲を喚起したりするものである。店頭でのディスプレイやプロモーション用パッケージ、カタログ（流通業者向け、消費者向け）の作成なども、目立たないが重要な販促業務の一環である。

　また、消費者向けの販売促進では、スマートフォンのアプリを活用したモバイルクーポンが近年浸透してきている。GPSやビーコンといった位置特定技術を活用し、消費者が店舗に近づいた際にクーポンを配信するやり方で集客と購買促進を試みる企業は増加しており、コンビニの店頭で受け取ったクーポンを飲食店チェーンで使用させるといった、異業種間でのコラボレーションの事例も生まれつつある。一方で、これらの施策では、事前にアプリをダウンロードさせ、位置情報の取得を消費者に了解してもらう必要があるなど、一定のハードルが存在する。また、多数のアプリが乱立している中で、消費者にとって優先順位の高い存在となるためには様々な工夫が必要になるだろう。

プッシュ戦略とプル戦略

　コミュニケーション戦略（さらには流通戦略）を語る際に、**プッシュ戦略**、**プル戦略**という言葉が使われることがある。

　プッシュ戦略は、メーカー（生産者）から流通業者を経て製品が消費者へ到達する過程において、流通チャネルに働きかける戦略である。メーカーは、卸など仲介業者に対して資金面の援助、製品の説明、販売方法の指導、販売意欲の喚起（リベートなど）などの販売促進策をとり、それを受けて卸売業者が小売業者に働きかけ

ることによって、最終的に小売業者が消費者に対して製品・サービスの優秀さを説き、購買を促すという構造をとる。このように、プッシュ戦略では、並行して流通戦略も考えていくことになる。

　プル戦略は、広告や消費者向け販売促進などによって、メーカーが消費者に対して直接的に働きかけ、消費者にそのメーカーの製品を指名買いしてもらうことを狙うものである。

　なお、インターネットの検索連動型広告と同様に、グーグルやヤフーのキーワード検索で上位に表示されるように対策を講じる**SEO**（Search Engine Optimization：検索エンジン最適化）もプル戦略の1つといえる。

　プッシュ戦略とプル戦略はトレードオフの関係にあるわけではなく、互いをサポートしあうものである。プッシュ戦略重視だからといって広告活動などを一切行わなければ、いくら有利な取引条件を示しても小売店はその企業の製品を積極的に取り扱おうとしないだろう。反対に、いくら広告に資金投下して製品の人気をあおっても、販促のサポートを怠れば、小売店はより好条件で、販促や営業活動に熱心な他メーカーの製品を優先して消費者に薦めるだろう。

　また、モバイルのアプリなどプッシュ戦略・プル戦略の垣根のない施策も生まれつつある。例えば、章頭のケースのコークオンは、重要なチャネルの1つである自動販売機を通じて消費者に直接働きかけている点ではプッシュ戦略であり、同時にアプリを通じてコカ・コーラ社の製品やブランドを訴求している点ではプル戦略で

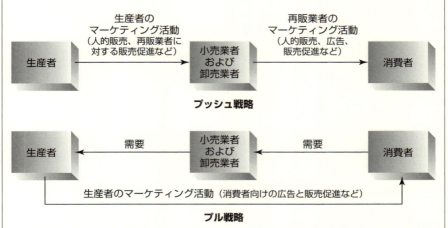

出所：P. コトラー、G. アームストロング、恩藏直人『コトラー、アームストロング、恩藏のマーケティング原理』丸善出版 2014年

> もある。
>   なお、同じ業界の企業でも、製品特性やチャネル事情、市場の成熟度、競合状況、自社の強みや弱みなどの違いにより、プッシュ戦略とプル戦略の最適な組み合わせは異なる。例えば、かつての松下電器（現パナソニック）は、全国数万店に及ぶ系列販売店のチャネルパワーを活かしたプッシュ戦略を伝統的に重視してきた。一方、ソニーは、製品の技術的な優位性を背景としたプル戦略に重点を置いてきた。また、同じ企業であっても、ターゲットとする顧客層が違えば、当然ながらプッシュとプルの組み合わせも異なってくる。

❸ 人的販売

　営業担当者や販売員による、いわゆる営業販売活動のことである。担当者は顧客に直接コンタクトし、製品の特長や使用方法の説明などを通じて、双方向のコミュニケーションを行う。こうした活動は、競合製品に関する情報を得たり、自社製品についての顧客の不満や要望を把握したりする機会ともなる。インターネットの普及や製品経験の蓄積などにより目の肥えた顧客が増えているため、以前のように広告を主体とした一方的な情報提供ではなく、双方向のやりとりを通して、顧客の生の声や使用実態などを正しく把握することが不可欠になっている。また、SNSやレビューサイトなどに人的販売の評判が書き込まれることも少なくない。

　したがって、営業担当者に求められるのは、単に製品を売り込むことではない。取引先がスムーズに製品を販売できるように手助けをしたり、市場の声を関係部門に迅速にフィードバックするなど、常に企業・ブランドを代表する立場として顧客とのコミュニケーションに努めることも重要な役割である。そのために、製品知識の習得のみならず、顧客の抱えている問題を特定し、その解決策を提供するためのスキルやコミュニケーション力などを磨くことも必要である。

❹ パブリシティ（広報）

　パブリシティはしばしば広告と混同されるが、本来は全く別のものである。広告は当事者である企業が費用を負担して情報を流すが、パブリシティはその企業や製品についてテレビや新聞、雑誌など第三者であるメディアが、ニュースや記事として取り上げることで情報が流れる。

　パブリシティ対応が上手く行われていると、企業にとって好ましいイメージや新製品情報をメディアに流してもらえる。しかも、公的な立場で報道されるので、信頼性の高い情報として消費者や取引先に受け止められる。また、公開が不要な情報や秘匿すべき

情報も、広報などパブリシティを管理する部門がしっかりしていれば、流出を防ぐことができる。これは、リスクマネジメントの点からも重要である。

効果的なパブリシティには、広報担当者や役員と記者との友好関係がものをいう。また、常日頃から記者の関心を知り、それに合わせた情報発信を心がけることも必要だ。（対価を支払う）記事広告を別にすれば、メディアは自分の関心のあるものや、社会の利益になるものにしか興味を示さないからである。

❺ クチコミ

クチコミとは、消費者間で情報が伝達されることである。消費者は企業からの一方的な情報提供よりも、親しい人からの情報のほうが信頼できると感じることから、クチコミは消費者の購買行動に大きな影響を及ぼす。特に、高額もしくは無形の商品の場合、クチコミによって購買を思いとどまるという、マイナスの効果を引き出すこともある。

クチコミによって肯定的な情報が広まれば、企業は新規顧客を獲得しやすくなる。例えば、美容器具を販売するリュミエリーナのヘアドライヤー・ヘアアイロンは、その良い評判が美容師や顧客のクチコミによって広がり、高付加価値商品として人気を博すことになった。

クチコミは、対面によるものだけではない。インターネットが地域や世代の垣根を越えて普及し、eコマースやレビューサイト、さらにSNSなど、ウェブを介した情報の広がりの重要性が急速に増している。

ウェブにおけるクチコミは、情報の発信者が受信者の知り合いである必要はない。その商品領域でのオピニオンリーダーとされる人物からの発信であったり、信頼できるサイトに多数寄せられた具体的なコメントであれば、その情報に触れた人がさらにそれを拡散することも多い。

当然ながら、クチコミは企業がコントロールすることは難しいが、きっかけとなるエンターテインメントやニュースを提供するなど、意図的な取り組みが行われることもある。こういった施策を、**バズマーケティング**と呼ぶ。例えば、赤城乳業のガリガリ君は、定番のアイスキャンディーのみならず、消費者を驚かせるエンターテインメント性を盛り込んだ、期間限定の変わり種商品を数多く展開している。なかでもコーンポタージュ味はニュース記事でも取り上げられ、SNSでも話題になり、「レンジで温めて飲むと美味しい」といった想定外の食べ方が広がる、といった大きなプロモーション効果が得られた。

なお、クチコミを活かした取り組みの中でも、SNSやブログによる伝播を強く意識したツールを整備したものを、**バイラルマーケティング**と言うこともある。

3● コミュニケーションメディア（伝達経路）

　あらゆるコミュニケーション手段は、**メディア**（伝達経路）を経て実行される。ここではメディアを、マスメディア、OOHメディア、流通チャネル、ダイレクトメディア、インターネット広告、ソーシャルメディアの6種類に大きく分け、それぞれの特徴や活用方法について解説する。マーケティング担当者は、それぞれのメディアの長所と限界を理解した上で、目的に応じて適切なメディアミックスを考えなくてはならない（**図表8-6**参照）。

　消費者は日常的にこれらの複数のメディアに接し、様々な情報をやりとりしている。特に近年大きく変化してきているのは、消費者が発信する情報が増えたことと、全体としての情報量も増えたことだ。

　企業は、売り手の視点だけでメディア戦略を考えるのではなく、ターゲット顧客が常日頃どのようなメディアに接し、どのような情報を、どんな方法で得ているのかを意識しなくてはならない。

❶ マスメディア

　テレビや新聞など、数十万から数百万人単位の視聴者や読者に向けて均一の情報を一方的に配信するメディアを、マスコミュニケーションメディア（マスコミ）、または単にマスメディアと呼ぶ。一般にマスメディアはテレビ、ラジオ、新聞、雑誌の4つを指し、俗に「4マス」と呼ばれる。

●テレビ

　マス媒体のうち最も広範に訴求可能なのがテレビである。テレビは映像と音声のセットで情報を伝達するため、短時間でも強く消費者の感覚に訴えることができ、製品の認知やイメージ形成においてインパクトの大きなコミュニケーションが可能である。昼間のドラマは主婦、深夜番組は若者というように、時間帯や番組の性格によって視聴する消費者は多少異なるものの、総じて広範な属性の消費者に情報を伝達できるのが大きな特徴である。

　テレビCMは、タイムCM（番組提供CM）とスポットCMに二分される。タイムCMはどの番組で放送されるかが決まっており、製品のCMが流されるのみならず、提供スポンサーとして企業・ブランド名が紹介される。番組の視聴者層に合わせてメッセージを届けられるという利点がある。一方、スポットCMはテレビ局が設定したタイミングで放送されるものであり、コントロールが難しいものの、比較的低い広告料で済むことと、

図表8-6 メディアの特性

メディア	媒体	メリット	デメリット
マスメディア	テレビ	・視覚や聴覚などの人間の感覚に訴えかけることが多い ・(他と比べて) 視聴者が多い ・注目度が高い	・コストが高い ・多くの情報を伝達しにくい
	ラジオ	・地域、デモグラフィック、ライフスタイルによるセグメンテーションが可能	・視覚に訴えられない ・聴取者数が少ない
	新聞	・媒体としての信頼性が高い ・地域によるセグメンテーションが可能 ・雑誌と比べて多くの読者を持つ ・原稿の締切りから掲載までの時間が短く、タイムリーな広告が可能	・1日で媒体価値を失う ・回読率が低い ・雑誌と比べて紙質が悪く、色の再現性に劣る ・デモグラフィックによるセグメンテーションが難しい
	雑誌	・デモグラフィックやライフスタイルによるセグメンテーションが可能 ・長期間媒体価値を保つ ・色の再現性に優れている ・回読率が高い	・広告原稿の締切りから掲載までに時間がかかる ・新聞と比べて読者は少ない ・掲載ページの指定が難しい
OOHメディア		・地域によるセグメンテーションが可能 ・大きなスペースを使用できる ・行動動線上に設定されるため、再接触率が高い ・デジタルサイネージの利用により、強く視覚に訴えることができる	・デモグラフィックやライフスタイルによるセグメンテーションが難しい ・短時間に何度も内容を差し替えることが難しい
流通チャネル		・購買の場面で影響力を行使できる ・現物とコミュニケーションの組み合わせが可能	・チャネルごとに対応がばらつきやすい ・チャネルのコントロールが難しい
ダイレクトメディア		・1対1の深いコミュニケーションが可能 ・購買意思決定プロセスの後半で有効	・個人情報の取り扱いに注意が必要 ・コスト効率が必ずしも良くない
インターネット広告		・情報の更新が容易 ・広告効果を測りやすい ・モバイル対応することにより、生活動線上で刺激を与えられる ・顧客参加型の取り組みがしやすい	・情報が多すぎて、埋もれてしまう危険性がある
ソーシャルメディア		・情報の拡散性が高い ・SNSごとの特性に応じた使い分けが可能 ・インターネット広告を組み込むことができる ・1対多でも1対1でもコミュニケーションが可能 ・双方向のやりとりが可能	・誰もが情報発信者となれるため、企業側の情報コントロールが難しい ・発信される情報の信頼性の判断が難しい

幅広い消費者層に認知を広げるという点でのメリットもある。

なお、近年HDDビデオレコーダーなど高画質・高機能な録画機器が普及して、テレビ番組を録画して都合の良い時間に視聴するタイムシフト視聴が大きく伸びている。CMスキップが容易であることがテレビ局を悩ませているが、視聴者の目線で「観たい」CMを生み出すことが解決策の1つだといえるだろう。

急速に成長するSVOD市場

　テレビはテレビ番組を視聴するための機器である、という常識が変わりつつある。最近、テレビで視聴されるメディアで注目されているのが**SVOD**（Subscription Video On Demand）だ。レンタルビデオの代替手段に位置付けられる**VOD**（Video On Demand）の中の1つだが、比較的手頃な定額料金で数多くのコンテンツを視聴できるサービスである（一定割合のコンテンツは、個別課金によって提供される場合も多い）。

　日本国内でのSVODは、携帯電話での番組配信を含めてチャレンジが重ねられてきたものの、「テレビ番組は無料で視聴するもの」という常識や、視聴のために特別な機器を必要とするなどのハードルにより、大きな盛り上がりを見せるまでには至らなかった。しかし2018年現在、ネットフリックス（Netflix）とアマゾンが、市場の起爆剤となりつつある。

　ネットフリックスは、アメリカ国内で会員数を大幅に増やし、海外進出にも力を入れている。日本を含めた各国のテレビのリモコンに「Netflix」のボタンを付けさせるなど、視聴者が通常のテレビ番組とビデオのシームレスな体験をできるようにする施策が打たれている。それができたのは、家庭のテレビをインターネットと繋げて様々なサービス提供を行いたいテレビメーカーと、急激に成長するネットフリックスの拡大志向がマッチしたからだ。一方のアマゾンは、配送無料等の特典のあるプライム会員に対し、特段の追加料金なくSVODを利用できるようにしたことのインパクトが大きい。

　また、ネットフリックスとアマゾンのいずれも、オリジナル番組の制作に力を入れている。スポンサー企業の意向を気にすることなく番組を制作でき、途中のCMで視聴体験が分断されないことから、テレビ番組や映画に勝るとも劣らないクオリティを実現しているものも多い。

　SVODを使ったプロモーションとしては、オリジナル制作のドラマにおけるプロダクト・プレイスメントが主流の1つになっている。作品の登場人物が使用する携帯電話や腕時計、好みの食品などに特定の製品を使ってもらう手法で、ドラマのストーリーを損ねることなく、あえて主人公の人物像やストーリーに溶け込ませることで、話題作りが意図されている。

●**ラジオ**

　ラジオは、テレビに比べれば広告コストが低いメディアであるが、訴求対象の消費者はかなり限定される。昼間の時間帯は車のドライバーが、夜間は中高校生や高齢者が主

な聴取者である。また、地理的な範囲もテレビに比べて局地的にとどまるものが多い。最近ではラジオをマスメディアではなく、ターゲットメディア（伝達対象を絞り込んだメディア）と考えるマーケティング担当者も多い。

　ラジオのコミュニケーションは聴覚を通じてのみであり、映像を伝えられない。また、ドライバーは運転しながら聞くので注意して耳を傾けているわけではなく、伝達できる情報には限りがある。だがその分、広告コストは大幅に抑えられる。聴取者の想像力をかき立てることで、テレビとは異なるインパクトをもたらすことも可能だ。

●新聞

　新聞は、一定地域内の成人のカバー率が高く、テレビと並んで広範な情報伝達を目的としたマスメディアの代表とされる。また、3大紙（朝日・読売・毎日）や日本経済新聞など大手紙の広告コストは高価だが、活字や図版だけで広告を制作することができ、テレビに比べて入稿から掲載までのリードタイムが短くて済むため、スピードが必要でかつテレビの15秒には収まりきらない量の情報を告知する、といったコミュニケーションに向いている。

　ただし近年は、インターネットの普及に押されて読者が中高年以上の層に偏りつつあり、特に大都市圏においては世帯購読率も減少していることなどから、以前ほどの網羅性はなくなりつつある。

●雑誌

　雑誌は様々な種類があり、人口動態や価値観、ライフスタイルなど様々な属性の読者層を抱える。1つの雑誌の読者数は多くても数十万人、時には数千人の規模に絞り込まれており、読者の嗜好の細分化は今後も進んでいくと思われる。

　したがって、製品・サービスに興味があるかどうかもわからない広範な消費者に、一斉に情報を伝達するという目的には向いていないが、ターゲット顧客層やその価値観が明確にわかっている場合には、その顧客層と一致する読者を抱える雑誌を使えば、効率的なコミュニケーションを行える可能性が高い。このため、ラジオと同様、雑誌もマスメディアというよりは、ターゲットメディアの特徴をより多く持つとされる。また、顧客層に合わせたイベントとのタイアップもしやすいメディアである。広告コストもテレビや新聞に比べれば安価である。

❷ OOH（アウト・オブ・ホーム）メディア

　屋外には、様々な場所に顧客とのコミュニケーションの機会がある。道路脇の立て看

板、駅構内の看板や電光掲示板、ポスター、電車内の吊り広告や窓のステッカー、アドバルーン、タクシーの車内チラシ、バスの車体ディスプレイ、ビルの壁面や電柱に取り付けられている看板などがこれに含まれる。主に利用客の多い公共交通機関とその関連施設がメディアとして利用されることから、**交通広告**と呼ばれることもある。本書では交通広告とそれ以外の**屋外広告**を合わせて、**OOH（アウト・オブ・ホーム）メディア**と呼ぶことにする。

　OOHメディアは、マスメディアを見ない消費者とも広範にコミュニケーションが行える上、イベントや場所の選択によってはライフスタイルや職業などの属性によってターゲット層を絞り込んで、クチコミなどとのシナジーで高い効果を上げられるメリットもある。例えば大学キャンパスの最寄り駅での広告展開は、学生の注目を集めて話題作りの効果が見込める。また、地下鉄車内の吊り広告など、一定時間を無為に過ごす人が多い場所では、かなり詳細な内容でも読んでもらえることが多い。

　一方、特定ターゲット層に対する明確な効果のある場所とそうでない場所では、広告コストには極端な差が生じる。東京・銀座の目抜き通りのビル壁面に大看板を出すには数億円がかかるが、都市郊外の駅貼りポスターには月単位で数万円しかかからない。

　新たな手段として注目されているのが、**デジタルサイネージ**（電子看板）だ。表示と通信にデジタル技術を使ったデジタルサイネージは、技術の進化によるコスト低下を背景に飛躍的に普及している。この技術は、高画質な映像によりメッセージを強く印象付けることができるという効果性に加えて、時間や天候、近隣のイベント開催状況に合わせてターゲットをより細かく定義した情報提供が可能となり、24時間表示が変わらない広告と比較して費用対効果が高いといわれている。また、通行人が持つモバイル機器との連携によるインタラクティブ性を活用するケースも生まれ、今後の発展性が期待されている。

❸ 流通チャネル

　消費者が製品・サービスの情報に最も強い関心を持つのは、当然ながらそれを購買する瞬間である。その意味で、販売を担当する流通チャネルは、実は最も重要なコミュニケーションのためのメディアでもある。

　流通チャネルで重要なのは、もちろん販売員による人的販売であるが、店頭に展示された商品に添えられる**POP広告**やパネルなども非常に重要な役割を果たす。実際、スーパーマーケットなどの売り場で、POP広告を見て購入を決める人は多いはずだ。商品の特徴を魅力的に伝えながら書体やレイアウトなどに工夫を凝らし、多くの人の目を引き付けるのが優れたPOP広告の条件である。

前述のデジタルサイネージ技術の進化もあり、それを積極的にPOPに活用する動きも先駆的な流通業者で見られる。

❹ ダイレクトメディア
マスメディア、OOHメディア、流通チャネルがいずれも不特定多数の消費者に向けたコミュニケーションの経路であるのに対して、手紙や電話、メールやモバイルクーポンなどで特定の個人に直接発信するコミュニケーション経路のことを、**ダイレクトメディア**という。

ダイレクトメディアを使ったコミュニケーションは、相手に合わせて調整できるので、交渉に必要な情報を引き出す、面会のアポイントを取り付ける、購買の契約を結ぶ、といった具体的なアクションへ誘導するのに非常に効果的である。また、全国(場合によっては全世界)どこにいてもコミュニケーションをとれるので、地理的条件による制約が非常に少ないというメリットもある。

しかし、相手が自社のことを何も知らなければ、直接コミュニケーションをとろうとしても、無視されたり、警戒されたりして、会社のイメージダウンを招くおそれがある。あるいは「不正な方法で連絡先を入手したのではないか」と疑われ、個人情報の不正利用で訴えられることもある。

メールを使った広告にしても、事前の同意なく広告・宣伝メールを送信することを禁じるオプトイン規制が導入され、迷惑メールを排除する動きが強まっている。既に評判が確立したメルマガに載せてもらうなどの工夫をしない限り、費用対効果は高まらない。

製品・サービスを広く認知してもらう、良いイメージを持ってもらうといった初期段階のマーケティングコミュニケーションにダイレクトメディアを使う場合には、特に連絡方法やメッセージ内容を工夫する必要がある。

❺ インターネット広告
あらゆるメディアがインターネットにつながっているインターネットメディア全盛の時代となり、その潮流は今後も変わらないであろう。そこで、インターネットメディアのうち、近年特に進化が著しい**インターネット広告**について概観しておこう。なお、インターネット広告は様々な切り口で分類され、定まった分類があるわけではない。本書では実務的観点から、広告の手段に着目して分類した。

● 検索連動型広告
何かを調べたい、ある商品の購入を検討したい、といったとき、ウェブ上の検索エン

ジンを使って調べることが多いだろう。しかし、インターネット上には多種多様な情報があふれており、お目当ての情報にたどり着くのも大変だ。そこで、検索してすぐに出てくる情報ほど読まれる頻度が高くなる。そこに着目し、検索エンジンのキーワード検索において、できるだけ上位に表示されるようSEO（検索エンジン最適化）対策に注力する企業は多い。

検索連動型広告は、キーワード検索の結果と同じ画面に、同じ体裁で表示される形の広告である。「広告」と明記することで検索結果との違いを示しているが、消費者はそのキーワードに関する情報を求めて検索しているので、広告内容がフィットすれば閲覧され、購買行動につながりやすい。また、情報がクリックされることで広告費が発生する仕組みになっており、比較的低額で実施できる広告の1つである。ただし、連動するキーワードの人気とその数によって費用は大きく変動し、同一のキーワードに複数の入札がある場合には、入札価格や広告の品質によって表示位置が変わる。

なお、検索連動型広告は、**リスティング広告**と呼ばれることも多い。しかし、リスティング広告という用語は、次項のディスプレイ広告も含む広い概念としても使われるので注意を要する。

● ディスプレイ広告

ディスプレイ広告は、ウェブサイトやアプリ上の広告枠に、テキスト・画像・動画の形式で表示される広告である。長方形や正方形で表示されるバナー広告は、ディスプレイ広告の代表例だ。なお、モバイルのアプリにおいては、アプリの起動時やリセット時に表示されるものと、アプリの操作画面に常時表示されるものがある。

消費者が関心を持つキーワードに連動させる検索連動型広告が、顕在顧客や既存顧客をターゲットにしたものであるのに対し、ディスプレイ広告では潜在顧客を中心に、幅広いターゲットに対して認知や興味喚起を狙う場合が多い。

また、自社のウェブサイトを訪れた消費者を把握し、その消費者に限定して他のサイト上にも自社広告を表示するのもディスプレイ広告の1つであり、これを**リターゲティング広告**、または**リマーケティング広告**と呼ぶ。

さらに、近年はモバイルのアプリと連携し、ウェブ上の行動のみならず来店や購買といった行動も加味して消費者を把握し、その人の興味に合ったものを「おすすめ」する広告も可能になっている。こちらは、ネット上とリアルの場、双方の行動に基づくという意味で、**行動ターゲティング広告**と呼ばれている。

ITの進化により、きめ細かく消費者にアプローチできるようになりつつある一方で、このように消費者を追跡し続けることに反発して、**ストーカー広告**と非難する声もある

ことから、これを利用する企業としては、消費者の立場に配慮した丁寧な運用が大事になる。

●動画広告

動画広告とは、動画と音声を使ったディスプレイ広告の一種であり、YouTubeで表示されるものが代表例である。当然ながら、テキストや画像のみの広告よりインパクトは強く、情報を理解しやすい特徴があり、SNSを通じて拡散するケースも増えてきている。

動画コンテンツの前後や途中に再生されるものを**インストリーム広告**、ウェブサイトをスクロールし、広告領域が画面に現れると再生される**インリード広告**などの表示形式がある。

動画を活用する点ではテレビCMも同様だが、広告展開の開始・終了を比較的柔軟に決められる、よりきめ細かなターゲット設定で認知と興味喚起が可能である、データによる効果検証を行いやすい、といったメリットがある。また、視聴者の判断で動画表示をスキップすることも可能であり、一定時間内で視聴が終了した場合は広告費がかからないといった特徴もある。

以上から、動画広告は今後もさらに発展していくことが予想される。ただし、動画制作には一定の時間とコストを要し、商品やブランドのイメージを良くも悪くも印象深く伝える特性があることを踏まえて、丁寧な企画と運用を行う必要がある。

●メール広告

メール広告はeメールの中で表示される広告であり、メールマガジンやメールニュースの中の一部を活用する**メールマガジン型広告**と、開封されたメールすべてが広告である**ダイレクトメール型広告**に分かれる。

メール広告は開封されなければ広告効果がほとんどないため、タイトルやプレビュー画面に表示される内容を工夫し、いかにして「開封したくなる」ようにできるかが成否を分ける。また、すべての顧客リストに配信する場合もあるが、いくつかの軸でターゲット層を定めて送信する場合には、ターゲット選定とタイトル・配信内容の精緻な連動が重要になる。

●ネイティブ広告

雑誌などの媒体で、記事に近い形で製品を紹介する記事広告は昔からあった。**ネイティブ広告**は記事広告をさらに発展させたもので、「広告」と明記しながらも製品の紹

介にとどまらずに、読み手の関心事に寄り添った情報提供をメディアのフォーマットになじませる形で行うものである。

　また、SNSやブログ、選別した情報を伝えるキュレーションメディアにおいて、その内容に溶け込むように表示される広告は**インフィード広告**と呼ばれ、ネイティブ広告の1つとされる。

　ネイティブ広告は、自社のブランドに合う形で顕在・潜在顧客に有益な情報を提供することに主眼を置くので、消費者に自然に閲覧され、好意的な反応が起こることも多い。一方、ターゲット層に効果的にメッセージを届ける企画を実現するには、それなりにコストと時間を要する。また、ネイティブ広告の形をとっても「企業の利益のためのアピール」と捉えられれば、結果的にマイナスイメージにつながることにも注意しなければならない。

❻ ソーシャルメディア

　ソーシャルメディアという言葉は本来、インターネット上で個人間のコミュニケーションができるブログやクチコミサイトを含めたキーワードであるが、近年、**ソーシャル・ネットワーキング・サービス**（SNS）全般を指す言葉として使用されることが多い。したがって、ここではSNSを前提に解説する。

　SNSのメディアとしての特徴は、PCやモバイルを介して個人同士がオンラインでつながり、簡単にコミュニケーションを行えることにある。しかも、コミュニケーションの相手は1対1のほかに、特定のグループ内、全ユーザーなど自由度があり、登録されたプロフィールによりユーザーの属性がある程度特定できるので、広告を配信するメディアとして活用できる。SNSへの企業のアプローチとしては、自社のアカウントを作ってユーザーとつながり、情報の提供、顧客の声の収集、広告配信やクーポン配布などの販売促進を行うことが挙げられる。いずれも「素早く情報が拡散する」というSNSの特徴を踏まえた施策であることが多い。

　2018年時点では、フェイスブック、インスタグラム、ツイッター、そして日本国内においてはLINEが、代表的なSNSとして挙げられる。

　フェイスブックは20代以上の幅広い年齢層を獲得しているSNSであり、実名登録を前提としているため、実際に知っている友達同士のつながりが基本となる。ユーザーが登録している多種多様な情報により、細かなターゲティングを踏まえた広告がしやすいという特徴がある。フェイスブックの利用者数は世界中で年々増え続けており、2018年時点では20億人を超えている。

　インスタグラムは、写真・動画を豊富な加工機能とともにユーザー同士で共有できる

SNSである。フェイスブックと同様のターゲティング運用が可能なメディアで、これまでは比較的若いユーザー層が多かったが、近年は40代の利用も増えている。写真・動画主体といった特徴から、ファッションなど流行性の強い領域や飲食業界との親和性が高く、いわゆる「インスタ映え」による情報拡散を狙った製品戦略や店舗展開に使われることも多い。

　ツイッターは、「ツイート」と呼ばれる短文のメッセージを投稿したり、気になる投稿者をフォローしてその投稿を拡散したりするSNSである。匿名で作成されたアカウントが多いこともあり、直接には面識がないユーザーを気軽にフォローする傾向にある。ユーザーの情報が限られているため、フェイスブックのように登録情報に基づいたターゲティングは難しいが、ツイートに出てきたキーワードによってターゲティングを行い、幅広い顧客層の潜在ニーズを掘り起こすことに活用されている。

　LINEは日本国内において多くのユーザーに利用されているSNSで、メッセージのやりとりと無料のインターネット電話の機能が中心にある。また、無料や有料で配布される「スタンプ」が1つの特徴になっている。幅広い年齢層に活用されており、家族や友人グループなど、ある程度限定された関係性の中でメッセージのやりとりが行われることが多い。情報の拡散にはあまり向かないが、日常的に活用されるため、クーポン配信の費用対効果は大きい。

　なお、SNSはイベントと連動して活用されることも多い。例えば、フェイスブックやツイッターでイベント開催情報を拡散する、あるいはイベント参加の意思表示を「参加」ボタンで促し、かつ参加予定者数を把握する、などだ。例えば、東京ガールズコレクションは、インスタグラムとの連携を積極的に図っている。イベントに登場したタレント・モデルを、インスタグラムの画像（サムネイル）で一覧し、クリックすると当人がランウェイを颯爽と歩く姿とメッセージが動画で視聴できるようになっている。また、静止画では、投稿にある「#ブランド名」をクリックすると、そのブランドが提供している画像のみならず、チャネルやユーザーが投稿している写真・動画も一覧できる。

　SNSはそれぞれの特徴を生かしつつ弱点を補強する方法を模索し続けており、短期間で進化する傾向にある。したがって各ソーシャルメディアの特徴も変わるであろうし、その活用領域、活用形態は今後も変わっていくことだろう。

アドテクノロジーの進化

　市場の成熟化が進む中、企業は顧客との「つながり」の強化を重要視するようになった。しかし、スマホをはじめ消費者は様々なデジタル端末を持つようになり、

SNSなど情報を収集する環境も充実している。したがって、「情報をどのように取得するか」ということはもとより、「何とつながるか」についても、消費者側が主体的に選択できるようになっている。これまでは情報の発信側にいて、ある程度のコントロールができていた企業も、従来のアプローチを続けていては、「顧客とつながる」ことは難しい。

　そこで広告主たる企業や伝達媒体としてのメディアは、「ターゲット顧客に自社の情報をクリアに届けたいが、どうすれば最もダイレクトに効率良くアプローチできるか」といった課題に向き合ってきた。ITの進化は消費者の力を強めるだけでなく、企業が課題に向き合い、克服するための武器としても、その存在価値を強めている。

　例えば、企業のウェブサイトを訪れた消費者のブラウザに履歴を残す**Cookie**（クッキー）の技術がそうだ。Cookieとは、ウェブサーバーにアクセスしたときにサーバーから振られるIDのようなもので、2回目以降のアクセスが同一人物によるものかをICで判断する仕組みである。会員制のサイトへのアクセスにおいて、2回目以降はIDとパスワードの入力が省略されるのもこれによるものだ。この技術を活用することで、ネット上のユーザーを特定できるようになり、様々な行動が把握しやすくなった。

　さらに近年では、広告媒体をネットワークとして管理するアドネットワークと呼ばれるシステムや、個々のネットユーザーの属性や行動などの多様なデータを統合する**DMP**（データ・マネジメント・プラットフォーム）といったサポートシステムが登場したことで、自社のサーバーに蓄積された自社サイトの訪問履歴だけでなく、ネット上（社外）のウェブサーバーに蓄積されたデータと組み合わせて、消費者のネット上の行動を把握することも可能になっている。前述のCookieと自社の会員IDやSNSのIDを紐づけて認識するのも、DMPの機能の1つである。つまり、消費者・顧客に関するデータが膨大に、かつ安価に、素早く獲得、管理できるようになったのだ。これによって、企業はより精度の高いターゲティングが行え、最も効果の高いメディアとのマッチングも主体的に検討できるようになった。

　また、モバイルやウェアラブル端末の位置情報、センサーを利用した顔認識や感情認識の技術などにより、インターネット上の行動のみならず、リアルな場での行動も踏まえた最適なターゲティングとアプローチのやり方も検討されつつある。

　広告に関するテクノロジーは**アドテクノロジー**（アドテク）と呼ばれ、プロモーションやマーケティング戦略と切っても切れない関係にあるとの認識が浸透している。しかし、テクノロジーがすべての課題を解決するわけではない。自社がこれか

ら実現したいのは、「どのターゲットから、どんな認知を得る」ことなのか、「どういったアクションを起こしてもらう」ことなのか、そのために「どのような顧客接点作りとアプローチが必要なのか」といった広告の目的と課題を把握して施策をデザインする本質的なプロセスを実行することは、古今東西の別なくマーケティング担当者の重要な任務である。

◉ 3つのメディアを統合して運用するトリプルメディア

ここまで、様々な切り口でメディアについて解説してきたが、近年、これらの枠組みとは別に**トリプルメディア**という概念が広まってきている。トリプルメディアは、**ペイドメディア**（paid media）、**オウンドメディア**（owned media）、**アーンドメディア**（earned media）の3つで構成されるが、日本国内ではトリプルメディアの総称で使われることが多い（欧米ではそれぞれの頭文字を取ってPOE Mediaと呼ばれる）。当初はデジタルメディアだけを分類する概念だったが、今日ではデジタルを中心に据えながらも、現実に消費者と接触するイベントなどの場やメディアも含めて使われるようになりつつある。

ペイドメディアとは、文字どおり企業が「買う」メディアであり、広告全般やイベントへのスポンサーシップなどが該当する。オウンドメディアは自社が所有するメディアの意味であり、企業・ブランドのウェブサイトやECサイト、メールマガジン、そして近年ではSNS内の自社アカウントも含まれる。そしてアーンドメディアは、顧客を含めた消費者からの評判を獲得するメディアであり、ニュースサイトの記事や掲示板、ブログ・SNSへの投稿や反応（例えば、フェイスブックにおける「いいね！」）などだ。

かつての国内市場においては、プロモーションの中でも広告が中心に考えられ、ペイドメディア偏重だった。しかし、競争過多の環境下で消費者の強い認知を得ることが難しくなり、さらに、認知が上がっても購買に至らないといった課題が出てくる中で、他の2つのメディアに目が向けられるようになった。今日では、3つのメディアの連携の必要性を主張するトリプルメディアの概念が、マーケティングの中で大きな意味を持つようになっている（**図表8-7**参照）。

現在、消費者はモバイル端末やPCなどを通じて1日中インターネットにつながっている。例えば、通勤・通学時に電車内のOOHメディアを通じて新商品の発売を知り、気になればその場で詳細情報を得るために、ブランドのウェブサイトにアクセスする。まさにZMOT（127ページ参照）になるわけだ。そこで表示されるメッセージやコンテ

図表8−7　トリプルメディアの関係性

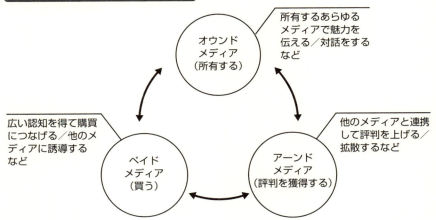

ンツが消費者の期待に応えるものでなければ、購買行動には至らないだろう。しかし、広告と自社サイトが適切に連携されていて、消費者の知りたい情報を正しく提供するだけでなく、購買行動を促すような刺激が与えられれば、結果は逆になる。さらには、そのときの印象や商品を購入して満足した体験が、SNSを通じて拡散していくといった好循環が起これば理想的である。

　章頭のケースで紹介したコカ・コーラ社は、オウンドメディアであるコークオンをトリプルメディアの中心に置きながら、そのすべてを活用している。ペットボトルのコカ・コーラのラベルを簡単にリボンの形にできるクリスマス仕様のパッケージや、大晦日の顧客を巻き込んだカウントダウン・イベントは、デジタルの枠組みを超えた一種のオウンドメディアといえる。また、こうしたキャンペーンやイベントの開催は主要なSNSで告知され、それに対する反応がネット上に拡散していく仕組みになっている。

　一方、コークオンの会員拡大にもSNSが利用されており、SNSを通じた紹介の場合には紹介者・被紹介者の双方にメリットがある。これらはオウンドメディアとアーンドメディアを連動させた試みだといえよう。そして、コークオン自体の認知はテレビCMなどの広告による浸透が進み、キャンペーンについては、消費者のマインドシェアが高まるように、テレビCMやSNSの動画を含めた広告でも大量に告知されることから、ペイドメディアの役割も大きい。

　トリプルメディアをうまく活用している企業としては、日清食品も該当する。同社は、製品開発力とともにユニークなプロモーション展開で知られる企業だが、最近、自社の

ECサイト限定で「日清焼そばU.F.O.ダム湯切りプレート」を発売した。カップ焼きそばの容器に熱湯を入れて、ダムの写真が印刷されたプレートを重ねて湯切りをすると、ダムの放流気分が味わえるというものだ。新聞やウェブ上のメディアの記事として扱われると同時にSNSでもその情報が拡散し、実際に購入した顧客がその体験を共有するといったシナリオである。この情報に触れ、「ほかにも面白い商品があるのか」と同社サイトにアクセスした消費者も多いことだろう。

　このように、かつては単体かつ一過性の話題にとどまっていたかもしれないユニーク商品も、トリプルメディアを意識した施策によって話題作りができ、プロモーションの効果を高めることにつながるのである。

　トリプルメディアは、自社がリスクを取ってメディアを育てることが必要である。また、多種多様な特性があり、ユーザーの活用形態も激しく変化するSNSを使い分けて互いの連携を図るなど、非常に難易度の高い取り組みが求められる。従来プロモーションの中心だった広告も、ペイドメディアとして今日的に発展させ、他のメディアと柔軟に連動させていくことが模索されている。これからどのような新しい成功モデルが生み出され、発展していくのかは、マーケティングに携わる者としては大きな関心事であり、重要な挑戦課題の1つであろう。

第2部
応用編

第9章 ● ブランド戦略

POINT

　消費者にとってブランドは選択の拠り所や使用・経験の満足を高める機能を果たし、企業にとっては競争優位や長期的な収益の基盤となりうる資産である。したがって、ブランド戦略は企業のアイデンティティや経営戦略と関連付けて考えるべき主要テーマである。強いブランドの構築は今や企業にとって不可避の課題であるが、一朝一夕に実現できるものではなく、長期的かつ戦略的な活動が求められる。

CASE

　日本マクドナルドは、2014年7月に明らかになった、中国の取引先工場で使用期限切れの鶏肉を使用していた問題、そして2015年1月の日本国内での異物混入問題と、生命線である食の不祥事を立て続けに起こしたことで、大きな損失を出すと同時にブランドイメージが失墜し、苦境に立たされた。

　しかし、これらの不祥事以前から、業績は悪化していた。マクドナルドHD（ホールディングス）の業績は、2011年度をピークに2期連続で減収減益となっていた。その遠因として、安売りによるブランドイメージの毀損が挙げられる。1998年の「半額キャンペーン」と、その後、2005年から戦略的に行ってきた「100円マック」は、当時こそ成功を収めたものの、安い商品イメージが強く印象付けられてしまい、「安かろう、悪かろう」と品質までも危惧される下地ができていたのだ。

　業績悪化への対応策も、必ずしも有効に機能しなかった。例えば、2012年に展開した「Enjoy！60秒サービス」は、会計終了後から商品提供までの時間を計測し、60秒を超えたらハンバーガー類と交換できる無料券を出すというキャンペーンだったが、インターネット上でバンズのずれたハンバーガーの写真が投稿され、「スピード重視で商品のつくりが雑になった」との声が相次いだ。

　そんな中で2013年にCEOに就任したサラ・カサノバ氏は、消費者の信頼とイメージを回復するため、価格、食の品質、サービス品質の3つの観点から新たな施策を打ち出した。

価格については、価格体系の再考やクーポン戦略の変更を含む全体的な価格政策の見直しを行った。例えば、バリューセットは、サイドメニューやドリンクの選択肢の拡大によって、1000通り以上の組み合わせが可能となった。

　次に、食の品質問題に関しては、鶏肉事件発覚直後に消費者からの意見や疑問に対応するQ&Aサイト「品質管理について、お話しします」を開設し、その後も動画を用いて情報開示する姿勢を消費者に示した。さらに、2014年10月には製造工場の監査体制強化と、サプライヤーとの品質コミュニケーションを深めるプログラムを導入するなど、品質管理システムの強化を図った。

　そしてブランドの信頼回復については、まず子供を持つ母親世代をターゲットに施策を立てた。マクドナルドに来る母親たちは、中学生や高校生の頃からマクドナルドが大好きで、放課後にマクドナルドを頻繁に利用していた層であり、母親になってからも子供連れで、あるいはママ友と店を訪れている。つまり、本来はブランドロイヤルティ（ブランドに対して愛着を持ち、積極的に継続して購入しようとする意志があること）が高い顧客なのだ。一般に、母親は家族や子供に変なものを食べさせたくないという心理から、食の品質への関心が高い。したがって、彼女たちが納得するレベルのものを提供すれば、食の品質についてのネガティブな印象を払拭して、ブランドイメージ回復につなげられると考えたのだ。2015年5月に始まった「ママズ・アイ・プロジェクト」は、カサノバ氏や役員たちが全国47都道府県を回り、母親たちとの意見交換会を開き、店舗と生産現場を視察する取り組みである。

　サービス品質の向上に関しては、アンケートアプリのKODOを導入し、店舗を訪れた顧客に、店舗を利用して感じたことなどをリアルタイムで回答してもらった。アンケートに答えるとクーポンがもらえる仕組みである。店舗側は、現状の把握や改善を迅速に行うことに加え、クルーたちが顧客の声によって新たな気づきを得て、モチベーションが上がることも期待した。

　同時にコミュニケーション戦略も、従来のマス広告に加え、ソーシャルメディアとファンの声を活用する方向へと転換し、10～20代をターゲットとして、拡散力のあるツイッターの活用を主軸に据えた。そして、顧客の目に触れる頻度を上げるため、以前は月に数回だったキャンペーンを毎週行うことにした。さらに、名前募集バーガーやマクドナルド総選挙といった顧客参加型キャンペーンを増やした。

　このようにして顧客の声に耳を傾け、顧客視点での価値創造を図る活動の成果もあって、日本マクドナルドの2017年12月期決算は、最終利益240億円（連結）と過去最高を更新した。2013年の取り組み開始から4年が経っていた。

理論

マーケティングにおいてブランド戦略は根幹に位置付けられるものであり、**ブランドマネジメント**がマーケティングの成否を決定付けると言っても過言ではない。強いブランドを守り、育てることによって、ブランドは企業の資産となる。本章では、ブランドとは何か、またその価値を明らかにした上で、強いブランドを構築するための方法論を紹介していく。

1● ブランドとは何か

常に進化を続けるマーケティング先進国、アメリカのマーケティング協会の定義によると、**ブランド**とは、「個別の売り手もしくは売り手集団の財やサービスを識別させ、競合他社の財やサービスと区別するための名称、言葉、記号、シンボル、デザイン、あるいはそれらを組み合わせたもののこと」である。しかし、実際にマーケティング上の重要な概念としてのブランドとは、単に識別用の記号にとどまらず、その記号によって想起される、商品や商品群、組織などと消費者の間に生まれる絆そのもの、そして、その絆が持っている感情的な価値を指す。

ブランドは目に見えるデザインなどではなく、商品と顧客の間にある関係性そのものがどのように定義されているか、という状態を示す言葉なのである。ブランドは有形・無形の複合的な価値によって構築されているため、その概念を一言で表すことは難しく、正確に捉えるためには関連する理論の習得に加え、実務経験によって感覚をつかむことが欠かせないだろう。

なぜブランドが重要なのか、それは、強いブランドが企業により多くの収益をもたらすからにほかならない。その理由として、具体的には以下の点を挙げることができる。

- ロイヤルティの高い顧客（**ロイヤルカスタマー**）を確保できる
- 売上げのぶれが少なくなり、競合に負けにくくなる
- 高いマージンが取れる
- 流通・小売りからのサポートが得られる
- コミュニケーションの効率が上がる
- ライセンスの可能性が生まれる
- ブランド・エクステンションができる

一方で、このようにブランドが収益をもたらす理由を考えてみれば、ブランドとは単に高い知名度や好感度を指すのではなく、ブランドが約束する価値が、顧客、自社の社員、取引先などのステークホルダーに、理解・評価されて初めて意味を持つことがわかる。そして、ブランド価値を正しく理解してもらうためには、長期にわたって地道にブランドを構築し、築いたブランドの価値を不断に守り育てていく活動（こうした営みを総称してブランドマネジメントという）が不可欠である。ケースでも触れたように、一度ブランド価値を毀損してしまうと、その回復には長い時間がかかるのである。

ブランド戦略と全社戦略

ブランドは企業活動とその成果に密接に関係するものであるから、「自社はどのような企業なのか、どのような形で社会に価値を提供するのか」という、いわば企業のアイデンティティとの整合性が求められる。

つまり、自社のブランドをどのように確立、具現化し、どのように社会に伝えていくかというブランド戦略は、企業理念の直下に位置付けられるべきものである（**図表9-1**参照）。企業理念やミッションによって、なぜ会社が存在するのかを示し、これらに基づいて、企業全体、商品群または商品がどのように進むべきかの方向性を指し示し、すべてのステークホルダーとコミュニケーションをとれるようにするのがブランド戦略だ、という関係である。

したがって、サービスの構築、製品の開発はもちろんのこと、すべての事業フェーズ

図表9-1　ブランド戦略の位置付け

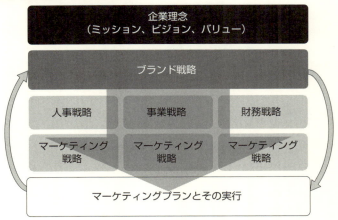

で、対社外、社内を問わずに意識されるべきであり、事業全体に常に大きな影響を及ぼす。一方で、マーケティングもまた、売上げを上げるという観点から企業全体に影響を及ぼす。マーケティング活動においては、他者とのコミュニケーションは避けて通れない課題であるため、常にブランド戦略をプランの起点として意識する必要がある。

このように、ブランド戦略とマーケティング活動は強く結び付き、マーケティングプランの実行に対して、ブランド戦略は常に影響力を持つことになる。逆に、マーケティングプランの実行によってブランド戦略への示唆が得られ、戦略が変わっていくこともある。マーケティング部門がブランド戦略をつかさどるケースが多いのは、このためである。

2 ブランドエクイティ

ブランドを考える上で重要な概念の1つに、**ブランドエクイティ**（Brand Equity）がある。ブランドエクイティとは、ブランドの持つ資産価値のことであり、ブランドの「力」を示す。ブランド戦略において、到達すべき目標を設定するのにブランドエクイティは非常に重要となる。

●──── ブランドエクイティの構成要素

デイビッド・A・アーカー教授が提唱したブランドエクイティには、主に「ブランド認知」「知覚品質」「ブランドロイヤルティ」「ブランド連想」の4つの要素がある（**図表9-2**参照）。なお、アーカーは「その他ブランド資産」を加えて5つの要素を挙げているが、本書では主要な4つを取り上げることとする。ブランドがそれぞれの要素をどの程度持っているかを継続的に把握することで、自社のブランドエクイティを把握することが可能になり、その向上のための施策も見つけやすくなる。ブランドエクイティは資産としてのブランド力を測定する考え方である。

図表9-2　ブランドエクイティの構成要素

❶ ブランド認知

ブランド認知（Brand Visibility）とは、そのブランドが「どの程度知られているか」を指す。認知されるものは、ブランドの名称である必要はない。そのブランドを何となく知っているレベルでよい。具体的には、ロゴやブランド名称を見たときに、それを知っていて、何の商品であるか、カテゴリー程度は理解できている状況を指す。ただし、このエクイティはそのブランドに対して、良い、悪い、といった判断をするほどの知識はないものを指している。人はなじみのあるものを好み、信頼する傾向があるので、他の条件が同じであれば、認知度の高いブランドのほうが選択される可能性が高くなるという観点から、このレベルの認知度であっても、エクイティとして評価する。

例えば、海外旅行先でハンバーガーが食べたくなったときに、目の前に2つのハンバーガーショップがあったとしよう。1つは日本にも店舗がありロゴに見覚えがある店だが、もう1つの店は名前すら聞いたことがない。その場合、海外ならではのハンバーガーを試そうといった冒険心でもない限り、聞いたことのある店に足が向くだろう。

❷ 知覚品質

知覚品質（Perceived Quality）とは、消費者がある商品を、試してみてもよい、と思う程度に知っている状況を指す。簡単に言えば、一度買ってみたいと思う状況で、ブランド認知からさらに一歩進んだ状況である。いくつかの商品を比較したとき、消費者は以下のような要素が高いと思われるブランドを好み、購入する可能性が高まる。

- パフォーマンス（例えば車の場合なら、加速性、操縦性、安全性、速度、快適性など）
- 付加機能（洋服の紫外線カットや形状安定など）
- 信頼性（不良品・欠陥品、故障の少なさなど）
- 耐久性（強度、丈夫さなど）
- 付加サービス（アフターサービス、保証など）

知覚品質に関して注意したい点は3つある。第1に、たとえ同じ消費者であっても、ある用途やシーンで価値のある知覚品質が、他の用途やシーンでも同様に価値があるとは限らない。第2に、実際に品質が優れていることと、品質の良さが知覚されることは、同義ではない。人間が客観的に知覚できる範囲には限度があり、それ以外の部分は主観的なものだ。例えば、ホウレンソウなどの野菜については、実は冷凍したもののほうが収穫後すぐに加工、凍結されるので、通常の生野菜よりも流通や保存段階でビタミンCが失われにくい。しかし、「生のほうが冷凍品よりも栄養価が高い」と思う人は少なく

ないであろう。このように、消費者は固定観念や特定の情報をもとに品質を知覚することが多いのである。

　知覚品質は、一度購入するか、もしくは真剣に購入を考えることで形成される。実際にこのトライアル経験を経てブランドへの態度が決定され、ブランドロイヤルティが構築されるかどうかが決まるのである。

❸ ブランドロイヤルティ

　ブランドロイヤルティ（Brand Loyalty）とは、顧客がそのブランドを繰り返し購入したいと考えるまでに、ブランドへの愛着が高まった状況を指す。ブランドロイヤルティが高いほど、顧客は他のブランドにスイッチしにくいため、企業は安定的な収益を得やすくなる。

　ブランドロイヤルティを認識するに当たり、顧客リピート率が高いから、「うちの顧客はロイヤルティが高い」と判断するのは早計である。たとえ特定のブランドを繰り返し購入している顧客であっても、周辺の地域で他の競合商品がないだけといった、消極的な理由で選んでいる場合もあるからだ。ブランドエクイティにおけるロイヤルティとは、顧客が自発的にそのブランドを継続購入したいと思っている状況、つまりブランドにコミットしている状況を指す。ブランドにコミットしてくれる顧客を増やし、コミットの度合いを強化することが、ブランドエクイティ向上につながる。

　ロイヤルカスタマーは、安定的な売上げや利益に直接的に貢献するだけでなく、そのブランドのあるべき姿に関して強い意見を持ち、ブランドにとっての重要な示唆を与えてくれる。したがってブランドロイヤルティは、ブランドエクイティの要素の中でもとりわけ重要である。

❹ ブランド連想

　ブランド連想（Brand Associations）は、消費者がそのブランドから連想して違和感なく受け入れられるような商品範囲を指す。単にブランドの名前から連想されるものを指すわけではないことに注意が必要だ。例えば、「サントリーの山崎」といえばウィスキーのブランドであり、同社の歴史ある蒸留所の地名に由来するものである。同じ蒸留酒だからといって、仮にサントリーが「焼酎の山崎」を新たに発売するとすれば、大きな違和感が伴うだろう。これはブランド連想の範疇を超えている事例である。一方で、ユニリーバのダヴは最初、洗顔料として日本に上陸したが、現在ではシャンプーやボディソープなどにも商品展開され、成功している。顔を洗うものだけではなく体全体を洗う、という範囲でブランド連想が成立していたためと考えられる。

ブランド認知、知覚品質、ブランドロイヤルティが、ブランドを知り、何度も購入するまでというブランドに対する態度の深さを評価するのに対し、ブランド連想は、ブランドの範囲を規定するものである。後述するブランドエクステンション（168ページ参照）を考える上で大切な指標であり、ブランド連想を外れた商品でのブランドエクステンションは、ブランドの毀損を引き起こすこととなるので注意が必要である。

> **ブランドを金食い虫にしないために**
>
> 　ブランドは、エクイティになって初めて、マネジメントの対象としての価値が生まれる。経営資産として活用できないレベルの知名度やイメージは、エクイティとして認められないと判断して、埋没コストと割り切って捨て去り、新しい資産の形成に注力することも大切な判断だ。
> 　とはいえ、ブランドを立ち上げてそれが育つまでの間は、利益よりもコストのほうが大きい、いわゆる「金食い虫」状態が続く。この段階で、今後ブランドエクイティとなって利益をもたらす見込みがあるのか、「金食い虫」状態が続くだけなのかを見極めることは難しい。時間と労力をかけてきたことから「ここまできたのだから、それだけの価値はある」と肯定してしまうこともある。
> 　しかし、単なる知名度はブランドではない。ブランドエクイティに育つ見込みがなければ、マネジメントをしても意味はないのである。この違いを見極め、時にブランドのディスコンティニュー（終売）をしてそのコストを受け入れるためには、ブランドエクイティの各要素をしっかり測定して、正しく判断しなければならない。ブランド戦略を明確にし、リサーチを行ってブランドの状況を把握し続けることが何よりも肝要である。

● ブランドエクイティの評価

　ブランドマネジメントにおいては、それぞれのブランドが資産としてどの程度の総量と内容を持っているかを把握し、経年的に比較していくことが重要である。多くのグローバル企業は**ブランドヘルスチェック**などと称して、こうした調査を定期的に実施している。

　また、ブランドエクイティは、M&A（合併・買収）時の買収価格の評価や、ブランドのライセンス料の見積もり、ブランドマネジメントにおける資源配分の見直しや投資効率の評価などでも利用されることがあり、経営上の様々な目的で利用される。ブランドエクイティを金額換算する評価方法は多数あり、どれが良いかは意見が分かれている。

状況に応じて適切な方法を選ぶことが肝心である。

3● ブランド戦略の立案と実行

　ここまで見てきたように、企業理念や全社戦略と整合させつつ、望ましいブランドエクイティを形成、維持していくためには、ブランド戦略が必須となる。ブランド戦略を立案し実行していく際に留意すべき課題を整理した。

●──── ブランド戦略の条件

　ブランド戦略は、消費者をはじめ、取引先などの社外の人から社内の従業員も含めたすべてのブランド関係者のブランドに対する認知や連想を確立・強化するために、一般的に共有することが難しい、感情を含めた感覚や概念を必要十分なレベルで共有可能にするコミュニケーションを確立するものである。したがって、どのように表現するにせよ、概念的、感覚的なものをそれぞれの伝えたいターゲットに合わせて必要十分な形で伝達する必要がある。なお、ブランドを具体的に表現する行為や、表現された事物を総称して**エクセキューション**と言う。例えば、ロゴやシンボルマークなどもエクセキューションである。

　ブランド戦略は、企業のマーケティング活動で行われるすべてのコミュニケーションの方向性を定めるものであるから、活動に関わるすべての人々がブランド戦略を的確に理解し、エクセキューションの方向性を過たないようにする必要がある。その表現方法は、伝えたい相手ごとに最も伝わりやすい形態をとることが望ましい。また、戦略である以上、してよいこと、してはいけないことが明確になっていなくてはならない。

　難しいのは、ブランドをマネジメントする側だけでブランドポジショニング（162ページ参照）を統一しても、十分なブランド戦略にはならないということだ。社外の人（例えば、特にコントロールしにくい消費者）の認識（パーセプション）にも合致していなければ、ブランドは受け入れてもらえない。

　言い換えれば、企業側の意思と受け手側のパーセプションが重なるところでしか、ブランドは構築できないということだ。良いブランド戦略は、この「重なりどころ」を的確に探るべく、定期的に調査を行いながら、ブランドのエクセキューションを絶えず調整し、場合によっては構成要素にも踏み込んでいくものでなくてはならない。

●──── ブランド戦略の要素

　ブランド戦略が満たすべき構成要素については多くの説があるが、本書では、経験価

値マーケティングの大家であるバーンド・H・シュミット教授が用いている概念を使って解説する。

❶ ブランドコア

まずブランド戦略の最も上位には、**ブランドコア**がある。これは、ブランドのエッセンスを抽出したもので最も抽象度の高い階層であり、通常はいくつかの形容詞や名詞で表される。ブランドコアの必須要件は以下の5つである。

- シンプルにコミュニケーションができる
- シンプルに実務に展開できる
- そのブランドの活動すべてがコアに関連付けられる（絶対に関連付けられていなくてはならない）
- そのブランドの活動すべてがコアに統合されている（絶対に統合されていなくてはならない）
- そのブランド活動に携わる人の誰もがコアを理解していなくてはならない

例えば、コンサルティングファームのベイン＆カンパニーのブランドコアに当たるものに、「トゥルー・ノース（真実の北極）」がある。これは、地軸上の北極を意味する言葉で、方位磁針で示される北極ではなく、地軸上の真北のことである。つまり、ベインは誰もがすぐにわかる方位磁針の北ではなく、そこからほんの少し離れた、わかりにくいけれども本当の北を常に探していく集団になりたい、ということを表している。コンサルタント同士の会話でも、「それってトゥルー・ノースなの？」というように使われる。シンプルにコミュニケーションができて、シンプルなエクスキューションになり、すべての活動がそこに関連付けられて統合されていて、使う人がそれを理解しているのがブランドコアである。

❷ ブランドパーソナリティ

ブランドパーソナリティは、コアよりもブランドに具体性を持たせ、よりイメージを共有しやすくするために作られる。シュミットは「すべての強いブランドにはパーソナリティがある。人間のパーソナリティを表現するのと同じような表現で語れることが重要である」と言う。

例えば、アップルというブランドを人にたとえるとしたら、スーツを着た人を想像することはほとんどないのではないか。一方、アメリカン・エキスプレスと聞いて、ティ

ーンエイジャーを思い浮かべる人もいないだろう。良いブランドは、ブランドを容易に擬人化できるものである。ブランドコアを拠り所とした上で、具体化のためにパーソナリティを規定し、ブランドの価値を細かく共有できるようにする。

❸ ブランドポジショニング

コアとパーソナリティを明確化したら、さらにブランド戦略を絞り込むために**ブランドポジショニング**を作成する。これは顧客の頭の中にブランドのイメージを形作るための要素をまとめることで、多くの場合ステートメント（文章）で表される。そのブランドが、誰に、どのような枠組みの中で、どんな手段を提供するか、そしてそれはなぜ信じることができるのかなどが、ブランドポジショニングの要素になる。

ステートメント以外にも、企業によっては図やイメージ、キーワードを並べたものなどでこれを表現する場合もある。例えばユニリーバではブランドキーというカギ型の図形に単語を並べたものが利用されている。

ブランドポジショニングからは、企業の将来にわたってのビジネスドメインが見えなくてはならない。

❹ ブランド戦略の実行

ブランドコア、ブランドパーソナリティ、ブランドポジショニングを整えると、何を伝えるべきなのかが統一され、固まる。これがブランド戦略であり、これに沿ってブランドマネジメントを行っていくことになる。

ブランドマネジメントで見るべき要素は、大きく2つに分けられる。1つは長期的な視点が必要な、名称、シンボル、サウンドロゴ、形状、スタイルといったもの。もう1つは、ある程度短期での改変が可能な、パッケージデザイン、プロモーション、PR、プレゼンテーションのデザイン、教育研修内容などである。いずれにせよ、対社内、対社外すべてのコミュニケーションにおけるそのエクセキューションは、ブランド戦略に基づいて実行される必要がある。

実行に携わる関係者が常に自社のブランド戦略を理解し、あらゆるタッチポイントにおける施策のすべてがブランド戦略に結び付いていることが、経営戦略とブランドを強く結び付け、ブランドエクイティを増大させる。これを絶え間なく実施することが、ブランドマネジメントの要諦である。

実行に当たっては、以下の5つの要素に気をつける必要がある。

- ブランド戦略との整合性が取れていること

- それぞれの手法の特徴に応じて最大限の効果を引き出すこと
- 細部にまで気を使うこと
- 目的がわかりやすく、目的に合っていること
- 結果を測定できること

これらを実現するために、デザインなどの統一を図り、ブランドガイドラインなどの実行上のルールを策定することが多い。ただし、往々にしてルールを作ること、守らせることが目的化してしまうこともある。そのような取り決めはあくまでブランドを守ることを目的に作られる手段にすぎない。いたずらにルールを作ることは慎む必要がある。

◉―― **ブランドに関する調査の重要性**

当然のことながら、商品を発売した時点では、まだその商品名は認知も知覚品質も不十分であり、したがってロイヤルティも生じない。どんなに立派なブランド戦略を立案してブランドマネジメントを実行したとしても、ある程度消費者の間に浸透、定着し、ブランドエクイティとなって初めて意味がある。言い換えれば、ある程度のリソースを投下しても、ブランドエクイティに育たない商品については、それを捨てることも重要な経営上の意思決定となる。

また、強いブランドの育成には非常に長い時間と努力が必要であり、ブランドを一度構築すれば安泰というわけではない。ケースのマクドナルドのように、ある時期（2000年前後）には成功した施策であっても、それから派生したネガティブなイメージが後（2010年代前半）になって業績の足かせとなることもあるのだ。そうなった場合は、染み付いてしまったネガティブなブランドイメージを払拭し、本来のブランドコアに立ち返り、ブランドポジショニングを再定義する必要がある。

このように、ブランドを望ましい状態にまで育て、維持していくためには、継続的に自らのブランドの現状を調査し、把握しておくことが第一歩となる。具体的には、ブランドエクイティの各要素について、対象者を適切に設定した上でアンケートやインタビューを行う。また同時に、ブランドが持たれているイメージを把握し、総量と内容を把握する。こういった調査を年に1回以上行い、時系列でも把握する。調査の呼び方は企業によって異なるが、一般的にはブランドヘルスチェックと称されることが多い。自社のブランドが現在、消費者にどう認識されているか、その正確な把握があってこそ、適切な施策が打てるのだ。ブランドヘルスチェックはブランドの健康診断である。

4 ● ブランドの多様な展開

　ブランドには、会社そのものをブランドとするコーポレートブランドから、商品群、商品、さらには他のブランドと関連付けられたブランドに至るまで、多くの階層がある。多くの企業が1社の中で多様な製品・サービスを有している場合、その商品群の中でどのようにブランドを展開するかが経営課題となる。また、グループの中で異種のビジネスを複数展開することも多い。こうした複数商品間、複数事業間にまたがるブランドのマネジメントについて、その階層や考え方を解説していく。

●────コーポレートブランドの確立

　コーポレートブランド（企業ブランド）とは、企業名が1つのブランドとなっているもので、企業にとって最も上の階層にあるブランド概念である。「マクドナルド」「トヨタ」「アマゾン」などがそれである。2000年代に入り、各社がウェブサイトなどのオウンドメディアを持つことが一般化したこともあり、コーポレートブランドの一層の確立が重視されてきた。

　コーポレートブランドを確立することの利点には、以下の5つがある。

● チャネルに強くなる

　商品ごとにチャネルと交渉するよりも、企業全体の商品量でボリュームが出せるため、メーカー側の交渉力が上がる。

● メッセージが構造化できる

　消費者のみならず従業員も、企業からのメッセージと商品ごとのメッセージを受け取ることができ、情報の整理がしやすくなる。

● BtoCでもBtoBでも利用できる

　BtoB商材であっても、企業名がブランド化していればそのブランド力を利用できる。

● 投資を呼び込みやすい

　上記と関係するが、投資家は企業を判断するため、コーポレートブランドが確立していると、コミュニケーションロスが防げる。

● 顧客の信頼が得やすい

商品だけのブランドよりも、コーポレートブランドが社会で認知されていたほうが、より信頼を得やすい。

この根底には、複数のブランドを細かく訴求するより、1つの理念を持つコーポレートブランド戦略を確立し、その上で、個別の製品・サービスのブランドの戦略を考えるほうが効率が良いという考え方がある。コーポレートブランドがしっかりと確立された会社（例えば、ジョンソン・アンド・ジョンソンなど）であれば、新しい事業やブランドを買収し、進出したとしても、ブランド戦略上の齟齬がなければ新規事業においても信頼を築きやすくなるのである。

● ブランドアーキテクチャー

コーポレートブランドを打ち出していこうとすると、商品ブランドとの位置付けの問題が発生する。そこで、会社にある複数のブランドとの無意味な重複感を避けるために、それぞれの階層のブランドや商品を整理して定義する。その考え方を**ブランドアーキテクチャー**と言う。

図表9-3 4つのブランド体系

単一ブランド体系	サブブランド体系	推奨ブランド体系	独立型ブランド体系
1つのブランドが強いイメージを作り出す。場合によっては説明的な記述が付くこともある	コーポレートブランドと強いサブブランドが組み合わされている。サブブランドで商品ごとの差別化とコーポレートブランドの強化がなされる	サブブランドを前面に立てつつ、コーポレートブランドがそれを推奨する役目を担う	商品群が比較的独立して市場に存在する
（例）フェデラル・エクスプレス（フェデックス）は、フェデックスというブランドに、エクスプレス（航空貨物）、グランド（小口陸上貨物）、オフィス（印刷・製本等サービス）など、傘下の各部門の名称のみを付記。ブランドはフェデックスで統一している	（例）アップルは、iPhone、iPad、iTunesというように扱う製品、サービスそれぞれに強いブランドを形成しているが、リンゴのマークのロゴに象徴されるコーポレートブランドを常に並立させて、コーポレートブランドの強化も行っている	（例）マリオット・インターナショナルは、傘下のホテルブランドのうち、コートヤード・バイ・マリオット、フェアフィールド・イン・バイ・マリオットのような一部のサブブランドには、ブランド名に「マリオット」を入れることで、マリオット・グループ傘下のブランドであると明示している	（例）P&Gは、製品にはコーポレートブランドを登場させず、ファブリーズ（消臭・芳香剤）、パンパース（紙おむつ）、パンテーン（ヘアケア）などの商品ブランドのみを確立している

出所：https://www.brandimgstrategyinsider.com/2008/01/the-language-2.htmlをもとにグロービス作成

企業の事業形態や商品構成に応じてブランドアーキテクチャーは変化するため、企業ごとに独自の考え方がある。しかし、コーポレートブランドと商品群もしくは商品ブランドの距離感で、大きく4つの類型に分けることができる（**図表9-3**参照）。

● **単一ブランド体系**
単一ブランド体系とは、1つのブランドが強いブランドイメージを形作っていて、そのブランドのもとにすべての事業が展開される。一般的にはコーポレートブランドがその役割を果たすことが多い。この戦略をとる場合には、企業名の後に事業そのものを指し示す一般名詞を組み合わせて呼称としている場合が多い。

● **サブブランド体系**
コーポレートブランドと、独自に形成された強い商品ブランドがサブブランドとして組み合わされている体系である。強いサブブランドがコーポレートブランドのイメージにも良い影響を与え、結果としてコーポレートブランドも強化される。

● **推奨ブランド体系**
コーポレートブランドは、ここでは品質を保証する推奨者の役割を果たしている。サブブランド体系と異なり、サブブランドのほうが前に立つ。買収を重ねるブランドなどに多い体系である。

● **独立型ブランド体系**
商品群もしくは商品ブランドが最も強く打ち出される形態をとる。複数のターゲットや全く異なる商品展開を行っている企業がよくとる戦略である。

どのようなブランド体系をとるにしても、その育成、評価、マネジメント手法を企業で共通にして経年的に把握しておくことで、次のブランド戦略を考えていくことができる。次の成長戦略を考えていく際には、思い切ったブランド体系の整理・再構築が必要になることもあるが、その是非は適切なブランド力の把握があって初めて判断できるのである。

◉──── **ブランドアライアンスとコ・ブランド**

ブランドの価値を伝えやすい**アライアンス**や、ストーリーが必ず作られる**コ・ブランド**戦略も、盛んに行われるようになった。背景には、ブランド構築において、体験やス

トーリーがより重要な役割を果たすようになってきていることがある。また、テクノロジーの進化によって顧客と企業のインタラクティブ性が高まり、タッチポイント（情報接点）が増加したことも大きく影響している。もはや、一企業が自社のブランドのメッセージやイメージを、自社がコントロールできるメディアの範囲で提供し、マネジメントしていける時代ではなくなったのだ。

　ブランドのアライアンスは、同程度の強さのブランドを持つ企業が提携して、製品やサービスを提供するものである。アライアンスがうまくいった場合には、アライアンスそのものがブランド化することもある。その場合は、アライアンスに加入していることが個別のブランドを浮揚させる力を持つようになる。

　例えば、航空会社のスター・アライアンスがそうだ。利用したことがなく、名前すら知らない航空会社であっても、スター・アライアンスに加わっていれば、同じくスター・アライアンスに加入している著名な航空会社のように信頼できる会社に違いない、というイメージを顧客に抱かせることができる。このように、ブランドはアライアンスを組むことで新しいブランド価値を生むことができ、アライアンスに加入しているブランドの価値が相互に上がっていく構造が生まれるのである。

　一方、主に2つのブランド間で行われるコ・ブランドは、新しくて効果的なストーリーを生み出すのに有効な手法である。なぜなら、既にストーリーを持つブランド同士が手を組むには、そこに至るまでの新しいストーリーが必須であり、そのストーリーが両方のブランドにプラスになるからだ。コ・ブランドは、成立した時点で新しいストーリーを生み出しているのである。

　例えば、ディズニーとコーチのコ・ブランドは、アメリカを代表するブランドであるコーチの75周年を、同じくアメリカを代表するアイコンであるミッキーマウスがお祝いする、という文脈から実現した。ディズニーはこのコラボレーションのために新作の動画を作成し、それをYouTubeで拡散することで、コラボ商品の世界観をダイレクトにストーリーとして伝えた。このような個別のストーリーは人の心に刻み込まれやすく、お互いのブランドを高め合うことができる。ブランドイメージの観点から言っても、互いのブランドが力を補い合い、ウィン-ウィンの関係を作ることができるだろう。

　しかし、コ・ブランドは安易に行うと逆効果になってしまう。例えば、2011年にシェルがレゴと行ったコ・ブランドは、環境保護団体のグリーンピースに攻撃されたことによって失敗に終わった。環境を破壊する石油会社であるシェルと、子供の玩具であるレゴの組み合わせの不自然さを見抜かれ、攻撃されたのだ。一見するとこの組み合わせは、子供向けの夢のあるブランドであるレゴのイメージでシェルは自社ブランドを強化することができ、レゴはガスステーションでレゴを販売できるという、相互にメリッ

トのある関係に見える。しかし、そこにはブランド同士のストーリーがなく、企業側の都合だけが見えてしまう。そこを突かれたのだ。

コ・ブランドを行う際は、自社と同じぐらいか、少し力のあるブランドで、全く異なる分野のブランドを選択するのがよい。その上で、それぞれのブランドのストーリーが融合するような新たなストーリーを作り、両者のブランドにプラスになるような関係を規定する。そして何より大事なのは、それが消費者から受け入れられるかどうか、よく考えることだ。消費者がストーリーを良いと思って初めて、コ・ブランド戦略は大きな効果を生み出すのである。

5● ブランドエクステンション

ブランドの成長戦略でブランドの階層に関連してよく議論されるのが、ブランドの拡張、すなわち**ブランドエクステンション**（Brand Extension）である。これは、ある商品で確立されたブランド名を他に利用して、新しい商品を新しいカテゴリーに投入することである。なお、これに対して、ブランドの既存の商品カテゴリーで新商品を出すことは**ラインエクステンション**と言い、両者は区別される。

ブランドエクステンションは、新ブランドの発売時のような話題性には欠けるが、その一方で、ブランド連想の範囲内であれば、低コストでの認知とイメージの獲得が期待できる。また、既存のブランド力を利用することでトライアルは促進され、新発売のリスクが低減される。もちろん、消費者の好意も獲得しやすい。既存ブランドを好む人は、同じブランドで発売される新商品も好きになる確率が高いからだ。

一方で、ブランドエクステンションには、実はとても難しい側面がある。ブランドエクステンションで失敗すると、新商品が売れないだけでなく、既存のブランド価値まで毀損するおそれがあるからだ。

そこで、ブランドエクステンションを実行するに値するかどうかの判断に当たっては、以下のポイントを検証する必要がある。

- そのブランド名を新しい商品カテゴリーに使用することに、消費者が違和感を持たないか。つまり、ブランド連想上の問題はないか。
- 新しい商品カテゴリーへのブランドエクステンションは、既存ブランドを強化するか。少なくとも悪影響はないか。
- 新しい商品カテゴリーへのブランドエクステンションによって、他の商品カテゴリーへのブランドエクステンション機会を阻害することはないか。

例えば、洗浄力で定評のある洗剤ブランドが、界面活性剤の研究成果を活かして化粧品を開発したとして、同じブランド名で化粧品を売り出したらどうだろうか。
　まず、洗剤から連想されるのは洗濯や炊事などの日常の家事であるのに対し、化粧品から連想されるのは外出やおしゃれなどであり、両者の間には隔たりがある。また、多くの化粧品に界面活性剤が使われているにもかかわらず、何となく「界面活性剤は肌に悪そうだ」と感じている消費者もいるだろう。こうした場合、ブランドエクステンションを行っても化粧品の新商品への良い影響は期待できない。
　さらに、洗剤が一般的に「（汚れを）落とす」ことを連想させるのに対して、化粧品の基本は、「（肌に）塗るもの、つけるもの」であり、ともすれば口紅やファンデーションの汚れを連想させてしまう。化粧品にブランドエクステンションすることで、もともとのブランド価値の1つであった洗浄力のイメージが弱まり、洗剤のブランド価値が毀損されたり、新しい洗濯関連商品への拡張機会を逸したりするおそれもある。
　事実、花王は界面活性剤の技術を様々な製品に活用しているが、衣料用洗剤（アタック、ニュービーズ）、食器用洗剤（キュキュット）、住居用洗剤（マイペット）、シャンプー（アジエンス）、全身洗浄料（ビオレ）、化粧品（ソフィーナ）と、使用シーン別に異なるブランド名を付与している。化粧品市場への参入に当たっては、「花王ソフィーナ」というサブ・ブランドを用いたが、これにより、花王の他製品での実績や企業としての信用力から、薬局やスーパーなどの流通への影響力を発揮することができた。その一方で、従来の花王のイメージに引きずられ、化粧品ブランドとしては洗練されたイメージを出しにくいというマイナス面も生じた。
　それだけブランドエクステンションは難しい施策であり、その可能性を検討する際には、特に既存ブランドへの影響などの観点から、慎重に行わなくてはならない。

第10章 ● マーケティングリサーチ

POINT

マーケティングリサーチは、マーケティング戦略策定時から施策展開後までの諸段階で、様々な目的で実施される。リサーチは大きく、消費者ニーズを探り新たな機会を見つける目的で行う「探索型リサーチ」と、マーケティング上の仮説や実施結果を検証する目的で行う「検証型リサーチ」に分けられる。目的を明確に意識し、予算、実施規模、スピードなどを考慮しながら、適切なリサーチ手法を選択・活用することが大切である。

CASE

　缶チューハイなど、ふたを開けてすぐに飲めるアルコール飲料のRTD（Ready To Drink）市場では、かつて市場を牽引していたアルコール度数が低く甘い缶チューハイから、食事と一緒に楽しめる高アルコール度数で甘くない缶チューハイへと、ニーズが変化していた。アサヒスーパードライを擁し、国内ビール市場でシェア約5割と圧倒的な強さを持つアサヒビールだが、RTD市場においては、キリンビールの氷結やサントリースピリッツの－196℃が2強となり、大きく水をあけられていた。
　RTD市場が伸び続けているにもかかわらず、アサヒビールRTD事業部の売上げは低迷を続けた。2011年から辛口焼酎ハイボールやハイリキ ザ・スペシャルなどの新商品を次々と投入したが、いずれも定番商品の地位を獲得することはなかった。
　起死回生を狙うアサヒビールは、新製品開発のプロジェクトを立ち上げ、4150人以上への定量調査と、約360人の1対1インタビュー調査という、過去最大規模の市場調査を行った。そして誕生したのが新しい缶チューハイのアサヒもぎたてである。当初は2014年に発売する予定だったが、消費者のニーズを把握するためのリサーチに想定以上の時間がかかり、計画から2年遅れの発売となった。
　プロジェクトチームが調査に当たって直面した課題は、「何か不満は？」という質問を繰り返しても、消費者からは「こんなもんだろう」という曖昧な答えしか出てこなかったことだ。そこで、「普段、どういう順番で飲むか」といった飲用シーンを連想させる質問に変更し、また実際に飲んでもらって、フレーバー、アルコール度数といった

項目を細かく分析していった。

徹底したニーズ調査で見えてきたのは、消費者にとって理想のチューハイとは「居酒屋の生搾りサワー」、すなわち目の前で果汁を搾り、ジョッキに注ぎ入れるライブ感や「新鮮さ」こそが、消費者が求めているチューハイのイメージだった。一方、これまでの缶チューハイには「人工的な味（雑味）や香りがある」との不満があることもわかった。こうしたリサーチ結果をもとに、切り口を「新鮮」「果実」に定めて、新製品開発がスタートした。

製造面では、試行錯誤の末に「アサヒフレッシュキープ製法」という新しい製法を開発し、製造から時間が経過しても果実の新鮮でスッキリした味わいをキープできるようにした。

さらに、ネーミングでは果実の新鮮さが伝わるものにこだわり、800案の中から、消費者調査で高い評価を得た「もぎたて」に決めた。実は、もぎたてというネーミングの案は早い段階から出ていたのだが、新しさを感じないという理由で上層部から却下されていたのである。またパッケージに関しても、新鮮な果実感を伝えるとともに高アルコール感を表現するデザインと決め、苦労の末に、消費者調査の結果で反応が良かった現在のパッケージに落ち着いた。

発売直前に、50万人規模のサンプリングを実施した結果、ツイッターには、アサヒもぎたての果実の味に関するツイートが、予想以上に多く投稿された。

もぎたては、発売直後からヒットを記録し、アサヒビールのRTD事業史上、最大の販売本数を記録した。コアターゲットとしていた30〜40代のRTDユーザー層だけでなく幅広い世代にも受け入れられ、同社RTD事業の主力ブランドとなったのである。

理論

マーケティング部門は「リサーチを行っている部門」と誤解されるほど、マーケティング活動とリサーチは切っても切れない関係にある。リサーチは、ブランド戦略、マーケティング戦略の策定、実行、再修正というPDCAサイクルの様々な局面で重要な示唆をもたらし、マーケティング戦略の成功確率を高める一助となる。

ここでは、リサーチの意義、リサーチデータ、実施する際のプロセス、注意点などについて見ていく。

1 マーケティングリサーチの意義

マーケティングリサーチは、マーケティング活動の不確実性を低減させるために行う。

「顧客」を中心に戦略を組み立てていくマーケティングでは、顧客の反応を探るリサーチの活用が必須である。企業がどのようなマーケティング活動をするにしても、その結果が良いか悪いかは顧客次第だ。顧客から熱烈な支持を得られれば大ヒット商品となるし、どれほど手を尽くしたとしても顧客に響かなければ損失となるばかりである。こうした不確実性に対して、あらかじめ顧客の反応を測ることができれば、みすみす顧客に受けそうもない施策を打つような愚行を避けられるだろう。もちろん、顧客の将来の反応を「確実に」予測することは不可能である。しかし、限られた条件の中で現実的な手法によって、少しでも不確実性を低減させたい。そのための手法がマーケティングリサーチである。

稀に、マーケティングリサーチは当たらないからお金をかけるのはムダだといった発言を聞くが、そうなる場合のほとんどは、リサーチのやり方を間違えている。企業が知りたいことを調査で顧客から適切に引き出すためには、高度に専門的な知識が要求される。素人感覚に頼らず、しかるべき手間暇をかけた取り組みが必要なのだ。

リサーチを通じて顧客の声に適切に耳を傾けることは、必ずしも「この商品は売れるかどうか」のような大づかみな論点だけに関わるものではない。そもそも顧客のニーズがどこにあるか、といった新商品開発の初期に行う調査も重要であるし、ケースのアサヒビールのように、商品名は何が良いか、パッケージのデザインはどうするか、複数ある特徴のうち何を前面に出して宣伝するか等々、具体的なエクセキューションの決定においても重要になる。マーケティング活動のありとあらゆるプロセスにおいて、マーケティングの不確実性を低減させ、意思決定を支援するのに役立つものである。

さらに、マーケティング戦略の策定時やプロモーションの実行時だけでなく、施策を展開した後に事後調査を行うことも重要である。施策の効果を検証し、そこから得られた反省点を次の戦略策定に活かすことで、PDCAのサイクルを効果的に回すことができるからだ。

●─── ITによって進化するマーケティングリサーチ

近年のITの急速な進歩により、従来に比べ格段にかつ大量に、即時性をもってデータを入手できるようになった。特に、「いつ、どこで、誰が、何をした」と人の行動を記録した**行動データ**について、把握できることが増えてきた。ウェブサイトなどの閲覧履歴を見ることで顧客が関心を持つ事柄を推測したり、様々なケースで価格を機動的に変更して顧客の反応をうかがったり、といった具合である。

しかし、顧客がその行動を起こしたときに何を考えていたか、といったことまでは行動データだけでは把握できず、アンケートやインタビューといった従来型のマーケティ

ングリサーチが依然として必要になる。

　マーケティングに注力している企業では、このようなリサーチによって得られたデータ（**調査データ**）と行動データを組み合わせ、専門のデータアナリストが高度なデータ解析を行うのが基本となっている。また、AI（人工知能）等を活用して高速かつ大規模なデータ分析とPDCAを行い、人手による場合とは比較にならないほどのきめ細かさと試行頻度でマーケティング活動を行うことも、もはや珍しくない。例えば個別の顧客のニーズにきめ細かな対応を即時に行うことも可能だ。こうした大量のデータを駆使したリサーチやそれに基づくマーケティング活動が、もはや主流になりつつある。

◉────**マーケティングリサーチ3つの限界**

　いくら適切な手法でリサーチを行ったとしても、マーケティングリサーチにも限界はある。以下の3つがその理由である。

●**不確実性をゼロにはできない**
　リサーチを実施することで、相当程度の不確実性を取り除くことは可能である。しかし、調査結果は絶対にこうなるという確実な未来予測ではない。

●**意思決定を行うことはできない**
　リサーチは、白黒がはっきりつくように設計できるとは限らない。調査結果を読み取る際には、ある程度の解釈が必要となる。また、「調査結果によれば価格は300円で購買する人が最も多い」となったとしても、回答者全員が「300円でないと購買しない」わけではない。回答数が一番多いから「価格は300円」と決めるのが、事業にとって良い判断になるとも限らない。事業における他の要素もすべて考慮した上で意思決定は行われるべきであり、リサーチはあくまでもそのサポートを行うものである。

●**前提条件に左右される**
　リサーチを行うに当たっては、仮説的にある程度の前提条件を置かざるをえない。例えば、価格のリサーチにおいてアンケートの選択肢を作る際には、作る側の前提が選択肢の上下限や刻み幅に反映される。すると、答える側もそれに誘導される形で考えることになり、想像もしなかった答えは出てこないという事態も起こりうる。

　このように、マーケティングリサーチを活用する際には、結果が何を意味するかを冷静に見極め、得られた事実を判断に反映していく必要がある。

● マーケティングリサーチの目的別類型

マーケティングリサーチは、その目的によって、情報を得て仮説を構築したり課題を発見したりするための**探索型リサーチ**と、仮説を検証したり何らかの結論を得たりするための**検証型リサーチ**に分かれる。後者はさらに、「この商品を過去1ヵ月に買った人の年齢構成は」というように状況の定量化・言語化を行う**記述型リサーチ**と、「この商品を買ったのは、テレビCMを見たからなのか、店頭で目に留まったからなのか」というような因果関係を探る**因果型リサーチ**の2つに分かれる（**図表10-1**参照）。

探索型リサーチは、リサーチの設計や手法において最も自由度が高い。まだ課題が見えず仮説も固まっていない段階から、ある程度仮説の具体性を上げる段階まで利用される。リサーチを進めながら、臨機応変に設計や内容を変更していくことも可能だ。具体的な探索型リサーチとしては、インターネットの検索やケーススタディを探すといったデスクリサーチ、既存のデータ分析、**グループインタビュー**や**デプスインタビュー**、**行動観察**といったフィールド定性調査などが挙げられる。

アサヒビールのケースでは、「RTD市場で消費者は何を求めているのか」「既存の自社商品では何が足りなかったのか」「競合が支持されているポイントはどこか」等々、新商品開発に当たって仮説を立てるためのアイデア、材料を探るために行われたリサーチがこれに該当する。

記述型リサーチは、こうした仮説を検証するためのものであるから、より計画性が求められる。アサヒビールのケースで言えば、例えば「消費者は新鮮さを求めているのではないか」「商品名に使うキーワードとして『もぎたて』はどうか」といった点についてアンケート等で確認しているが、その際は後述のサンプリングや質問について、慎重な設計が求められる。具体的な形式としては、サンプル数を増やすために、調査費用の観点からアンケートとデータ分析が主となる場合が多い。

因果型リサーチは、実験型と統計解析型に分かれる。実験型の場合は因果関係に関わる要素をすべて備えた環境を用意する必要があり、その中で調査が行われる。したがって完璧な調査を行うことは難しいが、購買環境を完全に再現した調査室などを持っている企業もあり、因果関係の特定を行っている。また、統計的な処理で因果関係を特定することもある程度可能だが、この場合は大量のデータが必要となる上に、リサーチしたい要素以外の影響を完全に排除して分析を行うことは難しい。これらの調査や分析を確実に行うには、データサイエンティストとしての実力もさることながら、心理学的な素養も必要となり、マーケティングリサーチにおいて因果型リサーチを実施できる人材は限られている。

図表10-1 マーケティングリサーチの目的別類型

		実査方法	特徴	用途
仮説を構築するための調査 (Exploratory Research)	探索型 (Exploratory)	グループインタビュー デスクサーベイ ケーススタディ そのほか定性的な調査	フレキシブル 多目的で実施できるが、結論を導き出すものではない （仮説構築に貢献）	アイデアやインサイトの発見
結論を得るための調査 (Conclusive Research)	記述型 (Descriptive)	一般的な定量調査 パネル調査 そのほか一般的な定性調査 （デスクサーベイ含む）	事前の設計が大事 構造的 結論が出る	マーケット状況の把握
	因果型 (Causal)	実験型 統計解析型	複雑な分析操作を伴う マーケティング調査の経験と、多変量解析に長けていないと利用できない	因果関係を特定する場合に利用

　新商品の発売時の調査などでは、まずは、商品の特性や魅力を高い自由度を保ちつつ探るために、探索型として定性的な調査を行い、そこで得られた結果を数量で把握するために、記述型の定量的な調査を行うのが一般的である。最近では、インターネットで安価に大量のサンプルを集められることから、デスクリサーチを行った後で簡単に探索型の意味合いで定量的な調査を実施し、その結果に基づいて定性調査で深く掘り下げ、その後にあらためて大規模な因果型や記述型のリサーチを行うケースも増えてきた。探索型ではデスクリサーチの時点で、ウェブサイト上で利用者の声を集める**ソーシャルリスニング**を行い、十分な情報が集まったら、そのまま記述型として定量的な調査を行うケースもある。調査手法や活用の方法も日進月歩で進んでいるので、それぞれの課題に合った調査を適切に組み合わせることが肝要である。

2● マーケティングリサーチで用いる情報

　マーケティング戦略の策定や実施において必要な情報は実に多岐にわたる。こうした情報を得るために、社外のリサーチ専門会社なども活用しながら、マーケティングプロセスのあらゆる側面で、いくつものリサーチが実施される。

◉ データの種類

　リサーチで収集する情報（データ）は、様々な分け方ができる。ここでは、代表的な2つの分け方について説明する。

❶ 一次データと二次データ

　データは大きく**一次データ**と**二次データ**に分けられる。前者は特定の目的のために収集するデータで、後者は他の目的のために既に収集されているデータだ。二次データはさらに、外部機関が作成したデータ（**外部データ**）と、社内で他の目的のために集められたデータ（**内部データ**）に分けることができる。外部データとして、政府系機関、業界団体、調査会社、業界紙や雑誌などが公開している統計データや刊行物、データベースなどが利用可能だ。内部データとしては、販売データや損益情報、顧客情報などが挙げられる。営業担当者やコールセンターなどに寄せられる苦情や意見も重要な情報であり、新製品のアイデアや製品改良のヒントになることもある。

　一次データは利用目的に応じて必要なデータを入手できるが、ゼロから集めなくてはならないため、収集や処理にある程度の時間と費用がかかる（ただし、ITの進化により、特に顧客や自社の行動データについては、その環境さえ整備されていれば大量かつ即時に集めることが可能だ）。それに比べると、二次データは比較的容易に手に入り、利用可能なデータソースを把握しておけば、効率良く調査が進められる。

　一般的には、企業のマーケティング活動において、リサーチ目的の核心部分に有効なデータが二次データとして手に入ることはほぼない。また、二次データはもともと違う目的で作成されたものなので、調査方法、正確性、鮮度、信頼性などによく注意する必要がある。選択肢の作り方ひとつ、質問の仕方ひとつで調査結果は変わるし、加工前のデータを手に入れて自分のやり方で集計しなおすこともできないものだ。

　一方、最近のインターネット調査であれば、低コストで、容易に、短期間でデータを集められる。二次データを活用して必要だと思われる情報に当たりをつけたら、短期間でデータを集められるインターネット調査を使い、なるべく一次データを集めるほうがよいだろう。

❷ 定量データと定性データ

定量データは、販売データなど数値で表せるデータのことである。「はい／いいえ」や満足度などのように、数値に置き換えられる（例：はいを「0」、いいえを「1」で表す）ものも、定量データに含まれる。これに対して、文章や画像、音声などで表される数値化できない情報が、**定性データ**である。直接インタビューをしたり、投影法など被験者の深層心理に迫る手法を用いたりすることで、定量データでは得られない貴重な情報が入手できることもある。また、最近では文書を解析するテキストマイニングなどのツールが発達して定性データが分析しやすくなり、定量データと組み合わせて総合的に結果を解釈することも可能になっている。

定性的な情報を主に集める調査手法を**定性調査**と言い、グループインタビュー、デプスインタビュー、行動観察などがこれに当たる。一方、定量的な情報を主に集める調査は**定量調査**と呼ばれる。国勢調査のような調査票に回答してもらう調査は、これに該当することが多い。

3● マーケティングリサーチのプロセス

リサーチの具体的な手順を見ていこう。ここではリサーチのプロセスを、❶リサーチ課題の設定、❷仮説の構築、❸リサーチの設計と実査、❹データ分析と仮説検証、の4つに分けて説明していく。

❶ リサーチ課題の設定

リサーチの第1ステップは、「なぜそれを行うのか」を知ることに尽きる。つまり、「誰が、どのような目的で、いつまでに、どのような情報を求めているか」を明確にすることである。リサーチそのものは目的ではなく手段である。つまり、リサーチ課題を明確に定義しなければ、リサーチの設計もままならず、有意義なアウトプットを出しようもない。しかし現実には、目的が曖昧なまま行われるリサーチが多い。

例えば、市場調査会社が、「20代前半の女性の結婚観を調べてほしい」という依頼を受けたとする。しかし、「結婚観」とは具体的には何を指すのか、そして、リサーチによって何を明らかにしたいのかがわからなくては、着手することはできない。ウエディングドレス市場を把握したいのか、結婚式で提供するサービスの質を高めたいのかなど、クライアントが求める内容によって、集めるべき情報や質問設計は大きく変わってくるからだ。仮に「10年後のウエディングドレス市場の規模を推定する」ことが目的であれば、「何歳で結婚したいか」「結婚式でウエディングドレスを着たいと思うか」

などの質問を用意することになる。

❷ 仮説の構築

　どのようなリサーチを行うにしても、調査結果のイメージがないまま始めてはいけない。つまり、仮説の構築なしにリサーチを考えてはいけないのだ。リサーチで何がわかる可能性があるのか、それによってどんなシナリオが今後描かれるのか、といったことを理解しなければ、リサーチを設計することはできない。

　もちろん、何かがわからないからリサーチを行うのだが、調べられる情報には限りがある。限られた質問項目や時間内で、必要な情報を効率良く集めるためには、ある程度当たりを付ける必要がある。リサーチ費用は投資であり、それによって得られる効果に見合っていなければならない。それを見越して、何を調べるのが最も効率が良いかを絞り込んでいくことが重要だ。

　例えば、ある外資系フランチャイザーが日本へ進出するに当たって、どのような立地に出店すれば最も効率良く集客できるかを知りたがっているとしよう。その際、「都市部では、駅からの距離が集客力と最も相関性が高いだろう」という仮説を立てれば、類似業態の同規模店舗について、駅からの距離と集客力についての調査や分析を進めることができる。

　とはいえ、問題点が漠然としている場合や、情報が不足していて、最初から適切な仮説を立てられないことも往々にしてある。そのような場合は、まず二次データを使った文献調査や、関係者や専門家へのインタビューなどを通して課題に対する理解を深め、それをもとに初期仮説を立てるようにするとよいだろう。そして、さらに必要な調査と、その優先順位を見極める。次に、定性調査や質問数の少ない定量調査で、その仮説をより深く精査するのだ。定性調査を活用する場合は、少数のユーザーにじっくりと話を聞いてアイデアを固め、次いでそのアイデアがより多くの人に支持されるかどうかを確認する、というステップを踏むなどの活用法が考えられる。こうした一連のリサーチが、前述の探索型リサーチに該当する。

　このようなやり方は、一見すると回り道をしているように感じられるかもしれないが、十分な調査をせずに施策を打って失敗することを考えれば、はるかに効率が良い。アサヒビールのケースでも、顧客にとって何が最も響くか、ニーズや**インサイト**（消費者の行動の源泉となっている心理。自覚的に意識されていない場合も多い）を探るプロセスに時間がかかっているが、この段階で上手くそれらを探り当てたからこそ、ヒット商品開発につながったのである。

❸ リサーチの設計と実査

　仮説を立てた後に行うのは、リサーチの具体的内容の決定である。どんなリサーチであれ、考えなくてはならない基本的な事柄は同じである。つまり、どのようなデータが必要かを明らかにした上で、誰に（サンプルの設定）、何を聞けばよいか（質問の設計）、具体的にどの方法を用いるか（リサーチ手法の選択）を決めていく。これらの要素は相互に関係しているので、整合性を持たせながら設計していく必要がある。実査は１回で終わるとは限らない。それぞれの実査で何を明らかにするかを考えた上で、それによって行うべき調査の種類や回数などを組み合わせ、調査プロジェクト全体の設計を行う。

　どのようにデータ分析を行い、どのようなアウトプットイメージを持つのかも、あらかじめ考えておいたほうがよい。具体的には、報告書のイメージを先に作っておくことをお勧めする。アウトプットイメージが曖昧なままリサーチを設計すると、後でいくら精緻な分析をしても、ピントの外れた結果しか得られない。リサーチの全プロセスの中で、設計部分の検討には最も時間をかける必要がある。

　より具体的なリサーチ手法の設計や実施方法、データ分析などの実務では、高度な専門知識が必要になることも多く、調査会社や広告代理店などの外部機関に委託するべきである。詳しい知識もなしに、調査の具体的な内容に踏み込んでいくことは危険でしかない。とはいえ、何もかも任せ切りにするのではなく、以下に示すリサーチ設計のポイントを押さえて、そのリサーチや分析手法が適切かどうかの判断はできるようにしておきたい。

● サンプルの設定

　リサーチでは通常、集団を代表する一部の人々（サンプル、標本）への調査をもとに、その集団全体の傾向を明らかにするという手法が用いられる。対象となるサンプルを取り出すことを**サンプリング**（標本抽出）という。サンプリングの巧拙はリサーチの精度を決める上で非常に重要である。そのため、まず対象者の条件を明確にし、必要なサンプル数を決め、抽出方法を考えていく。

　リサーチの目的に合った対象者に的確にアプローチするためには、対象者の条件をできるだけ具体的に定義しなくてはならない。インターネットによる**パネル**（アンケート調査に回答するために、あらかじめ広く集められ登録された人々）をサンプルとして利用する場合、性別、年齢など、対象者の基本的なデモグラフィック要素は最初からわかっていることが多い。しかし、年収といったより細かなデモグラフィックデータや、サイコグラフィック（心理学的）要素を条件に入れる場合は、パネル全体に簡単なスクリーニング用の調査を行って対象者を特定した後、本調査を行うといった手法が用いられる。

とはいえ、「首都圏在住の20～30代の1人暮らしの女性で、過去1年以内にマンションを購入した人」というように、対象者の条件を細かく設定すればするほど、サンプル数の確保は難しくなる。要求する条件を満たすサンプルを実際に集められるかどうかは、調査会社選びのポイントの1つにもなる。

次に重要なのが、適切な**サンプル数**を明らかにすることだ。特に定量調査の場合、サンプル数が少なすぎると、統計解析を行う意味がなくなってしまう。統計的に、どの程度のサンプル数が必要かを割り出す計算式があるので、そうした数値を参考にしながら、リサーチ規模を決めていく（細かな計算式については、統計関係の専門書や本シリーズの『MBA定量分析と意思決定』などを参照）。

リサーチの品質（正確さ）とコスト効率（金銭的・時間的）は、トレードオフ（一方の条件を満たすためには、もう一方の条件を犠牲にしなくてはならない）の関係にある。通常、サンプル数を増やせばより正確性が高まるが、その分コストも増加する。

また、サンプルの集め方によっては、対象としたい集団とは異質の集団を相手にしてしまう危険性があるので注意が必要だ。例えば、高齢者のサンプルを集めたいとき、インターネット調査で必要数のサンプルを集めると、インターネットを使いこなす高齢者層は限られているため、対象としたい集団を十分に代表するサンプルにならない可能性が高い。街頭で任意に対象者を集めるような場合は、無意識のうちに、声をかけやすい人、目立つ人、声の大きい人などをサンプルとして選びやすく、そうした人々の回答を過大に評価しかねない。探索型リサーチで用いられるグループインタビューでも、集団の性格やグループダイナミクスが話の内容に大きな影響を及ぼすこともある。

さらに、設計段階では適切なサンプルを選んでいても、実際の回答者が特定の層に偏ってしまうことも起こりうる。このように、サンプルの設計や抽出には注意が必要であり、データを読み解く際にもサンプルの特性に十分注意しなくてはならない。

● **質問の設計**

質問の内容や方法もまた、リサーチの精度に大きく影響する。リサーチでは、聞いたこと以上の情報は得られない。その質問をすることで、仮説を検証するために必要な情報が本当に入手できるかどうかを、十分に検討しなくてはならない。

調査票（アンケート）を用意する場合、質問形式（回答方法）、質問の量、質問の表現方法、謝礼の有無などによって、回答者の協力度合いや回収率が大きく変わってくる。例えば、選択式（例：「以下に挙げたブランドの中で、あなたの好きなものはどれですか」）にするか、自由に回答してもらう記述式（例：「あなたの好きなビールのブランドを挙げてください」）にするか。選択式の場合、回答は1つのみか、複数回答可能とするか。これ

らについては、対象者の負担と入手したい情報のバランスを考えながら、慎重に設定していく必要がある。

質問の分量や質問内容の順番にも注意しなくてはならない。質問が多すぎて答えるのに時間がかかると、対象者は疲れてしまい、回答への集中度にばらつきが生じたり、調査票の回収率が低下したりする。また、全く関係ない質問がランダムに出てくると、人は上手く回答ができないので、回答しやすいように質問を並べる必要もある。

質問の文章や用語も、意図が明確になるように細心の注意が求められる。例えば、「なぜ当社の4WD車を買ったのですか」という質問はダブルバーレルであり、避けなくてはならない。**ダブルバーレル質問**とは、2つの質問が1つになっている質問である。この場合だと、「なぜ他社ではなく当社の車を買ったのか」ともとれるし、「なぜ当社のセダンではなく4WD車を買ったのか」ともとれる。それぞれ異なる回答がありうるので、間違った解釈や判断を招くおそれがあるのだ。ほかにも、プライバシーに関わる質問、不快感を与えるような質問がないかどうかにも気をつけたい。

よくあるミスとして、選びたい選択肢がないのに、どれかの選択肢を選ばないと先に進めないように質問を設計することがある。「いくらなら買いたいですか」という質問に「買いたいと思わない」という回答の選択肢がない、といったケースである。この場合、調査対象者はそこにある選択肢の中から仕方なく選ぶわけだが、回答結果の精度は低いものになってしまう。選択肢には**順序効果**というものもあり、上に置かれている選択肢のほうが選ばれやすい傾向にある。

こういった様々な調査上のノイズを理解した上で、正しい結果が得られるように調査票を作っていくためには、高度な専門知識が必要である。一見簡単に見える調査票やインタビューガイドの作成だが、多くの落とし穴があるものなのだ。それゆえ、調査会社や広告代理店など調査の専門家の知識を活用して作るほうがよい。

調査票を作る際には、以下の5つのポイントを押さえておきたい。

- 回答しやすい流れになっているか
- 回答ロジックは合っているか
- 選択肢はMECE（もれがなく、だぶりがない）か
- 情報量が小→大になっているか
- 情報操作的質問をしていないか

インタビューの場合は、口頭での補足説明や追加の問い掛けができるので、調査票を用いるときよりも質問に関する自由度は高まる。しかし、質問すべき内容をよく整理し

ておかないと、本当に必要な答えが得られないことには変わりない。

いずれにせよ、限られた調査項目、限られた時間内で、どれだけ多くの有用な情報を聞き出せるかは、事前の準備にかかっている。リサーチの実施前にプリテストとして数人に回答してもらい、質問内容を必ずチェックするようにしたい。作成者では気がつかない質問に関する問題点や、期待したような回答が引き出せないことが判明すれば、事前に修正を加えられるからだ。

●リサーチ手法の選択

リサーチ手法の選択も、結果に大きな影響を与える。

一次データの収集方法は、**サーベイ法**（調査票を用いる）、**コミュニケーション法**（面接する）、**観察法**（対象者に直接回答してもらうのではなく、その行動を観察する）に分けられるが、質問の量や長さ、正確さ、サンプルの特徴、時間、費用、調査員の管理などの点でそれぞれ一長一短がある。例えば訪問面接では、調査員が面接時に柔軟な対応ができるというメリットがあるが、実施地域は限られ、費用も時間もかかる。調査員のトレーニングも必要だ。インターネット調査の場合、場所・時間の制約が少なく、短時間で結果を得ることができる。費用も比較的安く、デジタルデータで入手できるのでその後の処理もしやすいが、もとから対象者に偏りがあり、本人確認がしにくいなどのデメリットがある。

したがって、予算、時間（納期）、サンプル規模、調査項目（質問の量と深さ）などを勘案しながら、最も効率の良い方法を選択しなくてはならない。実際のマーケティング活動では、企業イメージやブランド調査のときにはサーベイ法、探索型リサーチのときにはグループインタビューやデプスインタビュー、パッケージやデザインの評価には会場テストというように、目的に応じて複数の手法を駆使することになる。

なお、グループインタビューやデプスインタビューで個人の深層心理に迫る場合は、モデレーター（調査においてインタビュアーやファシリテーターの役割を果たす人）による場の雰囲気の作り方、質問の巧みさといったプロフェッショナルスキルが特に重要になり、リサーチの結果を大きく左右する。調査票を作るよりもはるかに現場での対応が難しいのがインタビュー調査である。質問の仕方によっては回答を誘導してしまいかねないためだ。本来は対象者から引き出したかった言葉をモデレーターが言ってしまった瞬間に、その調査結果は使えないものになってしまう。モデレーションも、専門知識の必要な技術であり、素人の手には負えない。プロフェッショナルなモデレーターの存在も、調査会社選定の重要なポイントである。

図表10-2　よく用いられる分析手法

相関分析	変数間の相関関係を調べる手法。例えば、気温変化とビールの売上げにはどんな関係があるかを調べるときなどに用いる
因子分析	相関関係の強い変数の集合を作り、それぞれに共通する特性を探る手法。セグメンテーションやポジショニングなどの際に用いる
クラスター分析	異なる性質のものが混ざり合っている変数の中から、類似性の高いものを集めてグループを作り、分類する手法
コレスポンデンス分析	複数の変数間の類似度や関係の深さを調べるための手法で、結果を散布図の形で表す。主にポジショニングマップの作成などに用いる
コンジョイント分析	いくつかの製品属性を組み合わせた代替案を提示し、回答者にランク付けしてもらい、その選好を分析する手法。製品の価格や色、デザイン、品質などの属性が、それぞれどのくらい選好に影響を与えているかを調べるときなどに用いる
(重)回帰分析	複数の変数間の関係をX次方程式に表し、結果となる変数（従属変数）に要因となる変数（説明変数）の影響がどれくらいあるのかを分析する手法。例えば、価格、広告費、営業担当者数（説明変数）から、売上数量（従属変数）の変化を評価・予測するときなどに用いる

❹ データ分析と仮説検証

　データの分析と解釈では、適切な分析手法を用い、収集したデータを多面的に見渡すことが大切だ。単純集計だけでなく、クロス集計（属性やカテゴリーごとに回答結果を集計する）やグラフを作成してみると、データの解釈がしやすくなる。なお、定量調査では1つの変数だけを単独で分析するよりも、統計手法を用いて複数の変数の相関関係や因果関係を明らかにすることで、仮説の検証を行うことも多い。マーケティングでよく用いられる統計分析の手法は、**図表10-2**のとおりである（分析方法の詳細については、統計や社会調査の専門書を参照）。

　分析結果を検討する際には、評価基準を明確にしておく。例えば、顧客満足度調査において5点満点で「3」という評価だった場合、高いと見るのか、低いと見るのか、どのような結果なら、良しとするのか、そうした基準を決めておかなければ結果を正しく評価できない。1回で評価できないときは、定点観測などを行い、傾向値を見ながら判断することも多い。

先述したとおり、リサーチの実務については調査会社や広告代理店などに委託することが可能であり、担当者が自ら複雑な統計処理をしなくてもよい。しかし、提示されたデータや結果を正しく読み取り、解釈するためには、リサーチの設計や統計に関する知識がある程度は必要になる。また、調査会社を選ぶ際、納期や価格だけでなく、統計的な知識や正確性といった質的な部分も見る必要があるので、そのための判断力もつけておいたほうがよい。

　分析結果が出てきた時点でリサーチは終わり、というわけではない。マーケティング担当者の手腕が最も問われるのは、そこから次の打ち手につながる解釈や提言を導き出せるかどうかである。したがって、分析結果から何が言えるのか、マーケティングの施策にどう活用できるのかを考えなくてはならない。

●── リサーチ結果の報告

　リサーチ結果は通常、報告書やプレゼンテーションを通じて意思決定者や関係者に伝達する。

　報告書を作成し、プレゼンテーションの内容を決める際には、誰に何を伝えるべきかを明確に意識したほうがよい。1つのリサーチ結果であっても、対象者によって知りたい情報が違う場合があるので、それぞれに合った内容を抽出して報告する必要がある。

　また、グラフや表などのビジュアル表現を効果的に使いながら事実を提示するのもよいが、それだけにとどまらず、それを今後の意思決定にどう役立てられるかという提言まで盛り込むようにしたい。さらに、「リサーチの限界」も明らかにしておくと、意思決定者はそれを加味しながら判断を下すことができるほか、上手くいかなかった場合の原因解明にも役立つ。

4● マーケティングリサーチにおける注意点

　リサーチにおいて最も重要なのは、目的を見失わないことに尽きる。実施目的を明確にしておかないと、リサーチそのものが目的化しかねない。単にデータ収集や分析を行い、グラフを作成するだけで満足してしまう「リサーチのためのリサーチ」になってしまう。様々な質問をして集計はしたものの、大したメッセージも引き出せずに終わってしまう例が多いのは、目的や仮説が曖昧なままリサーチを行うからである。時間、資金、人手の浪費にならないように、マーケティングリサーチはあくまでもマーケティング戦略の意思決定に役立つ情報を得るために、一定の事柄に対して不確実性を低減させる目的で行うことを忘れてはならない。

もちろん、目的や仮説が明確であれば、必ず上手く情報が引き出せるとは限らない。リサーチの細かな設計部分に問題がある場合などがそうだ。特に結果を大きく左右するのが、質問の設計である。仮説を意識して直接的な問い掛けをすると、白黒の結果は出ても、仮説の修正や発展に関するヒントが得られない。一方で、自由記述式を多用すると対象者が飽きてしまい、答えてくれなくなってしまう。質問には、回答しやすく、自分の知りたい情報を得られるような工夫をすることで、得られる情報量は格段に多くなり、リサーチの効率性が向上する。また、因果型のリサーチを行う場合には、統計処理に必要なサンプル数の確保のみならず、選択肢の独立性の担保などより多くの注意点があるので、専門家に任せるべきである。リサーチを設計する際は、最終的な目的を見据えるだけでなく、その調査結果を具体的にどのように使うか、また、仮説が検証された後のアクションも念頭に置くとよい。

 リサーチの現場では、「リサーチを信じるな」という逆説的な表現もよく耳にする。リサーチの結果に期待を持ちすぎたり、あまりにも表面的に受け止めたりすると、誤った行動を選んでしまうことがあるからだ。リサーチは意図しなくても恣意的になってしまうこともある。自説を裏付けるような結果を導く質問を用意すれば、ある程度設計者の思いどおりの答えを得ることができるからだ。実際に、意思決定に役立てること以上に、企画を通す目的でリサーチ結果が添付されることも多い。リサーチさえ行っていれば万事上手くいくと思い込むのではなく、手間やコストをかけてリサーチを行う意味をきちんと認識しながら、適切な利用を心がけなくてはならない。

◉─── コミュニケーションツールとしてのリサーチ

 リサーチはファクトを捉えるツールである。したがって、社内外とのコミュニケーションを円滑にする側面がある。例えば、上司や社内関係者に対してマーケティング施策の提案をするときに、リサーチ結果を提示し、「〇〇%の顧客がこのような不満を持っているので、その解消のための施策を行う必要がある」と述べることで、根拠の説明が容易になったり、説得力が増したりする。グラフやチャートなどを効果的に用いれば、相手の理解を促しやすくなる。実際に、企画書を出す際には、リサーチ結果の添付を義務付けている企業は多い。

 また、法人向けビジネスなどでは、リサーチが顧客とのコミュニケーションの機会となることもある。例えば、営業担当者がリサーチへの協力依頼やアンケート回収のために顧客訪問をすれば、顧客との接触機会が生まれる。顧客に調査に協力してもらうことで、自社製品やその製品カテゴリーに対する注意を喚起したり、何らかの感情を持ってもらったりするきっかけにもなる。

その半面、それまではあまり意識していなかった不満を顧客に認識させてしまう危険性もある。しかし「触らぬ神にたたりなし」という安易な考え方よりは、クレームに至らないまでも満足していなかった状況というものを把握し、対策を講じるという考え方をしたほうが、長い目で見れば企業にとって良い結果をもたらす。
　とはいえ、事前に把握していた顧客の不満を、リサーチを行ったがために再認識させてしまったという失敗例もあるので、慎重を期すに越したことはない。コミュニケーションにおける役割や波及効果はリサーチの主目的ではないかもしれないが、そうした側面も踏まえながら有効に活用していくとよいだろう。

第11章 ● 顧客経験価値とカスタマージャーニー

POINT

　デジタルを基盤にしたITの進化もあいまって、マーケティングそのものの目的が、製品やサービスを消費者に認知させ、購買につなげることから、顧客の体験を演出することへと変化しようとしている。商品を起点に、そのポジショニングを伝えて売ることから、顧客の視点を起点にダイナミックな体験の創造を考え、その中に製品やサービスが組み込まれることを期待する、という考え方へとマーケティングの概念が変わっているのだ。今までも、「まずは顧客を中心に考えるように」と言われてはいた。しかし、本当にそれが徹底されていただろうか？　結局はプロダクトアウトの発想を越えられなかったのではないか？　という反省から、新しいマーケティングのあり方が考えられ始めたのである。そのことを示すように、「カスタマーセントリック（顧客中心主義）」という言葉が用いられるようになった。

CASE

　日清食品は、インスタント麺のパイオニアとして、これまで多くの製品を市場に送り出してきた。なかでも、チキンラーメンやカップヌードルは、30〜40代以上の世代なら誰もが知っているブランドである。一方で、生まれたときには既に何百種類ものインスタントラーメンがあった10代においては、そのブランド力も弱まる傾向にあった。長年来の顧客も、高齢化して食の嗜好が変われば、当然売上げに影響する。ブランドのエイジングへの対策として、若年層の取り込みが日清食品の課題となっていた。
　そうした状況の中、カップヌードルミュージアム（正式名称：安藤百福発明記念館）が、「子どもたちひとりひとりの中にある創造力や探究心の芽を吹かせ、豊かに育てるための体験型ミュージアム」と銘打って設立された。
　通常、企業博物館というと、企業理念や創業精神、会社の歴史を伝えることを目的とする場合が多く、記念の品物を陳列ケースに入れて展示する形式がよく見られる。しかし、カップヌードルミュージアムは、五感に訴える体験型メディアとしての機能を重視している。

メインは、小麦粉をこねるところから、味付け、乾燥、パッケージデザインまで、インスタントラーメンの製造過程を体験できるチキンラーメンファクトリーと、自分でデザインした容器に好きなスープと具材を入れ、自分だけのカップヌードルが作れるマイカップヌードルファクトリーだ。どちらも、来場した人だけが、オリジナルのインスタントラーメンを作ることができる。さらに、普段は見ることのできない製造工程を見学し、食材の安全性を確認することで、インスタントラーメンに対する見方が変わり、ブランドへの信頼感を醸成する効果もある。

　巨大な工場の中で、自分自身がカップヌードルの"麺"になって、製麺から出荷されるまでの生産工程を体感できるアスレチック施設では、子供たちが麺を製造する機械の中を通り抜け、実際の麺作りの工程を体感して学ぶことができる。創業者がチキンラーメンを開発した場所を再現した百福の研究小屋には、たとえ特別な設備がなくても、アイデアがあれば、ありふれた道具だけで世界的な発明ができるというメッセージが込められている。十分とは言えない環境の中で研究を続けた創業者に、誰しも親近感を覚えることだろう。

　さらに、食事スペースのNOODLES BAZAARでは世界各国の麺が味わえるほか、カップヌードル風味のソフトクリームがカップヌードルの容器に入れて提供される。インスタント麺とソフトクリームという奇抜な組み合わせは、まさに、ここに来なければ味わえないメニューである。企業の看板商品をスイーツにアレンジするという、挑戦的な姿勢が刺激的だ。

　カップヌードルミュージアムは、収益を目的としてはいない。むしろ大規模な設備で維持費がかかり、とても黒字は見込めない。それなのになぜ、このような取り組みをするのだろうか。

　日清食品は、子供にもわかりやすい展示や、楽しみながら学べる体験型の仕掛けを通じて、児童から若年層にカップヌードルやチキンラーメンを五感で味わってもらい、ファンになってもらいたいと考えているのである。といっても、楽しんでいるのは子供たちだけではない。自分が子供の頃から知っているチキンラーメンやカップヌードルを作る体験は、非日常的で、大人でもワクワクする。実際、子供を連れてきた親たちのほうが楽しそうにしている。こうした楽しい体験を通じて、日清食品は特有のブランド体験を提供し、ブランドのファンを作っているのである。

　リアルな体験に勝るものはない。自分が心地良い体験をすれば、ブランドを身近に感じ、好きになり、その体験を人に話したりもするだろう。好きになったブランドの商品は、競合商品より手に取ってもらいやすくなる。ブランドのファン作りは、一見すると遠回りに見えるが、結果的にはブランドとの強いエンゲージメントを持つ顧客層の構築

第11章 顧客経験価値とカスタマージャーニー

が可能になり、究極的には高いロイヤルティを持つ顧客の増加につながるのだ。

　カップヌードルミュージアムの来館者数は、2017年6月時点で累計600万人に達している。「自分だけのカップヌードルが作れる」という日清食品最大の強みを訴求し、国内だけでなく海外からも観光客が訪れる人気のスポットとなっている。

理論

　デジタル環境の進化によってマーケティング戦略の立案方法は、**カスタマーセントリック**（顧客中心主義）へと大きく舵が切られた。本章では、現代のマーケティング戦略立案において、根幹を成す顧客経験価値マーケティングというコンセプトと、その具体的な手法としての**カスタマージャーニー**について解説する。

1● 顧客経験価値重視への移行を促す2つの変化

　デジタルツールの発展が、マーケティングのあり方を大きく変えた。単に情報の量が増えただけでなく、消費者がそれらの情報に接する際のハードルが下がったし、何より消費者自身が情報発信を自由に行えるようになった。そのため、企業が考慮すべき消費者とのタッチポイントが、無数の広がりを見せているのだ。タッチポイントとは、企業またはブランドと消費者との接点を総称する用語である。例えば、友人があるブランドの名前を口にした、ブランドのロゴをネットで見かけた、というような接点から、店頭で商品を見た、購買した、サービスを受けた、といった接点まで、ありとあらゆる機会がタッチポイントになりうる。そしてタッチポイントの数と情報量が増大したことで以下の2つの変化が生じ、ひいては企業が消費者に提供すべき価値も、商品から経験へと大きく変わることになった。

●――― 企業が考慮すべき情報メディアの変化

　SNSやブログといったコミュニケーションツールの普及により、誰もが容易に情報を発信できるようになった。さらに、個人が発信したそれらの情報をまとめる機能を持つネットメディア（naverまとめやHuffinton Post、Buzz Feedなどが現在ある。ミドルメディアとも呼ばれる）、そして新聞・雑誌・テレビ・ラジオなどのマスメディアと、メディアの階層構造が成立し、個人の発信した情報がごく短期間に全世界に広がることもありうる時代が到来した。例えば、個人がつぶやいたツイートが瞬く間に多くリツイートされ、ミドルメディアの取材を受けて記事化される。そして、それを見たマスメディアがその情報をさらに拡散する、といった動きが見られるようになってきたのである。

メディアの数が飛躍的に増えたことは、企業と消費者のタッチポイントの種類と数も飛躍的に増加することを意味する。このようにタッチポイントが増えると、企業が消費者とのコミュニケーションをコントロールすることは難しくなる。特にネット上の情報は、検索サイトをはじめとした**プラットフォーム**で選別され、さらに、消費者がその情報を選び取るという意思決定をしない限り伝わらないのだ。しかも、企業は、どの消費者がどのタッチポイントで自社の情報に触れるかについても、完全にはコントロールすることができない。例えば、ユーザーを偶然見た、その企業について別の人と話をした、などは企業側が察知できるものではなく、したがってコントロールもできない。

一方で、自社の情報を矛盾なく消費者に伝えるためには、それぞれのタッチポイントの軽重にかかわらず、すべてのタッチポイントで情報をできる限りコントロールし、整合性を取ることが求められる。そこで、自社に関わりが深そうな消費者について、できる限り消費者との一次接点を増やし、消費者が求めるであろう情報の提供を試みることになる。そのために活用されているのが、顧客や見込み客のデータを活用したマーケティング活動である。

こうした状況を受けて、企業がメディア戦略を考える際に、第8章で述べたトリプルメディアを使い分ける発想が定着してきている。また、膨大な量の情報を消費者ごとにカスタマイズして効率的にコントロールするために、ITとアルゴリズムを活用することも一般化してきた。今や、システム部門よりもマーケティング部門のIT投資額のほうが大きく、ITを抜きにしてマーケティングを語ることはできない。消費者にあまねく、矛盾なく適切な情報を届けるためには、ITとデータアナリシスを活用したカスタマイゼーションが不可欠なのである。例えば、アマゾンのレコメンド機能や、グーグルの検索結果の表示順は、個々の消費者の活用履歴データに基づいてカスタマイズされている。

広告業界やメディア業界にとっても、彼らにとっての顧客（広告主）を獲得するために、ITによる進化が死活問題となっている。こうしたメディア企業間の激しい競争が、マーケティング手法のIT化、データ重視化を加速させている面も無視できない。

● 顧客の経験を重視する発想への変化

タッチポイントの飛躍的な増加は、カスタマーセントリックへの転換にも大きな影響を及ぼした。フィリップ・コトラーの時代から、「顧客中心」ということが何度もマーケティングで提唱されてきた。しかし、実際にマーケティング戦略の立案・実行においては、自社の製品をどうやって消費者に売るか、というセリング発想の枠を出なかった。つまり主語・主体は、あくまで企業や商品だったのだ。

しかし、デジタルメディアの拡大で消費者とのタッチポイントが飛躍的に増加し、そ

の多くが企業にはコントロールできないような状況になって、セリング発想の限界が露呈してきた。
　従来のマーケティングでは、ある商品のポジショニングを決めたなら、その商品に関する情報を、テレビなどマスメディアを通じて手を替え品を替え消費者に発信していればよかった。だがこれからは、消費者の体験の中から、商品に関わるタッチポイントにできそうなものを見つけながら、消費者の様々な体験の瞬間ごとに異なるニーズに合わせて必要とされる情報を提示し、結果として商品を選んでもらうという発想が大切になる。つまり、顧客を主語にしてマーケティングを考えなくてはならないのだ。
　このように発想を転換すると、消費者に提供すべきものが、商品に関する情報だけとは限らないことに気づくだろう。消費者が日々生活する中で、その商品が関係しそうな体験のすべてを考慮し、その価値を伝える必要がある。企業に収益がもたらされるのは、商品を消費者が購買してくれた瞬間であることに変わりはないが、その瞬間を消費者が求めてくれるように、いかにして消費者に情報を発信していくかを設計しなくてはならない。一方通行で商品情報を提供していればよい時代は、もう終わったのである。
　消費者のニーズにまつわるこの2つの新しい変化に伴い、企業のマーケティング戦略の目標も大きく変わった。端的に言えば、消費者のその時、その時のインサイトに応じた体験を提供し、経験価値を感じてもらわなくてはならないのだ。
　日清食品のケースで言えば、従来型の発想では、カップヌードルのマーケティング活動はテレビCMや小売店の店頭、チラシ等でいかに購買意欲を喚起するかに限られていた。しかし、カスタマーセントリックの発想では、主語を顧客にして、顧客はカップヌードルのどの側面を見たら、美味しい、素敵だ、食べたいと思うだろうか、どのようなコンテキスト（文脈）でカップヌードルに触れれば気に入るだろうか、そもそも、カップヌードルという一商品だけでなく、インスタントラーメンというカテゴリー全体をどう好感するだろうか、といったことを考える必要があるのだ。
　そこで日清食品では、同社ならではのクリエイティビティ、遊び心を、店で購入できる商品としてのカップヌードルとは直接関係のない展示も含めた体験型ミュージアムに具現化して、様々な側面から五感で日清食品を体験し、一人ひとりに日清食品との情緒的なつながりを持ってもらおうと試みているのである。
　こうしたミュージアムが提供しているような施策を、消費者と企業のタッチポイントすべてで同時に行えれば理想的だが、リソースの問題もありそうはいかない。何が本当に重要なタッチポイントで、そこで行うべき最善の策は何かを考えることも大事だが、無数にあるタッチポイントに対してできることを矢継ぎ早に実施し、効果的だったものを見出していくほうが早い。タッチポイントを取り巻く環境もマスメディアのように安

定的ではなく、日々変化しているからなおさらである。したがって、環境の変化に応じてダイナミックに、また矢継ぎ早に施策を打つためにアジャイルな発想（実施→修正→実施の考え方）を持つ必要があり、マーケティング戦略の立て方そのものが、従来とは大きく異なってきたのである。

2● 顧客経験価値マネジメント

マーケティング戦略の変化にいち早く着目し、顧客経験価値をマネジメントするべきだと提唱したのがコロンビア大学ビジネススクールのバーンド・H・シュミット教授である。彼は**顧客経験価値マネジメント**を、「顧客と製品や企業との関係全体を戦略的にマネジメントするプロセス」と定義している。

◉──── 従来型マーケティングの3つの限界

シュミットは、経験価値思考で見たときに、従来のマーケティングには限界があると指摘する。それは以下の3つである。

● マーケティングコンセプト

マーケティングコンセプトは「商品の」コンセプトを作るものであり、商品中心の発想から脱しきれていない。ポジショニングも「商品の」ポジショニングであり、4Pによって組み立てられるマーケティングミックスは、「商品をいかに売るか」についてのTo Doリストになってしまう。

● 顧客満足

顧客満足を測定するには、顧客に「この商品に満足したか」と質問することになるが、このように質問した時点で顧客の本当の思いはわからなくなる。商品そのものへの満足は、顧客の体験への満足を表さない。顧客の満足はよりプロセス志向であり、どのような状況でその商品を買ったのか、どんな環境で使ったのかといった、商品以外を取り巻く状況に大きく左右されるはずなのだ。

● CRM（Consumer Relationship Marketing）

CRMは、購買履歴や問い合わせ履歴など、企業が観測できる範囲での商品と顧客の関係に基づいて施策が決められる。現実には、顧客がその企業や商品の情報に触れるタッチポイントはもっと幅広い。見るべきは顧客を取り巻く体験であり、顧客とブラン

ドの情緒的なつながりなどを構築するほうが大切なはずである。

　こうしたシュミットの指摘の根底に一貫して流れているのは、商品やブランドといった、企業側が売りたいものが主語となっているマーケティングは意味がない、という考え方である。シュミットの指摘は、顧客を主語にしてマーケティングを行う考え方が、実務において商品主体の発想に変わりがちな現状への警鐘だともいえよう。

◉──── **顧客経験価値の構成要素**

　シュミットは**SEM（戦略的経験価値モジュール）**というフレームワークで顧客経験価値を説明でき、マネジメントできるとする。SEMは顧客の生活が、ある企業およびその商品群と持つタッチポイントで、どのような経験価値を生み出せるかを整理・解説したものである。以下に、その種類と内容を見てみよう。

● **Sense：感覚的経験価値**

　センスとは、視覚、聴覚、触覚、嗅覚、味覚の五感を通じて感じるものを指す。実際にはその感覚を味わっていなくても、美しいに違いない、良い手触りに違いない、美味しそうだ、というような感覚も含む。例えば、ティファニーのお店に行けば、「この指輪のデザインはティファニーらしい良いセンスだ」などと人は思う。この「××らしくて良いセンス」と思うことが、感覚的経験価値である。具体的な表現要素としては、視覚面では色、形態、書体、聴覚面では音量、調子、リズム、そして触覚面の素材と手触りなどである。これらが、ブランド戦略に基づく一定のテーマの下にスタイルを持って提示されることで、認知的一貫性と感覚的バラエティが生まれると、顧客は五感に響いてくる審美的な楽しみを得ることができる。

● **Feel：情緒的経験価値**

　顧客が企業やブランドに対して愛着を抱いたり、感情移入したりするときに生まれる価値を指す。情緒的経験価値は気分と感情に分かれる。気分というのは、情緒的経験の中でも軽度な経験で、なぜそのような気分になるのか、理由が特定されていない状態を指す。例えば、今日は少し前向きな気分だな、機嫌が悪い、普通だ、といった何となく持っている感覚である。

　それに対して感情は、はっきりと引き金や理由を特定できる情緒的経験を指す。これらの感情が生まれるきっかけを商品が生み出すこともあるが、人やイベントであることも多い。例えば、プロ野球の阪神ファンの人が、阪神が勝ったときに抱く情緒は感情で

ある。情緒的経験価値にするためには、なるべくこの感情のレベルの動きを引き起こす必要がある。

　顧客が最も情緒的価値を感じるのは、その商品を消費しているときである。ショッピングに出かける、バーで1杯飲む、映画を観に行く、旅行に出る、ドライブをするといったことはしばしば、好意的な情動消費活動が結び付いた状況を生み出すことになる。この場合は気分と感情、両方ともが情緒的経験価値になる。

　情緒的経験価値は、サービスなどを受けている際に強く引き起こされる。デパートで洋服を買うとき、ただ試着をするよりも、店員から一言「このお洋服がお似合いですよ」と勧められたときの気持ちや、故障した商品を直してもらうときのサービス体験、ホテルやレストランでの接客体験を考えればわかりやすい。

●Think：創造的・認知的経験価値

　顧客が深く創造的に思考した上で、企業やブランドに対する自分の評価を結論付けるのが、創造的・認知的経験価値である。考え方の内容によっては、古くなった仮説や昔の期待を覆してもらえ、パラダイムシフトを起こすことも可能な価値である。連想を促すような言葉に触発されたり、新しい知識を得ることで考え方を変えたりすると価値が生まれるわけだが、そうなるためには、顧客が驚いて興味・関心を示し、そのことについて自分で調べたくなることが必要で、そのときに企業やブランドが十分な情報を提示できることが決め手になる。

●Act：肉体的経験価値とライフスタイル全般で得られる価値

　顧客が現実に体験したり、他者と接触したりすることでもたらされる価値を指す。いずれにせよ、何らかの行動をすることによって得られるものなので、体験をしてもらうための具体的な装置や、ストーリーがなければ、この経験価値を管理することは難しいだろう。一方で、管理の及ばないところでは、顧客がその商品を使っているときに常に体験されている価値であり、始終生み出されている価値であるともいえる。

●Relate：準拠集団や文化との関連付け

　特定の集団の一員であったり、同じ文化を共有しているという感覚には経験価値がある。簡単に言えば帰属意識のことである。自身が、どのような社会的な自我を持っていて、どういったブランドコミュニティに所属しているのか。例えば、ハーレーダビッドソンの愛好者、アメリカン・エキスプレスのメンバー、といったような帰属意識を経験価値として定義する。

これは必ずしも、特定の商品に直結するとは限らない。例えば、歌舞伎を観ると日本の良さをしみじみ感じるといった文化的価値観や、自分は高級店よりもスーパーで買い物を済ませるので、どちらかというとミドルクラスだろうといった社会階層への所属意識も含まれる。この経験価値をマーケティングで利用している典型例としては、憧れのあの人と仲間になりたい、あの人と同じものを所有したい、という意識を利用して行われる、インフルエンサーマーケティングなどが挙げられるだろう。

シュミットはこれら5つの価値が顧客経験価値を形作っているとし、これらの要素をコントロールすることで、顧客経験価値マーケティングが達成できるとしている。

ケースのカップヌードルミュージアムに即して言えば、オリジナルのカップ麺を自作したりする過程でSenseやActが満たされ、そこにエンターテインメント性を持たせることでFeelを刺激し、さらに日本の（ひいては世界の）食文化においてインスタントラーメンやカップ麺がいかに親しまれ、定着してきたかに思いを馳せることができるという意味で、ThinkやRelateも備えている。

◉─── マーケティング戦略とカスタマージャーニー

それでは、顧客経験価値をカスタマーセントリックなマーケティング施策で高めるには、どのような戦略を立て、実施していけばよいのだろうか。1つの方法論として一般的になりつつあるのが、カスタマージャーニーマップでマーケティング戦略を管理する方法である。

カスタマージャーニーとは、直訳すれば「顧客の旅」であるが、顧客の日々の行動や五感に触れる物事を、時系列に沿ってできるだけ具体的に想像し、把握するという考え方である。理想的には、企業はSEM（戦略的経験価値モジュール）について、全人類の全経験をコントロールできていればよいわけだが、そんなことは当然不可能だ。そこで、まずは観察すべき顧客の行動を限定した上で、タッチポイントを洗い出し、どんな場面でどんな経験価値を顧客に感じてもらえそうかを可視化する。その過程で作られるのが、**カスタマージャーニーマップ**である。

カスタマージャーニーマップを作るには、以下のステップが必要である。

1. ブランド戦略を確認し、企業が求める顧客との情緒的関係を定義する
2. ブランド戦略と調査に基づき、**ペルソナ**（仮想顧客）を設定する
3. ペルソナを利用してカスタマージャーニーマップを描く
4. **真実の瞬間**（moment of truth）を洗い出す

5. 実行する真実の瞬間を決定し、具体的なアクションプランと**KPI**を計画する
6. カスタマージャーニーマップの必要な見直しを行う
7. 3に戻る。このとき、ブランド戦略を反映させる目的以上にはペルソナにこだわらず、得られた結果をもとにアジャイルに内容を変えていくことが必須である
8. 4以下を繰り返す

ステップ1～2：ブランド戦略と調査に基づき、ペルソナを設定する

　第9章で詳述したブランド戦略に基づいて、まずは自社にとって最も都合のよいペルソナを設定する。よく誤解されるのだが、ペルソナは現実の顧客ではない。あくまでも、カスタマージャーニーマップを描く際にイメージを膨らませるための、触媒としての人格である。ターゲット（標的）といった言葉ではなく、ペルソナ（仮面）と言うのもそのためだ。つまり、良いことも悪いことも含めて、最も多くのタッチポイントを持ちそうで、かつ、そこでビビッドな反応をしてくれそうな人格を明確に設定するのである。
　とはいえ、ペルソナが完全な想像の産物になってはいけない。あくまでもブランド戦略に則り、かつ1つ1つの行動については実在しそうなペルソナでなくてはいけない。したがって、ペルソナの設定に際して顧客のリサーチは必須である。

ステップ3：カスタマージャーニーマップを描く

　カスタマージャーニーマップの作成方法は多くあるが、マーケティング戦略立案の観点からシンプルかつ合理的なのは、①ペルソナの行動を洗い出し、時系列に書き出して、必要があればグルーピングを行う、②その行動に伴って起きた感情と思考を書き出す、③その際のメディアとタッチポイントを書き出す、という手順である。
　「マップ」にするために、横軸に認知の流れに沿った行動を書き、縦軸に行動、感情、思考、メディアとタッチポイントをとって書いていく。できるだけ行動を細かく書くことで、精緻なカスタマージャーニーマップを作ることが可能になる。

ステップ4：真実の瞬間（moment of truth）を洗い出す

　マーケティング用語としての「真実の瞬間」は、スカンジナビア航空CEOのヤン・カールソン氏が提唱した概念である。航空会社のスタッフが顧客に直接応対する平均時間が15秒であることから、この15秒が実際の顧客満足度を決定的に左右するとして、真実の瞬間と呼んだのである。その後P＆Gが、消費者が店頭に陳列されている商品を目にして購買の意思決定を下す瞬間と、購買後に実際に商品を使用する瞬間の、2つの真実の瞬間を提唱した。さらにグーグルは、インターネットの普及で生活者の購買行動

図表11-1　顧客体験における真実の瞬間

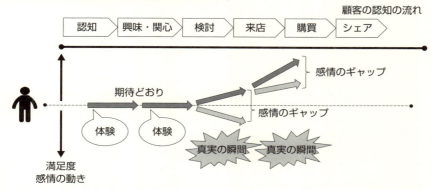

顧客の認知の流れに影響を与える様々なタッチポイントを洗い出し、その中で顧客の期待値と比べて大きなギャップをもたらす瞬間（真実の瞬間）を見出す

が変化し、店頭で購買を行う前に検索を行う等、オンラインでの情報収集が起点となっていることから、購買等の前にオンラインでブランドに接触する瞬間も真実の瞬間であるとした。

　これらの瞬間はどれも確かに、顧客の経験に大きな影響を与えるタッチポイントだといえよう。しかし、マーケティング戦略立案の観点から共通項を探れば、真実の瞬間とは、良い意味でも悪い意味でも顧客の期待値を超えた経験を設計することができて、顧客の期待値とは異なる感情が生まれ、そこに大きなギャップが生じうる、もしくは生じている状況のことといえる。この真実の瞬間を見出し、コントロールすることこそが、顧客経験価値の具体的なコントロールになるのである（**図表11-1**参照）。

ステップ5：具体的なアクションプランを計画し、KPIを決定する

　多くの真実の瞬間、もしくは真実の瞬間を生み出せそうなタッチポイントを見出したとしても、それぞれに軽重があり、また実施に際しては多くの制約がある。マーケティング戦略上、最も効果的で具体的なアクションをとりうる真実の瞬間を洗い出し、具体的な施策に落とし込む。そして、その効果を図るべく数値目標（KPI）を設定する。KPIを設定することで、実行したアクションが成功か失敗か、またその理由は何かを把握できる。これによって、次のアクションを考え、PDCAサイクルを回していくことが可能になるのである。設定したKPIは必ずカスタマージャーニーマップに記載しておく。

ステップ6：カスタマージャーニーマップの見直しを行う

アクションを実施したら必ず振り返りを行い、その結果が全体のマーケティング戦略にどのような影響を与えたか評価する必要がある。KPIは期待どおりでなくても全体には良い影響がある場合もあれば、その逆もありうる。単に結果の良し悪しの判定だけに終わらせず、そもそもカスタマージャーニーマップを書き変える必要があるのか、真実の瞬間の見極めやペルソナの設定は適切だったか等々、聖域を設けずに常にアクションの因果関係を考え抜くことが重要である。こうしてカスタマージャーニーマップを継続的に改良していくことで、マーケティング戦略はより精緻になっていくのである。

● 顧客経験価値マーケティングの注意点

カスタマーセントリックで顧客経験価値マーケティングを実施するに当たっては、逆説的だが、あまりにも細かい**ワン・トゥ・ワン・マーケティング**の罠に陥ってはいけない。顧客の認知や感情に焦点を当ててマーケティング戦略を設計するという発想は重要だが、一人ひとりの違いにこだわりすぎると、現実問題として施策の組み合わせが複雑になってしまう。そうではなく、あくまでも行動1つ1つに着目し、このような行動を起こす顧客にはこのような施策を、という具体策の積み重ねこそが必要なのだ。

顧客経験価値マーケティングで着目すべきは、顧客の行動とそれに伴って起きる顧客の経験、そしてそれによって生み出される顧客経験価値である。顧客とブランドの情緒的関係は、あくまでも1つ1つの経験価値の集積によって生み出されるものなのだ。

したがって、ペルソナはよほどのことがない限り、1ブランドにつき1人で十分で、カスタマージャーニーマップも1つ作ればよい。ペルソナが分かれる、カスタマージャーニーマップが分かれると思われる場合は、もう一度ブランド戦略に立ち返ることをお勧めする。ブランド戦略が明快であれば、顧客像もおのずと明快になるはずだからである。

顧客経験価値のコントロール方法

本文でも言及したとおり、顧客経験価値マーケティングは現在も発展中である。実務的な要諦として、デジタルマーケティングの先進企業として実績のあるアドビ社が提唱する4つのポイントを紹介しよう。

1.Know me and respect me
　顧客が、この会社・ブランドは自分のことを知ってくれていて、しかも尊重してくれている、と感じる状態を維持すること。

知られていないのは論外だが、企業側に自分の情報を提供した覚えがないのに、自分のことをあまりに知られているように見えると、気持ちが悪いものだ。例えば、何かに登録した瞬間に企業から電話がかかってきたりしたら、多くの顧客は不安な気持ちになるだろう。したがって、知られていることは大事だが、知られすぎていてもいけない。顧客を尊重していることが伝わることも大事なのである。

2.Speak in one voice
どのデバイスでアクセスしても、同一の顧客として扱われていて、企業からのメッセージにぶれがないと感じられる状態を維持すること。

最近の顧客はパソコンだけでなく、タブレットやスマホといった他のデバイスを扱うことも多い。使うデバイスが変わるたびに新しい顧客、別の顧客のように扱われてしまうと、それまで積み重ねてきた体験価値が台無しになるものである。

3.Make technology transparent
顧客が、テクノロジーの難しさを意識することのない状況を維持すること。

例えば、IDを忘れたらすべてのサービスが使えなくなってしまった。毎回、もしくは何回もパスワードの入力を求められる。ちょっとした登録なのに入力に何分もかかる等々。こういった体験は、顧客を不愉快にさせることはあっても、良い経験を与えることにはならない。セキュリティの問題も関わる部分ではあるが、顧客が面倒だと感じる事態は避けたいものである。

4.Delight me at every turn
すべてのタッチポイントで顧客を満足させること。

言わずもがなだが、提供されるサービスが見当違いなものでは意味がない。それがネット上であろうとリアルな体験であろうと、顧客が求めるサービスをその場ですぐに提供できるように、常に準備を整えておく必要がある。

第12章 ● BtoBマーケティング

POINT

　法人を主要顧客とするビジネスにおいても、マーケティングの考え方や、市場機会の発見から4Pに至るマーケティングプロセスは有効である。しかし、顧客特性や製品特性が違っているので、各論の部分では力点の置き方を変える必要がある。特に、俯瞰思考やソリューション発想を持つとともに、価値の表現方法（価格設定）に留意することが重要になる。また、近年の顧客や競争環境に関する変化を受け、顧客接点・案件の創出に関するマーケティングへの期待がどのように変化しているかという点にも着目していきたい。

CASE

　製造業のBtoBマーケティングにおいて顧客接点作りや関係構築といえば、一昔前までは顧客企業が製品開発を検討するプロセスに合わせ、営業担当やセールスエンジニアが何度も訪問して、フェース・トゥ・フェースで関係を築くことが大部分を占めた。コンデンサや通信モジュール、また電源など、電子部品とその関連製品の開発・製造販売の大手である村田製作所（以下、村田）は、現在そうしたオフラインでの営みに加えて、オンラインで可能な施策を組み合わせながら、顧客との双方向のコミュニケーションを増やすことに注力している。

　村田のウェブサイトには製品情報や設計支援ツールなどのほか、エンジニア向けの会員登録制ポータルサイトmy Murata®がある。同サイトは2013年10月にサービスが開始され、最終的な完成品の用途に合わせて適切な村田製品の情報に誘導する仕組みや、動画による製品紹介などの工夫が凝らされている。また、設計支援のためのツール提供など、ユーザーに役立つコンテンツが豊富に用意されている。

　my Murata®にユーザー登録すると、製品の特徴や部品選定のコツ等に関する疑問を投稿して他のユーザーとディスカッションできる「掲示板」機能や、実装トラブル回避のノウハウに関する情報などのコンテンツが利用できる。さらに2014年11月には、my Murata®内にムラタソリューションポータルサイトを開設し、村田の製品とパー

トナー企業の製品を組み込んだ最終製品案などが公開されるようになった。訪れるユーザーはそこから自社の製品開発へのインスピレーションを得るだけでなく、コメントの発信やサイト上の掲示板を介した情報交換、個別の相談なども行える。

このように、従来の営業担当者、セールスエンジニア、代理店が連携して顧客をフォローする活動や展示会などでの各種販売促進のほか、ウェブサイト上でのコンテンツの充実化など、顧客とのコミュニケーションを促進する接点作りに、意欲的に取り組み続けている。双方向でのコミュニケーションを通じてユーザーの製品企画の段階から入り込めれば、自社製品の採用につながる可能性も高まるだろう。ユーザーとともに村田のパートナーも相乗的に増えていく環境になることが、村田にとっての理想だという。

一方で、各種販売促進活動の効果が見えづらいこと、ウェブサイトで得た見込み顧客の情報が営業につなげられることなく、時に適切にフォローされず放置されてしまうことなどは課題である。パートナー企業と共同での情報発信だけであれば、以前からオフラインの展示会でも行われてきた。オンラインならではの成果が求められるのだ。

2013年に村田は、マーケティングオートメーション（以下、MA）のツールを導入した。それにより、集まった顧客情報を見える化し、案件につながりそうな顧客情報は営業フォローへ誘導する、また自社製品への興味・関心を醸成することなどに取り組んでいる。村田が導入したMAツールを提供しているのはアメリカで創業した企業であり、日本で営業を開始したのは2014年だが、村田はその日本法人が立ち上がる前にグローバルでサービスを導入した。

現在、電子部品を含む電子情報産業の世界生産額において、日系企業が徐々にシェアを低下させる中で、村田は2016年3月期には2期連続での過去最高益を更新するなど、力強い成長を続けている。市場で追い風となるのは、近年の世界的なスマートフォン需要の高まりと高機能化である。データの高速ダウンロードなどに必要な機能向上や、各国で異なる周波数帯に対応するためにスマホに搭載される電子部品も数が増え、コンデンサや通信モジュールなど、村田の電子部品も販売を拡大している。

ただ、スマホに牽引される成長もいずれ成熟期を迎える日が来るだろう。スマホ需要の伸びが小幅となりつつある中で、今後もいかに顧客から案件を獲得し続けるか、加えて電子化の進む自動車産業やヘルスケア産業など、既存ビジネスの延長線上ではない新しい市場・顧客を開拓できるかが、村田が今後向き合う課題だ。顧客接点作りをどのような視点で捉えるのか、その上でどのような仕組みを構築・進化させるのか、村田のマーケティング活動に注目したい。

理論

第11章まで本書を読み進めてきて、次のような疑問を持った方もいることだろう。「ウチの会社が扱っているのは生産財だ。本書に限らず、マーケティングの教科書は消費財、言い換えれば一般消費者が顧客となるケースを念頭に置いて書かれているものが多い。しかし、消費者相手と企業相手では、マーケティングの方法も大きく異なるはずだ。消費財を前提としたフレームワークが、はたして自分たちのビジネスにもそのまま適用できるものだろうか」と。

結論から言えば、一般消費者を顧客とする**BtoCマーケティング**でも、法人を顧客とする**BtoBマーケティング**でも、ベースとなる考え方や、市場機会の発見から4Pに至るマーケティングプロセスは共通している。両者の違いは主に顧客特性や製品特性にあり、それによって各プロセスで注力すべきポイントが変わってくるのだ。本章では、そうした違いに着目しながら、BtoBマーケティングの特徴について概観していく。

1● BtoCマーケティングとの差異

BtoBマーケティングとBtoCマーケティングの根本的な差異は**顧客特性**と**製品特性**にあり、それが価格やコミュニケーション、チャネルといった各要素に影響を与えている。したがって、まずはBtoBマーケティングならではの顧客特性と製品特性をしっかり理解することが、適切なマーケティングミックスを構築する上でのカギとなる（**図表12-1**参照）。

● ── BtoBマーケティングの顧客特性

一般消費者に比べて、組織である法人顧客のほうがより複雑なプロセスや手続きが必要になる場合が多い。ケースで見た村田製作所が、顧客との双方向コミュニケーションをとるべく様々な施策に注力し続けるのは、近年の環境変化に加え、顧客特性も強く意識しているからだ。以下、法人顧客の特徴を見ていこう。

❶ エンドユーザーと購買意思決定者が異なる

ほとんどの消費財では購買の意思決定者がそのままユーザーとなるが、法人顧客の場合は、**エンドユーザー**（最終ユーザー）と購買の意思決定者が異なることが多い。顧客の組織内において購買の意思決定に関わる関係者を**DMU**（Decision Making Unit）と言うが、例えば、法人顧客に対するパソコンや携帯電話などの販売では、実際のユーザ

図表12-1　BtoBマーケティングの特性（BtoCマーケティングとの比較）

顧客特性	製品特性
①エンドユーザーと購買意思決定者が異なる	①専門品が多い
②製品・サービスが顧客企業の競争力に寄与するか否かがKBFとなる	②高額になることが多い
③組織ならではの保守性や硬直性を持っている	③ソリューション化が求められやすい
④顧客が少なく、特定しやすい	
⑤多くのユーザーがいるため、慣性が働きやすい	
⑥顧客の事業の成功／不成功に左右される	

ーは一般社員だが、それらの仕様の決定や取引業者の選択を個人が行うことはほとんどない。多くの場合、総務部がIT部門の意見を聞いた上で（あるいは、IT部門が総務部の意見を聞いた上で）、経理部門やライン長と取り決めた予算の範囲内で機種やベンダーを決める。金額が大きくなると、より大きな権限を持つライン長や経営者などが最終的な意思決定者となることも多い。

　業界や製品によっては、エンドユーザーとは別組織に所属する人が意思決定者になる。例えば、新築建物の建築材料（ガラスや外壁材など）では、最終的なユーザーは工事の発注者（施主）だが、自ら個別の建築材料の購買を決めることはまずない。どのメーカーのどの建材を用いるかを決めるのは、設計事務所やゼネコン（総合建設会社）、あるいは工務店であり、施主は建物トータルとしての使い勝手や外観、予算、納期に関して注文を出すにとどまる。したがって、建材メーカーが営業をかける相手は、当然ながら設計事務所やゼネコンとなる。このように、意思決定者とエンドユーザーが異なっている場合は、誰に何をコミュニケーションすべきか、伝えるべき相手と内容をよく考えなくてはならない。

　なお、同じ業界だからといって、DMUが必ずしも同じとは限らない。企業によって、社内のパワーバランスが異なるからだ。したがって、購買を働きかける際には、顧客企業の特徴をよく理解し、DMUの構造を見極める必要がある。

　DMUは果たす役割や機能によって、主に5つのタイプに分けることができる。なお、1人の担当者が複数の役割や機能を担う場合もある（**図表12-2**参照）。

図表12-2　DMUのタイプと役割の例

タイプ	主な役割・果たす機能
バイヤー	購買の窓口となり、契約手続きや交渉を行う。またベンダーとの情報交換を行い、社内に対しても有益な情報の伝達窓口となる
ディシジョンメーカー（ディサイダー）	購買する製品の仕様やベンダーの決定に、最終的な意思決定権限を有する
エンドユーザー	購買する製品やサービスを実際に利用する
インフルエンサー	購買の検討や意思決定に対して、直接的、または間接的に影響を及ぼす
ゲートキーパー	売り手側とDMUにおける各関係者との間を取り持つ

❷ KBFが顧客企業の競争力に直結する

　一般消費者の場合、製品のKBF（購買決定要因）は基本的に、個人の精神的な満足や日常生活における利便性などである。一方、企業の購買目的は、突き詰めれば「競争力の強化」ひいては「企業価値の向上」にある。売り手は、そうした顧客のニーズから生まれてくるKBFを徹底的に把握しておく必要がある。

　例えば、村田のケースに示した電子部品のような、顧客企業が自社の製品開発・製造に利用する生産財であれば、要求仕様の達成は前提条件であり、顧客のKBFは「品質・コスト」などとなるだろう。また、工作機械のように、顧客企業の製品の品質に大きな影響を及ぼすものであれば、機械の性能やカスタマイズ要求に対する柔軟性、顧客企業に対する提案力などが大きなポイントとなるだろう。

　さらに、顧客企業がスピードを重視している場合は特に、売り手も単に品質や機能面の良さだけではなく、開発期間や納期などのスピードアップに注力すべきである。同時に、顧客の細かな要望をどこまで受け入れるかの判断など、社内の意思決定もスピードアップする必要がある。例えば、ファインセラミックスや情報通信機器などを手がける京セラは、「アメーバ組織」と呼ばれる権限が委譲された小組織体制を敷くことで、競合に対して意思決定や行動のスピード感での優位性を構築している。ケースの、顧客とオンラインの関係を作る仕組みも、情報伝達の時間を短縮することが狙いの1つである。

❸ 組織の体質が影響を及ぼす

　法人顧客は、組織ならではの保守性や硬直性を持っていることが多い。大手企業になればなるほど、その傾向は顕著だ。そうした組織の体質は、顧客企業の意思決定スタイ

ルにも大きく影響する。

　まず問題になるのが、顧客企業が最終的な意思決定を下すまでにかかる時間の長さだ。特に新製品の場合、社内関係者を説得して稟議を通すまでに多大な時間とエネルギーが必要になる。企業によっては、1年というマネジメントサイクルの中で既存製品の見直しや新製品の受け入れを検討する時期が厳格に決まっていて、そのタイミングを逃すと次の販売のチャンスは翌年までない、ということもある。

　もう1つの問題は、前例踏襲主義やリスク回避主義が意思決定に及ぼす影響だ。DMUの各関係者も多くの場合"サラリーマン"であり、自分自身の人事考課や出世の可能性に無関心ではない。そのため、「前例を変えたくない」「名前の知られていないベンダーをあえて使いたくない」という発想になることも否めない。

　例えば、大手広告代理店を長年利用している企業では、どれほど良い提案を受けたとしても、無名の小さな広告代理店に変更することに二の足を踏む場合が多いだろう。万が一失敗したときのことや、関係者を説得する苦労を思うと、「思いどおりの結果が出なくても、『業界大手のA社に任せての結果だから仕方がない』という言い訳が立つ」と考えたくもなる。実は、法人顧客は、一般消費者以上に強力な「ブランド志向」を持っている場合があるのだ。このため、BtoBマーケティングでは、顧客企業の競争環境や担当者の心理状態などを十分に踏まえた購買理由を用意することも重要である。

❹ 顧客を特定しやすい

　消費財が不特定多数の一般消費者を相手にするのに対し、BtoBマーケティングでは、顧客は特定可能な一定数であり、時には業界でも2、3社しか潜在顧客がいないという状況もある。したがって、（最終的に受注に至るかどうかは別問題として）顧客の発見やニーズの把握、フォローアップの対象は絞りやすくなる。ただし、それは競合にとっても同様であるから、消費財以上に顧客維持と生涯価値（LTV）の最大化が命題となる。

　なお、製品・サービスによっては、同じ会社であっても地域や部門が異なれば、一から攻略法を考え直さなくてはならないケースもある。したがって、DMUの把握や顧客企業内におけるセグメントごとのシェアにも注意する必要がある。

❺ ユーザーの慣性が働きやすい

　組織には大勢のユーザーがいるため、しばしば強力なスイッチングコスト（切り替えコスト）が発生する。中央の購買部門の意向が強く働く会社でも、現場への説得は欠かすことのできないプロセスであり、現場からの抵抗が予想されるときには、あえて新しい試みをしないことも多い。つまり、いかにその製品・サービスが優れているかを

DMUが理解したとしても、エンドユーザーを味方につけない限り、なかなか切り替えてもらえないということだ。逆に言えば、初期にエンドユーザーに学習を積んで自社製品に慣れてもらえば、競合他社に切り替えられるリスクを軽減できる。

村田のケースで、my Murata®を"エンジニア向け"とし、サイトを訪れるエンジニアに村田の製品情報に触れてもらいやすい工夫を凝らすことは、この特性に対しても効果があると考えられる。

❻ 顧客の事業の成功／不成功に左右される

特に汎用性が低く、拡販しにくい製品などでは、どれだけ顧客ニーズを満たす良い製品を提供しても、顧客企業の事業が伸びなければ自社の売上げも伸びない。反対に、他社製品に比べて多少性能が劣っていたとしても、たまたま顧客企業の事業が伸びれば、それに伴って自社の売上げも拡大し、規模の経済によるコストダウンやブランドの確立に結び付くこともある。

したがって、（難しいことではあるが）成長や市場での勝ち残りが予想される企業や技術、標準を見極める、他の用途にも転用できるように汎用性を増すなどしてリスク分散を図る、といった対策が求められる。

● BtoBマーケティングの製品特性

法人顧客に提供する製品・サービスの特徴については、いくつかの要素は顧客特性の差異から発生しており、両者は表裏一体のものといえる。

❶ 専門品が多い

法人顧客においては、最寄品よりも専門品（機器や業務ソフト、企業向けサービス）の割合が増える傾向にある。

専門性が高いほど、製品・サービスの特徴を顧客や販売チャネルに説明するのが難しくなるため、啓発活動やトレーニングの重要性が増す。したがって、製品の高度化よりも、エンドユーザー用のわかりやすい操作マニュアルや教育プログラムの拡充のほうが、競争上の強みにつながる場合もある。特に、本体だけでなく付随する消耗品の売上げで利益を確保するような製品・サービスでは、サポート体制の整備が使用量の促進に役立つことが多い。

しかし、専門品のメーカーは往々にして、製品の差別化を図るためにその専門性をさらに追求しようとしがちだ。もちろん、それは正しい戦略かもしれないが、技術者の興味やプライドから、必要以上に高水準を目指すケースが少なくない。そうした企業は、

多数の顧客が最低限必要とする製品を圧倒的な低価格で提供する新規参入者に、足元をすくわれかねない。専門性の追求が大多数の顧客にとって本当に意味があるかどうか、問い直してみることも重要である。

なお、専門品では**カスタマイズ**が不可欠なことが多いが、費用増につながるため、取引は成立したとしても収益的には赤字となってしまうことも多い。**汎用品**やその組み合わせで顧客ニーズを満たせないか検討するなど、カスタマイズの必要性を的確に判断しなくてはならない。

❷ 高額なことが多い

数億円規模の設備投資や数千万円のコンサルティング・プロジェクトなどは、顧客が法人なればこその高額の製品・サービスだ。文房具や宅配便のように、1つ1つは安価なコモディティも、会社全体でまとめるとかなりの額になる。このことは、顧客企業との長期にわたる激しい価格交渉の存在や、（特に差別化しにくい製品・サービスでは）過酷な価格競争が待っていることを示している。価格競争に巻き込まれないようにするためには、新たな差別化の軸を見出す、顧客の本質的ニーズを見据えたソリューション（解決策）を提供する、などの方策を検討する必要がある。

❸ ソリューションが求められる

前項でも触れたが、売り手は単なる「（物理的な）モノ」の販売から「**ソリューション**」の提供へと進化することが求められる。これは、売り手側がモノだけでは差別化しきれず、より包括的なソリューションを提供しなければ付加価値を出せなくなっている一方で、顧客サイドもモノだけでは満足せず、売り手からの価値ある提案やアドバイスを求めるようになってきた、ということを示している。ソリューションの重要性については後述する。

2● BtoBマーケティングにおける課題

前項では、BtoBマーケティングの特性として、顧客の購買における意思決定の複雑さや、売り手側にソリューションが求められる傾向などを挙げた。これらを踏まえて、BtoBマーケティング担当者の3つの課題について考える。

● ─── 俯瞰思考を身につける

BtoBマーケティングにおいては、製品・サービスの販売プロセスを、「意思決定者

でありエンドユーザーでもある顧客」が「購買・使用して終わり」という単純な枠組みで捉えることはできない。特に、意思決定が組織として行われることを考えると、すべての関係者を俯瞰的に見る**俯瞰思考**が求められる。これは、自社と顧客をバリューチェーンの中に位置付け、バリューチェーンの特徴や各プレーヤーのパワーバランスを見る作業と、顧客組織内の関係者を**マッピング**し、彼らの興味や発言力を見る作業により、全体的に捉えて判断することだ。

❶ バリューチェーンを意識する

まず必要なのが、自社と顧客を含む業界のバリューチェーンを描き、業界内のプレーヤーの相対的な位置関係を把握することだ。その際には、自社の事業に直接関係しない補完財のプレーヤー（後述）も含めたほうが、より全体像が浮き彫りになる。

図表12-3はある電子部品メーカーのバリューチェーンの例を示したものだ。かつては顧客メーカーの開発者や購買・調達関係者がDMUであり、彼らのニーズをきめ細か

図表12-3 電子部品のバリューチェーン分析の例

```
                    素材・部材メーカー
                           │
                           ▼
モジュール化の流れ    電子部品メーカー          従来製品のみでは、環
の中で購買の意思決         │                   境保護などの世の中の
定権がここに移動中。       │     流通業者        要請に応えられないば
自社がモジュールメー       │    （専門商社等）    かりか、新たな消費者
カーとして変貌を           ▼      │            ニーズに関する市場機
遂げることも必要に    モジュールメーカー         会を逸するおそれも
                           │      │
                           ▼      ▼
温室効果ガス抑制          顧客メーカー ────── 購買・調達部門
などの必要性のプ              │        ────── 開発者
レッシャー（例：              ▼
地域によって非電             消費者
気自動車の販売禁              ▲
止の方針など）               │            環境保護に配慮した商
                      国、自治体の方針        品を使用したい、など
                                             のニーズ
```

く捉え、それに対応することが電子部品メーカーや流通業者のマーケティングのカギであった。ところが、モジュール化が特徴の電気自動車の開発などでは、電子部品単品ではなくモジュールとしての提案・納入の必要性が高まった。結果として、電子部品メーカーにとってのDMUは、顧客メーカーに加えてモジュールメーカーが重視されるようになり、時には電子部品メーカー自身がモジュールメーカーになることもあるなど、その構造は変化している。電子部品メーカーの立場からすると、こうした変化を意識しつつ、モジュールメーカー、流通業者、顧客メーカー、さらにはその先の消費者のニーズ・関心事項も視野に入れながら、互いの力関係を的確に捉えて収益最大化を図らなくてはならない。

❷ 供給業者と補完者も取り込む

　マーケティングは通常、いかにして顧客（あるいはチャネル）を獲得するかという観点で語られることが多い。しかし、「買ってもらえる仕組み作り」という本来の趣旨に立ち返れば、サプライチェーンの上流に当たる**供給業者**や**補完者**（補完財を扱うプレーヤー）を獲得する活動も、広義のマーケティング活動と考えることができる。

　供給業者の獲得は、流通業者の立場で考えると比較的理解しやすいだろう。流通業者にとっては、「売れる製品を持つ」メーカーを引き付けることは顧客獲得と同じくらい重要であり、事業の成否を分けるカギとなる。そのため、流通業者は販売網を拡充し、有力メーカーに対して販売力があることをアピールする。そうして売れる製品を提供してもらえるようになれば、「顧客が増える→さらに売れ筋製品が集まる→さらに顧客が増える」という好循環が回り始める。

　補完者の取り込みは、近年増えてきた業界標準（デファクトスタンダード）の保有がKBFとなる業界では、特に威力を発揮する。補完財とは、ブルーレイプレーヤーとブルーレイソフトのように、直接の「売り手－買い手」の関係ではないものの、相手側が普及・発展することで自らの市場も拡大する製品を指す。かつて、ブルーレイはビデオ規格のデファクトスタンダードをめぐってHD DVDと覇権を競い合った。両陣営とも、それぞれの規格で利用できるコンテンツを増やすべく、映画・映像ソフトを展開する企業・団体の取り込みに躍起になったが、最終的にはブルーレイがより多くの映画・映像ソフト企業を自陣営に取り込むことに成功し、この争いに勝利したのである。

　一方で、近年のコンシューマーゲームの世界では、1つのソフトを異なる製造元のゲーム機で利用できるように開発されるマルチ・プラットフォーム展開の流れがある。例えば、PlayStation4とXbox Oneへの同時展開だ。これは補完者（ソフトメーカー）として供給業者（ハードメーカー）に"取り込まれる"ことよりも、大きな売上げを獲得

することを目的に戦略的に行われるものである。こういった動きに対してどう向き合うかも、供給業者にとっての1つのテーマになりつつある。

> **事業の再定義**
>
> 　供給業者と補完者に関する議論をさらに発展させていくと、既存のバリューチェーンにおいて「何をすれば、自社の存在価値や独自性につながるか」という事業定義の議論にたどり着く。これは、誰にどのような価値のセットを提供しているのかという「バリュー・プロポジション（企業の提供価値）」の議論と言い換えてもよい。
>
> 　この観点から劇的に**事業の再定義**を行って収益性を高めた会社に、ミスミがある。同社はもともと、金型部品をメーカーに販売する典型的な専門商社であったが、1970年代に自らの事業定義を「販売代理人」から「購買代理人」へと転換した。すなわち、「供給側のメーカーのエージェント」ではなく、ユーザーのニーズに合わせて最適の部品を調達する「顧客側のエージェント」に事業を再定義したのである。それと同時に、これまでのように営業担当者を置くのをやめて、顧客にカタログを配り、指定された部品を的確に調達、配送するというビジネスモデルを確立し、売上高営業利益率数十％という、商社としては桁外れの収益性を実現した。

❸ 顧客組織内の関係者をマッピングする

　図表12-4に示す例は、ターゲットとする法人顧客の社内関係者を俯瞰し、彼らの関心や力関係をマップ上に描くことで、以下の2つの目的を果たそうとするものである。

● ある特定企業について、より具体的な攻略方法を検討する

　例えば、現在営業をかけている企業の窓口は担当者Aだが、一定金額以上の案件についてはAの上司であるB課長が情報収集を行っているような場合は、最初にB課長とのコンタクトを取れる状態にすることが重要であろう。また、B課長が実質的に購買方針を決定しているとすれば、彼の相談相手が誰かを探る必要がある。そこで上司のC部長および関連部署のD課長と日常的に相談しているとなれば、彼らもセールストークの場に引き出すことが必要になるだろう。

● 複数の潜在顧客がいるときに、組織内の力関係によってセグメンテーションを行い、効率的にアプローチできるようにする

　例えば、ある資材の購買に当たり、本社の資材部が強い会社と、個々の現場の意向が強い会社を色分けする。こうすることで、前者には交渉に長けたベテランの販売担当者

図表12-4 顧客組織内の関係者マッピング例

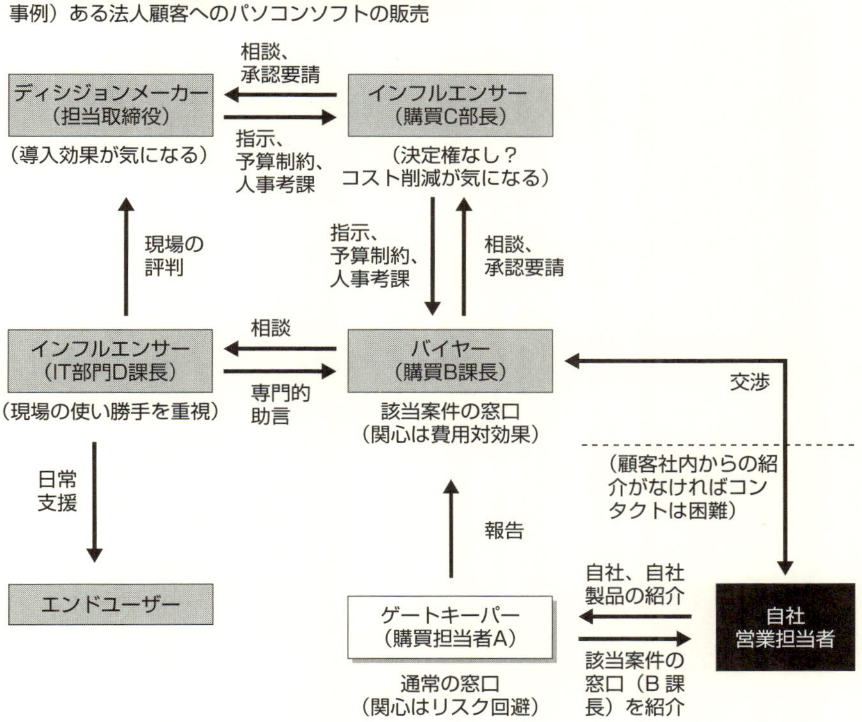

事例）ある法人顧客へのパソコンソフトの販売

```
                    相談、
                    承認要請
ディシジョンメーカー  ───────→  インフルエンサー
 (担当取締役)      ←───────   (購買C部長)
(導入効果が気になる)   指示、      (決定権なし？
                    予算制約、    コスト削減が気になる)
                    人事考課
      ↑
    現場の              指示、    相談、
    評判              予算制約、  承認要請
                      人事考課
                        ↓↑
インフルエンサー   相談    バイヤー              交渉
(IT部門D課長)   ←────  (購買B課長)  ←──────────
(現場の使い勝手を重視) 専門的  該当案件の窓口
                    助言   (関心は費用対効果)
      ↓                                      (顧客社内からの紹
    日常                                      介がなければコン
    支援                    ↑                 タクトは困難)
                          報告
エンドユーザー          ゲートキーパー    自社、自社
                       (購買担当者A)  ←──  製品の紹介    自社
                                                       営業担当者
                        通常の窓口    ──→  該当案件の
                       (関心はリスク回避)    窓口（B課
                                          長）を紹介
```

を張り付け、後者には若手の営業担当者に足繁く通わせてコミュニケーションを図る、などの対策が立てられる。

　マッピングを行う際には、重要な関係者を網羅することはもちろん、彼らの力関係と関心（コスト重視か、付加価値重視か）、リスクに対する志向（リスクを取るタイプか、回避するタイプか）などを的確に把握することが不可欠である。また、場合により**ゲートキーパー**（最初のコンタクトを取り次ぐ人）が購買担当者を兼ねることや、最終的な意思決定者である役員の秘書が突然ゲートキーパーとして出現するなど、各役割は組織内のポジション（役職）と連動するものではなく、また複数の役割を1人が兼務する場合などもあるので、個社・個別案件の事情に合わせた把握が必要となる。その上で、各関係者がどのような手順・手続きで購買を検討するのか、そのプロセスを把握することがよ

り効果的なアプローチにつながるのである。

◉ 価値と利益を考慮したソリューションを提供する

　BtoBマーケティングでは、売り手の立場はいわゆる「(納入)業者」となってしまうことが少なくない。一般に、提供できる付加価値が小さく、差別化の度合いが小さいほど「業者」扱いから脱却できず、いいように価格を叩かれ、収益性を落とすことになりやすい。仮に現在は高い付加価値を提供できていても、技術進化などによって環境が変化し、差別化できなくなると、同じ問題を抱えるようになる。

　こうした状況を回避し、収益性を確保できるような価格を維持するためには、先述したように、その企業ならではの価値を創造し、顧客に的確に提供していくことがポイントになる。その際のキーワードが「ソリューション」だ。文字どおり、顧客ニーズに対する解決策のことである。ソリューションの考え方への理解を深め、顧客接点となる営業担当者等を含めた組織全体として意識していくことが重要になる。

❶ ソリューション提供への意識改革

　ソリューション提供に事業をシフトして成功を収めた例が、1990年代のIBMである。同社は、80年代後半から90年代前半にかけて、日本の大手メインフレームメーカーやアメリカのパソコンベンチャーにシェアを侵食され、危機的な状況に陥っていた。しかし、1992年にCEOに就任したルイス・ガースナーのリーダーシップの下、「パソコンやメインフレーム(およびそれに付随するソフトや保守サービス)を売る」という発想から、「コスト削減やマーケティング力強化といった法人顧客のニーズに対して、ITを軸にしたソリューションを提供する」という発想に全面的に移行することで、危機を乗り越えたのである。

　このときにIBMが行ったのは、ソリューション志向を徹底するための組織変更であった。それまでは地域別や製品別の組織構造だったが、顧客の抱えるニーズにより近づくために、業界セクター別に再編したのである。同時に、従業員、特に営業担当者の人事考課と報奨に関して、販売額だけではなく「顧客に対してソリューションを提供できたか」という要素を加味することなども実施した。当時、ガースナー自らが、ソリューションという考え方の重要性を社内外に説き続けたことは言うまでもない。

　この例のように、トップが常にコミュニケーションを行うとともに、人事評価や報奨などの制度や組織構造を変更して初めて、組織全体が変わっていくのである。

　ただし、改革を始めるのは簡単でも、持続するのは難しい。当初はマーケティング発想やソリューション志向を持っていても、事業が長く続き、人員が増え、製品・サービ

スが複雑化・高度化するにつれ、事業のあり方が次第に提供者側の論理に縛られるようになるからだ。営業担当者のトレーニングひとつをとっても、製品・サービスが複雑化すると、問題発見能力や提案力を身につけることよりも製品知識の習得がトレーニングの中心になってしまう。それゆえに、常にソリューション志向が徹底されているかを監視し、軌道修正する仕組み（顧客への定期アンケートなど）を内在化させることが必要になってくる。

　ただし、ソリューション志向を強調することは、顧客の要望は何でも聞くという安易なカスタマイズに流れてしまうリスクもはらんでいる。手間暇かけたカスタマイズ品のほうが、汎用品よりも収益性が悪いというのは、しばしば見られる現象である。手間暇とはすなわちコストであることを認識した上で、コスト以上の価値につながるソリューションを提供しなければならない。また、顧客にソリューションを提供する際には、本質的な価値を生まないカスタマイズ要求は受けない、といった強い意志も必要だ。

❷ ソリューションのカギを握る顧客接点

　ソリューションを提供していく上で大きなカギを握るのは、**顧客接点**を担う人々である。なかでも、営業担当者がソリューションを意識しながら顧客と対話できるようになることは、極めて重要である。しかし、顧客ニーズの吸い上げを営業担当者だけに任せている企業は、徐々に競争力を失っていくだろう。

　近年の経営環境においては、企業全体が1つになって顧客の声を吸い上げ、それを製品・サービスに反映させていく仕組みを作ることが求められている。したがって、顧客接点となりうるあらゆる人間（テクニカルサポートスタッフ、電話相談窓口など）が、ソリューション提供への意識を持ち、顧客から得た情報を社内に還流させるための仕組み（インセンティブの付与やトレーニングの実施など）が必要となる。

　顧客接点の質を高めることで、売上高営業利益率50％超という驚異的な高収益を上げている企業に、メーカー向けのセンサーや測定器を主力製品とするキーエンスがある。同社では、強力な営業部隊が顧客開拓や既存顧客のサポートに当たるのと同時に、新なソリューションが必要になりそうな現場を見つけると、直ちに製品企画担当者が駆け付けるようになっている。企画担当者は顧客の製造プロセスに深く入り込み、「ここにこのタイプのセンサーを取り付ければ、製造工数は劇的に短縮される」といった視点で製造工程を観察し、改善ポイントを考えていく。その後、顧客に製品提案を行い、実際にそれを短期間で開発・納入する（同社は生産設備を所有しないファブレスメーカーで、製造は外部委託している）。こうしたアプローチを徹底することにより、同社の製品の多くは、顧客ニーズを先取りした、他社には真似のできない提案型製品となっている。

●───「価値」の「価格」への転換を考える

　顧客ニーズを把握してソリューションを提供したり、顧客に対する新たな価値を生み出したりしたとしても、それを適切な価格に転換しなければ企業はそのメリットを享受できない。価格が低すぎれば十分な利益が得られないし、高すぎると本来取れるはずの取引案件を逃してしまうことになる。

　BtoBマーケティングでは、カスタマーバリュー（90ページ参照）を顧客の事業経済性に基づいて定量的に把握しやすい。そのため、単にコスト面だけでなく、カスタマーバリューを見極めて価格を設定することが重要になる。特に、差別化されていて競合製品や代替財をそれほど強く意識しなくてもよい製品・サービスでは、カスタマーバリューを把握できるかどうかで最終的な利益が大きく変わってくる。

❶ 顧客の事業経済性を把握する

　カスタマーバリューについて、先のキーエンスの例で考えてみよう。同社の製品は、競合製品に比べると一見割高な印象を与える。例えば、競合のセンサーが数万円なのに、キーエンスのセンサーは十数万円ということもある。しかし、それを使うことで顧客メーカーの生産性が上がり、長期的に見ると競合製品を使うよりも大幅なコスト削減になるならば、トータルコストとしては割高ではない。

　価格設定でよくある間違いは、ある新製品について「新製品Aは従来の製品に比べて性能が40％アップしているから、（現在の価格を100万円として）140万円にしよう」というように安易な当てはめをしてしまうことだ。この場合に必要なのは、「この製品を導入することで、顧客の事業経済性がどれだけの影響を受けるか」という考え方だ。仮に、新製品Aを5セット導入すれば、それまで7人必要だった派遣社員が5人で済むようになるとしよう（この意味で40％の性能向上）。派遣社員の人件費が1人年間450万円であれば、年間900万円のコスト削減となる。仮にその製品が5年間使えるとすると、4500万円のコスト削減だ。つまり、極論すれば、製品1セット当たり900万円という理論上の価格も成り立つのだ。

　自社の製品・サービスが、顧客の予算、そして顧客の製品・サービスの信頼性にどの程度の比重を占めているか、という観点で考えることも重要だ。例えば、2008年にヘンケルに買収されたナショナルスターチの接着剤事業は、航空機の本体と翼をつなぐための強力な接着剤の製造販売である。この接着剤は、航空機製造全体に占めるコストは微々たるものだが、顧客の最終製品である航空機の信頼性（言うまでもなく、あらゆる工業製品の中で最も高い信頼性が求められる）に重大な影響を及ぼす。そのことを十分に

理解している同社は、この製品に相応のプレミアム価格を付け、極めて高い収益を得ているのである。

このように、BtoBマーケティングでは、顧客の事業経済性を的確に把握するとともに、自社製品がどのような経済的影響を与えるかを確実に見積もることが、適切な価格設定によって収益を最大化する上での要諦となる。

❷ カスタマイズ品と汎用品を使い分ける

ソリューションを提供する際に、製品・サービスを顧客向けにカスタマイズすることが、商談を成約させ、顧客満足度を高める上で効果的な場合がある。ただし、時に汎用品を活かした提案をするなど、戦略的に使い分けることが重要だ。先に述べたとおり、カスタマイズ品は汎用品よりも収益性に懸念があること、またカスタマイズ品と汎用品のいずれにもメリット・デメリットがあり、顧客ニーズに応える上では必ずしもカスタマイズ品のほうがより良く適応するとは限らないからである。

汎用品は、「カスタマイズしない」ため顧客側に使い方の工夫を強いる面はあるものの、一方で市場での実績があるため品質に対して高い信頼性が望めること、納期調整が比較的しやすいなどのメリットがある。

カスタマイズ品は、顧客の要望をダイレクトに取り入れる点で顧客から喜ばれることも多いが、汎用品に比べると供給・価格・納期などの面で不安定であることも否めない。加えて、複雑なカスタマイズが施されている場合は品質面で不安定になったり、市場の環境変化に対応しづらいなど、顧客と自社双方にとってのデメリットも生じる。

なお、カスタマイズ品とは、製品・サービスの仕様のみならず、例えば次の3段階において考えることができる。

- **開発段階**：製品・サービスによるカスタマイズ
- **生産段階**：JIT（ジャスト・イン・タイム）方式による受注生産など、生産に関するカスタマイズ
- **提供段階**：小口ロットでも対応するかどうか、または在庫対応するかどうかといった提供方法に関するカスタマイズ

マスカスタマイゼーション

近年、**マスカスタマイゼーション**に取り組む動きが企業の間で広がっている。マスカスタマイゼーションとは、カスタマイズ品を、汎用品並みのコストや納期で、かつ大量に生産することで、多様な顧客ニーズに応えていこうとする考え方やシス

テムである。

　BtoCでは既に様々な事例が見られる。例えば、アディダスだ。ランニングシューズのような、個人の好みや足の形によって個別対応するべき要素が千差万別であり、従来であれば一般ユーザーは汎用品を使うしかなかったような製品においても、個別対応のサービス提供が試みられている。

　背景には、IoT技術や人工知能、また工場で使われるロボットや3Dプリンタなどの技術進化に伴い、製品に対する個別要望や製造工程に関するデータを関係者が把握・共有しやすくなるなど、製品設計から製造工程における個別対応のハードルが下がってきたことがある。

　BtoB領域においても同様に、個別対応のハードルを下げる取り組みは試みられている。カスタマイズ品と汎用品のバランスが重要という視点は変わらないが、マスカスタマイゼーションの流れを視野に入れて考えることも今後必要となるだろう。また、サービス業でも、製造業の製造工程の工夫に当たるものとして業務プロセス・行動規範およびマニュアルの設計などがあり、マスカスタマイゼーションへの取り組みは製造業に限るものではない。

3● BtoBマーケティングに期待する役割の変化

　BtoBマーケティングの見込み顧客（**リード**）獲得における主役は「営業」だ。少なくともこれまではそうだった、という日本の企業は多いのではないだろうか。「営業」の定義は会社ごとに違っても、営業部隊が中心となり、社内の研究開発や製品企画、または技術サポートなどの関係部署・関係者を巻き込みながらターゲット顧客との取引にこぎつけ、顧客と二人三脚で製品・サービスの品質を高め、ノウハウを蓄積しながら成長を遂げてきたという企業は多い。顧客が成長しているうちは、大口で先進的なリードが確保でき、自らも成長できる状況があった。しかし、ケースで取り上げた村田が新たにオンラインでの取り組みを強化し、顧客との接点や双方向でのコミュニケーションを創出するなど、従来の営業活動の強化にとどまらない仕組み作りを模索しているように、持続的な成長に向けてマーケティングにも新たな役割が求められている。そこで、2013年後半から日本でも注目されるようになったのが**マーケティングオートメーション**（以下、MA）である。

第12章 BtoBマーケティング

●───── より効率的なリード獲得の必要性

　顧客の購買行動が変化したことで、新規リードの獲得が難しくなった。ターゲット顧客により効果的にアプローチするために、マーケティングにも新たな工夫が求められ、その効果的な手段としてMAに注目が集まっている。MAはマーケティング活動をテクノロジーによって自動化するツールであり、ウェブサイトやメール、デジタル広告や電話などの様々なチャネルを駆使して、リードに対して最適な情報を、最適なタイミングで提供し、それらのチャネルを介してリードとコミュニケーションを深め、案件化の見込み（確度）が高まった時点でリアルな営業活動につなげていく。これまでも、テクノロジーを活用した営業支援の取り組みとしては、**セールスフォースオートメーション**（SFA）や、カスタマー・リレーションシップ・マネジメント（CRM）などがあったが、MAは新規リードの獲得・育成を目的としている点で、それらとは異なっている。

❶ 顧客の購買行動の変化

　多くの産業で国内市場が成熟期を迎え、一方でグローバル化による海外企業との戦いが増えるなど、企業の競争環境は厳しさ、複雑さの度合いを強めている。そのためBtoB取引においても、より好条件の**サプライヤー**を選定したいとの意識が、顧客企業の側で強まっている。

　また、ウェブサイトやSNSなどのデジタル情報チャネルが急速に進化・充実化したことで、顧客の購買担当者が自らの手で、案件の検討に必要な情報を収集することも一般化してきた。以前であれば、具体的な検討に入る前にサプライヤーを呼んで直接的に情報を得ていた担当者が、サプライヤーが接触するタイミングでは、既に購買製品を決定しているということも増えてきた。したがって売り手側は、リードからの連絡を待ち、その要望に高いレベルで応えていくということだけでは、継続的な取引が難しくなっている。顧客の担当者、購買意思決定者の動向を常に意識しながら、誰に、いつ、どのような内容の情報を発信すればよいかを考えなくてはならない。

❷ ROI可視化を実現する技術進化

　こうした環境変化を受けて、BtoBのマーケティング活動にかかる期待は拡大する一方だが、やみくもに施策を打つだけではコストがかさんでしまう。そこで、各施策のROIを可視化して効率化を図るためのソフトウェアが急速に進歩してきた。例えば、多数のリードとコミュニケーションをとるためにメール配信を検討する場合、従来はIT部門などがマーケティング担当の依頼に基づき、配信および効果測定のシステムを構築す

るケースが多かった。しかし、専門のエンジニアでなくともそうしたシステム作りを簡易に行えるツールが登場し、マーケターが自分でシステムを作り、マーケティング・シナリオのPDCAサイクルを高速で回せるようになった。

⦿ リード創出のハードルとマーケティングオートメーション

BtoBの取引では、購買の検討に顧客企業の複数の関係者がそれぞれの役割を持って関与する。このため、リード創出の確度を高める上では、以下のようなハードルが生じがちだ。これらがネックになると、顧客への営業活動に十分な時間を割けなくなり、結果的に限られた人員での営業活動の効率が下がってしまう。

- リードのコンタクト先（メールアドレスなどの連絡先）を獲得し管理すること
- 自社の製品・サービスに対するリードの興味・関心を醸成すること
- 本当にリードと言えるのかどうか、案件化の見込み度合いを見極めること

MAではこれらのハードルを、営業担当者の手を煩わせることなく乗り越えることを目指す。それぞれ、❶リード・ジェネレーション（見込み顧客の獲得・管理）、❷リード・ナーチャリング（見込み顧客の育成）、❸リード・クオリフィケーション（見込み顧客の絞り込み）として、各段階でリードの状態をマネジメントする。マーケターの役割としては、それぞれのマネジメントにおいてどのような状態を目指すのか、ゴールと流れのシナリオを設計することが重要になる（**図表12-5**参照）。

❶ リード・ジェネレーション（見込み顧客の獲得・管理）

新規営業を拡大していくには、前提として相手先の情報獲得が必要になる。既に取引のある顧客の情報は社内データベースに蓄積されているだろうが、持続的なビジネスの成長のためには、新規で獲得する仕組みも不可欠だ。営業部隊の手を煩わせずに、リードとのコミュニケーション・ルートをいかに多く獲得し、データベースに追加できるかが、マーケティングに期待されることだ。

例えば、ウェブサイト経由の問い合わせが増えるようにサイトのデザインに工夫をしたり、ホワイトペーパーのダウンロードやメールマガジンへの登録、資料請求等の機会を捉えて、相手のメールアドレスなど連絡先情報を入手したりする。ほかにも、関連セミナー開催による集客時の名刺獲得など、まずは相手に"名乗ってもらう"ための様々な施策を打ち、そこで得たデータをリード情報として管理していくのである。村田のmy Murata®が会員登録制であることも、自社製品や関連する製品群に興味・関心の

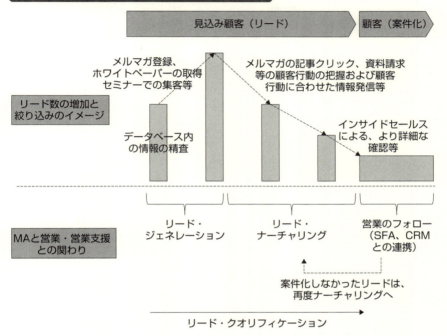

図表12-5　マーケティングにおけるMAの位置付け

ある顧客情報を得て、顧客行動の見える化とデータベース化を目指しているからである。

なお、企業が発行する白書、または報告書である**ホワイトペーパー**は、企業が、ある領域の技術動向や市場動向などに関して調査の上独自にまとめ、製品仕様を説明するカタログなどに載せきれない情報として発信するものである。マーケティングにおいては、ダウンロードする際に利用者の個人情報の開示を求めるなどして、興味・関心の高いリードにアプローチするための情報を得る目的で活用されるほか、リードに継続的に情報提供して、自社製品・サービスへの興味・関心を高めてもらうツールとしても位置付けられている。

❷ リード・ナーチャリング（見込み顧客の育成）

見込み顧客のコンタクト先が明らかになったところで、全員に営業担当者が直接アプローチするのは効率が良くない。営業担当者にリードとして引き継ぐためには、顧客の興味・関心を喚起し、より大きく育てることが重要となる。ただし、DMUにおける関

係者の役割は個々に異なり、役割に応じて興味・関心も異なるため、それぞれに最適な情報を提供することが望ましい。このため、顧客の興味・関心を把握しながら双方向にコミュニケーションをとることのできる施策が有効となる。

例えば、メルマガの記事の中で顧客がクリックした内容について把握し、より興味・関心を高められるよう、送付内容に工夫することなどである。村田のウェブサイトで、顧客が関心を持った製品について、双方向での情報交換を行えるようにしたり、設計関連の各種資料・情報を得られるようにして良質なコンテンツを充実させているのは、最終的には購買につながるリードを育成したい、と考えているからである。

❸ リード・クオリフィケーション（見込み顧客の絞り込み）

「ターゲットの興味・関心は高まっているか？」「それはどのような領域についてか？」「どんな情報を、いつ提供すれば効果的か？」「自社にとってのリードと言えそうか？」など、単にリードを多く集めることだけでなく、ターゲットが案件を検討するタイミングや求める情報を把握し、次の段階に進めるかどうかを見極めることが重要だ。例えば、資料をダウンロードしただけでまだ興味・関心が薄い時期に、突然、営業担当者から面談を打診されれば、日々の業務に忙しい相手は負担に感じるかもしれない。それが、自社から距離を置くきっかけにもなりかねない上に、先方にコンタクトする営業担当者の時間も無駄になってしまう。

このため、顧客はどのテーマに興味・関心がありそうか、フォローするならばいつ頃が適切か、そもそもリードとしてフォローを続けるべきなのかなど、リードの見込み度合いを常に把握しながら、情報提供の内容やアプローチ方法をマーケターが考え、営業担当に提案することが肝要となる。

それには、メルマガが開封された、記事がクリックされた、ホワイトペーパーがダウンロードされたなど、顧客の行動についてそれぞれスコア化して管理・把握すると効果的だ。顧客の行動があるスコアに達する、あるいは特定のコンテンツがダウンロードされるなど、あらかじめマーケターが設定した状態に達したところで営業担当者に引き継ぐのである。ケースの村田では、MAツールの活用においてもデジタルな行動・属性スコアだけで機械的に判断するのではなく、人の経験的知見を踏まえて判断するなど、マーケターの設計意図が反映されている。

◉── マーケティングオートメーションと営業との連携の工夫

MAの成功には営業部隊との連携が不可欠である。双方の思惑やこだわりの食い違いなども起こりうるので、それぞれの役割や取り組みを相互に理解することが重要となる。

❷ 営業部隊とMAとの連携の難しさ

MAによりリードの興味・関心が高まった状態で営業部隊に引き継いだからといって、必ずしもその後が上手くいくとは限らない。

例えば、「評価基準としているスコアに達したので営業担当者に引き継いだが、訪問してくれなかった」、または「マーケティングチームから引き継いだ顧客に営業をかけてみたが、当社への興味・関心はそれほど高くなかった」など、MAを展開するマーケティングチームと営業部隊の判断が合致しないこともある。顧客のどのような行動が重要なのか（リード確度が高まったと言えるのか）、顧客はどのような行動をとるのか（どのような媒体でのアプローチが効果的なのか）など、双方が意見を出し合いながら、シナリオを設計していくことが必要になる。

❸ インサイドセールスの活用

MA実行上の難しさも踏まえ、リードの見込み度合いをより高い精度で見極める上で、**インサイドセールス**の活用が有効な場合もある。インサイドセールスとは、顧客を直接訪問したりはしないが、電話などで顧客と接してその感触を探るような、内勤型で営業活動を完結させる役割・機能のことである。インサイドセールスは、営業の動き方や状況を想定しながら顧客へのヒアリングを行うので、できれば営業の経験者であることが望ましい。

これまでは直接アプローチしたくてもできなかったような企業のキーパーソンであっても、MAを上手く活用すれば、連絡先をダイレクトに獲得できるようになる。そして興味・関心や購買に関する行動が把握できれば、アプローチの仕方にも選択肢が増えてくる。今後、個別のリードのデータを把握できる状態が整えば、顧客企業の文脈に合わせてニーズや課題を分析・考察することで、より意図を持ったターゲティングとアプローチの実行が可能となっていくだろう。

● 参考文献

■全般

グロービス経営大学院著『グロービスMBAマネジメント・ブック【改訂3版】』ダイヤモンド社、2008年

フィリップ・コトラー、ゲイリー・アームストロング著『マーケティング原理 第9版』ダイヤモンド社、2003年

フィリップ・コトラー、ゲイリー・アームストロング、恩蔵直人著『コトラー、アームストロング、恩藏のマーケティング原理』丸善出版、2014年

フィリップ・コトラー、ケビン・レーン・ケラー著『コトラー&ケラーのマーケティング・マネジメント基本編 第3版』丸善出版、2014年

フィリップ・コトラー、ケビン・レーン・ケラー著『コトラー&ケラーのマーケティング・マネジメント 第12版』丸善出版、2014年

マイケル・ポーター著『競争優位の戦略』ダイヤモンド社、1985年

D.A.アーカー著『戦略市場経営』ダイヤモンド社、1986年

ドーン・イアコブッチ編著『ノースウェスタン大学大学院ケロッグ・スクール マーケティング戦略論』ダイヤモンド社、2001年

嶋口充輝著『戦略的マーケティングの理論』誠文堂新光社、1984年

牧田幸裕著『デジタルマーケティングの教科書』東洋経済新報社、2017年

横山隆治、海老根智仁、鹿毛比呂志著『ビッグデータ時代の新マーケティング思考』ソフトバンククリエイティブ、2012年

フィリップ・コトラー、ヘルマワン・カルタジャヤ、イワン・セティアワン著『コトラーのマーケティング4.0 スマートフォン時代の究極法則』朝日新聞出版、2017年

■第1章 マーケティングの意義とプロセス

Theodore Levitt, "Marketing myopia," Harvard Business Review, July-August 1960（邦訳「【新訳】マーケティング近視眼」DIAMONDハーバード・ビジネス・レビュー、2001年11月号）

Francis J. Aguilar and Arvind Bhambri, "Johnson & Johnson (A)" Harvard Business School Case, 1983

「USJ来場者数3年連続最高 16年度、TDRは微減」日本経済新聞電子版、2017年4月3日（https://www.nikkei.com/article/DGXLASDZ03IGJ_T00C17A4000000/）

合同会社ユー・エス・ジェイ ホームページ（https://www.usj.co.jp/）

総務省「我が国の情報通信市場の実態と情報流通量の計量に関する調査研究結果」（http://www.soumu.go.jp/iicp/chousakenkyu/data/research/survey/telecom/2011/2011-r-01.pdf）

森岡毅著『USJのジェットコースターはなぜ後ろ向きに走ったのか?』角川文庫、2016年

森岡毅著『USJを劇的に変えた、たった1つの考え方 成功を引き寄せるマーケティング入門』角川書店、2016年

■第2章　環境分析と市場機会の発見
家電・IT市場動向（2012年〜2016年）　ジーエフケーマーケティングサービスジャパン株式会社（https://www.gfk.com/jp/insights/）
「『レイコップ』シリーズの奇跡」戦略経営者、2015年9月（http://www.tkc.jp/cc/senkei/201509_special01）
「新聞、テレビ、ソーシャルメディアを分析—ヒットの裏に転換点あり」adv.yomiuri、2014年4月8日
　　（https://adv.yomiuri.co.jp/ojo_archive/tokusyu/201404_1/201404_1_toku 1_2.html）
「『まったく新しいモノを売る』には何が必要だったのか？ふとんクリーナー市場の先駆者リ・ソンジンが振り返る"成功の分岐点"」GetNaviWeb、2017年3月28日
　　（http://getnavi.jp/homeappliances/120969/）

■第3章　セグメンテーションとターゲティング
山井太著『スノーピーク「好きなことだけ！」を仕事にする経営』日経BP社、2014年
スノーピーク　ホームページ（https://www.snowpeak.co.jp/）
「究極のユーザー目線『欲しい！』思いを具現化できる社内体制にカギ——スノーピーク」Adver Times、2015年3月9日（https://www.advertimes.com/20150309/article184857/22/）

■第4章　ポジショニング
ジャック・トラウト、スティーブ・リブキン著『ユニーク・ポジショニング』ダイヤモンド社、2001年
アル・ライズ、ローラ・ライズ著『ブランディング22の法則』東急エージェンシー出版部、1999年
M.トレーシー、F.ウィアセーマ著『ナンバーワン企業の法則—勝者が選んだポジショニング』日本経済新聞社、2003年
数江良一「マーケティングではこう考え、行動する。商品コンセプトのつくり方」THINK!、2008年7月22日号、東洋経済新報社
「スタバ震撼？『コーヒー界のアップル』日本へ」東洋経済オンライン、2014年5月28日
　　（http://toyokeizai.net/articles/-/38664）
「ルーツは日本の喫茶店文化　ブルーボトルコーヒー探訪」NIKKEI STYLE、2015年3月7日
　　（https://style.nikkei.com/article/DGXMZO83305970X10C15A2000000）
「"手で入れる"ブルーボトルの裏はデジタル技術の固まり」日経トレンディ、2016年12月8日
　　（http://trendy.nikkeibp.co.jp/atcl/pickup/15/1003590/120500680）
全日本コーヒー協会「コーヒーの需要動向に関する基本調査」
　　（http://coffee.ajca.or.jp/wp-content/uploads/2017/06/data04_2017-06b.pdf）
味の素AGF株式会社　ホームページ（http://www.agf.co.jp/enjoy/cyclopedia/history/05.html）
ネスレ日本株式会社　ホームページ（https://nestle.jp/ambassador/recruit.html）

「女性目線で売り上げ増、カルビーのフルグラで切り開いた新市場」ブルームバーグ、2017年8月21日（https://www.bloomberg.co.jp/news/articles/2017-08-20/OUECGY6JIJUP01）

「新卒デザイナーが『女子旅』市場発掘」月刊事業構想、2014年1月号、事業構想大学院大学出版部

「"小指で持てる"スーツケース、未婚OLの『女子旅』ブームで大ヒット中！」日経トレンディネット、2012年10月5日（http://trendy.nikkeibp.co.jp/article/column/20121003/1044247）

「女性目線のスーツケースとは？ 丸みのあるボディーラインへの格闘」日経トレンディネット、2012年10月19日（http://trendy.nikkeibp.co.jp/article/column/20121017/1044628）

エース株式会社 プレスリリース（https://www.ace.jp/news/pdf/1203_proteca2.pdf）

大和総研「日本企業に今求められる新セグメント創造のイノベーション」（http://www.dir.co.jp/consulting/theme_rpt/innovation_rpt/20160330_010770.pdf）

■第5章 製品戦略

「次々と新規事業を打ち出す寺田倉庫に学ぶ、レガシー業界で飛躍するためのチャレンジ力とは？」リクナビネクストジャーナル、2016年12月23日（https://next.rikunabi.com/journal/entry/20161223_C）

矢野経済研究所「レンタル収納・コンテナ収納・トランクルーム市場に関する調査結果2013」

「急成長『minikura』タブーを乗り越えた寺田倉庫」日経トレンディネット、2017年6月19日（http://trendy.nikkeibp.co.jp/atcl/pickup/15/1003590/061200982）

「物流の"仕組み"を変えた寺田倉庫のタブー破りな挑戦」ビジネスリーダーズスクエアWISDOM、2017年8月4日（https://wisdom.nec.com/ja/innovation/2017072701/index.html）

寺田倉庫株式会社 ホームページ（https://minikura.com/）

ヘンリー・チェスブロウ著『OPEN INNOVATION』、産業能率大学出版部、2004年

株式会社良品計画 ホームページ（https://lab.muji.com/jp/ideapark/）

「2倍に値上げでより売れた明治の板チョコ」プレジデントオンライン、2017年3月15日（http://president.jp/articles/-/21623）

「明治ザ・チョコレート 4000万ヒットの陰に"黒歴史"」毎日新聞電子版 2017年12月17日（https://mainichi.jp/articles/20171216/mog/00m/020/011000c）

株式会社資生堂 アニュアルレポート2015

経済産業省「製造基盤白書」2016年版

矢野経済研究所「2017年版 国内クラウドファンディングの市場動向」2017年

Makuake 29ONプロジェクトページ（https://www.makuake.com/project/29on/）

Makuake oniaプロジェクトページ（https://www.makuake.com/project/onia/）

「会員制の"焼かない焼き肉屋" 飲食店でも高収益得るビジネスモデル確立へ」サンケイビズ、2016年12月21日（http://www.sankeibiz.jp/business/news/161221/bsl1612210500001-n1.htm）

「クラウドファンディングを活用したのはユーザーの声が欲しかったから」日経XTECH、
    2015年6月1日（https://tech.nikkeibp.co.jp/it/atcl/interview/14/262522/060100162/）
スコット・ブリンカー著『ハッキング・マーケティング』翔泳社、2017年
「新製品開発に革命　クラウドファンディング、光と影」日本経済新聞電子版、2017年8月9
    日（https://www.nikkei.com/article/DGXMZO17875080Q7A620C1000000/）

■第6章　価格戦略
マイケル.E.マクグラス著『プロダクトストラテジー』日経BP社、2005年
「掃除機のダイソン、なぜドライヤーを開発？」東洋経済オンライン、2016年5月20日
    （http://toyokeizai.net/articles/-/118235）
「パナソニック－毛のクセ、交互の温風・冷風で伸ばす」日刊工業新聞電子版、2017年7月14
    日（https://www.nikkan.co.jp/articles/view/00435836）
経済産業省、審議会配布資料「LED照明産業を取り巻く現状」2012年11月29日
    （http://www.meti.go.jp/committee/summary/0004296/pdf/001_05_00.pdf）
JMR生活総合研究所「マーケティング用語集」
    （http://www.jmrlsi.co.jp/knowledge/yougo/my06/my0617.html）
ダイソン株式会社　ホームページ（https://www.dyson.co.jp）

■第7章　流通戦略
渡部達朗著『現代流通政策』中央経済社、1999年
角井亮一著『2時間でわかる　図解オムニチャネル入門』あさ出版、2017年
角井亮一著『オムニチャネル戦略』日経文庫、2015年
日経デジタルマーケティング編『オムニチャネル&O2Oの教科書』日経BP社、2016年

■第8章　コミュニケーション戦略
「コカ・コーラのO2Oが、"先進的"な理由／O2Oビジネス最前線」東洋経済オンライン、
    2013年5月15日（https://toyokeizai.net/articles/-/13962）
「コカ・コーラ、自販機アプリで特典、コーヒー買って『ジャンプ』読もう、クオカード当た
    る企画も」日経MJ　2017年10月25日
Think with Google：Winning the Zero Moment of Truth eBook（2011）（https://www.
    thinkwithgoogle.com/marketing-resources/micro-moments/2011-winning-zmot-ebook/）
「商品をプラットフォームにしてウェブ上での話題化を図る」朝日新聞社メディアビジネス局
    広告朝日、2016年11月18日
    （https://adv.asahi.com/special/contents160122/11051966.html）
「ガリガリ君『コンポタ味』に話題騒然　『溶かして』食べるなどアレンジメニュー続々登場」
    J-CASTニュース、2012年9月6日（https://www.j-cast.com/2012/09/06145287.html?p=all）
境治著『拡張するテレビ』宣伝会議、2016年

石崎徹編著『わかりやすいマーケティング・コミュニケーションと広告』八千代出版、2016年
横山隆治著『トリプルメディアマーケティング』インプレス、2010年
日本コカ・コーラ株式会社　ホームページ（http://www.cocacola.co.jp/）
「日清焼そばU.F.O.どこでもダム化計画」特設ページ（https://store.nissin.com/jp/special/ufo_dam/）
水口健次著『マーケティング戦略の実際』日本経済新聞社、1983年

■第9章　ブランド戦略
「マクドナルド、原田体制の完全なる終焉」東洋経済オンライン、2014年2月20日
　　（http://toyokeizai.net/articles/-/31206）
「マック『60秒サービス』がネットで"炎上"、話題拡散へ批判も静観」日本経済新聞、2013年
　　1月14日（https://www.nikkei.com/article/DGXNASGF23009_T20C13A1H1EA00/）
「マクドナルド・ブランド再生物語はホンモノ？」読売新聞オンライン、2017年3月25日
　　（http://www.yomiuri.co.jp/fukayomi/ichiran/20170323-OYT8T50022.html）
「日本マクドナルド　足立光氏が語る、成功するデジタルマーケティングへの3つのポイント」ITメディ
　　アマーケティング、2017年10月4日
　　（http://marketing.itmedia.co.jp/mm/articles/1710/04/news118.html）
「"ママ目線"で復活した日本マクドナルド」日経ビジネスオンライン、2017年11月9日
　　（http://business.nikkeibp.co.jp/atcl/report/15/278209/110800167）
「なぜモスだけが"突然の不調"に陥ったのか」プレジデントオンライン、2018年3月1日
　　（http://president.jp/articles/-/24526）
日本マクドナルド　ホームページ（http://www.mcdonalds.co.jp）
D.A.アーカー著『ブランド・エクイティ戦略』ダイヤモンド社、1994年
ケビン・レーン・ケラー著『エッセンシャル戦略的ブランド・マネジメント第4版』東急エー
　　ジェンシー、2015年
スコット・ベドベリー著『なぜみんなスターバックスに行きたがるのか？』講談社2002年
ジム・ステンゲル著『本当のブランド理念について語ろう「志の高さ」を成長に変えた世界の
　　トップ企業50』CCCメディアハウス、2013年
グロービス著、武井涼子執筆『ここからはじめる実践マーケティング入門』ディスカヴァー・
　　トゥエンティワン、2015年

■第10章　マーケティングリサーチ
「アングル：RTD市場で『甘くない』戦い、トップ争い熾烈に」ロイター、2016年8月1日
　　（https://jp.reuters.com/article/rtd-idJPKCN10C1RU）
「【開発物語】アサヒビール、缶チューハイ『アサヒもぎたて』」サンケイビズ、2016年8月1
　　日（https://www.sankeibiz.jp/business/news/160801/bsc1608010500006-n1.htm）
「『どうせ売れない』を覆した『もぎたて』大ヒットの理由」ITメディア、2017年4月3日

（http://www.itmedia.co.jp/business/articles/1704/03/news021.html）
「アサヒビール『アサヒもぎたて』5000人以上のニーズを分析」ZAKZAK、2016年7月26日
　　（http://www.zakzak.co.jp/economy/ecn-news/news/20160726/ecn1607260830002-n1.htm）
「ネーミング800本、パッケージ500本『もぎたて』を大ヒットさせた、アサヒビール宮广朋美の執念」ELBORDE、2017年10月26日（https://www.nomura.co.jp/el_borde/feature/0007/）
「【開発秘話】発売から5か月で400万箱以上売れた『アサヒもぎたて』」ダイム、2016年9月30日（https://dime.jp/genre/297965/3/）
アサヒビール株式会社　ホームページ（https://www.asahibeer.co.jp）
アサヒグループホールディングス　ホームページ（http://www.asahigroup-holdings.com）
中野崇著『マーケティングリサーチとデータ分析の基本』すばる舎、2018年
盛山和夫著『社会調査法入門』有斐閣、2004年

■第11章　顧客経験価値とカスタマージャーニー
Gartner Inc.「Gartner Worldwide IT Spending Forecast」
　　（https://www.gartner.com/technology/research/it-spending-forecast/）
カップヌードルミュージアム　ホームページ（https://www.cupnoodles-museum.jp）
日清食品ホールディングス　ホームページ（https://www.nissin.com）
バーンド.H.シュミット著『経験価値マーケティング』ダイヤモンド社、2000年
バーンド.H.シュミット著『経験価値マネジメント』ダイヤモンド社、2004年

■第12章　BtoBマーケティング
P.エバンス、T.ウースター著『ネット資本主義の企業戦略』ダイヤモンド社、1999年
J.C.Anderson and J.A.Narus, "Business Marketing: Understand What Customers Value" Harvard Business Review,Nov-Dec 1998（邦訳「顧客価値をとらえるB to Bマーケティング」DIAMONDハーバード・ビジネス・レビュー、1999年7月号）
David B. Yoffie and Andrall E. Pearson, "The Transformation of IBM" Harvard Business School Case, 1990
「特集－キーエンスの秘密」、日経ビジネス2003年10月27日号、日経BP社
キーエンス　ホームページ（http://www.keyence.co.jp/）
村田製作所　ホームページ（https://www.murata.com/ja-jp?intcid 5 =com_xxx_xxx_cmn_hd_xxx）
「マルケト導入事例　村田製作所、Marketo導入4年目の取り組み（講演資料を含む）」
　　（https://jp.marketo.com/customers/murata.html）
「変わるマーケティング／村田製作所－サイトで"一歩先"提案」日刊工業新聞、2015年2月27日
「『BtoB』にデジタルマーケティングは必要か？　オムロン、3M、村田製作所が激白」ビジネ

ス＋IT」、2017年8月25日
「スマホ高度化、需要逼迫」日本経済新聞、2017年7月10日
「日系電子部品メーカーの世界シェアは38％」日経エレクトロニクス、2017年2月号、日経BP
　　社
「特集－ここまできた！デジタルドイツ　アディダス、VW、シーメンスの変身」日経ビジネス、
　　2017年8月21日号、日経BP社
「シーメンス、『考える工場』で生産革命」日経ビジネスオンライン2015年9月28日
　　（https://business.nikkeibp.co.jp/atcl/report/15/092500037/092500001/）
庭山一郎著『BtoBのためのマーケティングオートメーション』翔泳社、2015年
長谷川健人、住岡洋光、駒井俊一、岡本貴司、安西敬介、遠藤義浩、森靖著『マーケティング
　　オートメーション導入の教科書』エムディエヌコーポレーション、2017年
永井俊輔＆できるシリーズ編集部著『できる100の新法則　実践マーケティングオートメーショ
　　ン』インプレス、2017年
「特集－トヨタ、グーグルも頼る　自動運転の覇者　コンチネンタル」日経ビジネス、2015年
　　10月26日号、日経BP社
「特集－見えてきたクルマの未来」日経ビジネス、2018年2月12日号、日経BP社

● 索引

■あ
- アーンドメディア ……………………… 147
- アウト・オブ・ホームメディア
  →OOHメディア
- アウトバウンドマーケティング ……………… 6
- アジャイル型開発 ……………………… 83
- アドテクノロジー ……………………… 145
- アライアンス ……………………… 166
- アンバンドリング ……………………… 99
- イールドマネジメント ……………………… 91
- 一次データ ……………………… 176,182
- 因果型リサーチ ……………………… 174
- インサイト ……………………… 178
- インサイドセールス ……………………… 219,221
- 因子分析 ……………………… 183
- インストリーム広告 ……………………… 143
- インターネット広告 ……………………… 130,136,141
- インバウンドマーケティング ……………… 6
- インフィード広告 ……………………… 144
- インリード広告 ……………………… 143
- ウェブルーミング ……………………… 117
- ウォンツ ……………………… 7,38
- 上澄吸収価格設定
  →スキミング・プライシング
- エクセキューション ……………………… 160,162,172
- エンドユーザー …… 68,83,86,106,115,202,206,208,211
- オウンドメディア ……………………… 147,164
- オープンイノベーション ……………………… 70
- 屋外広告 ……………………… 140
- オムニチャネル ……………………… 106,117
- 卸売業者 ……………………… 101,103,106,131

■か
- 回帰分析 ……………………… 183
- 外部データ ……………………… 176
- 外部分析 ……………………… 24,25,28,31
- 開放的流通政策 ……………………… 111
- 価格弾力性 ……………………… 97
- 拡張製品 ……………………… 65
- カスタマージャーニー ……………… 187,189,195
- カスタマージャーニーマップ ……………… 195,198
- カスタマーバリュー ……………… 84,87,90,93,214
- カスタマイズ ……………… 190,204,207,213,215
- カニバリゼーション ……………………… 58,60,78
- 買回品 ……………………… 67,69,113
- 観察法 ……………………… 182
- 記述型リサーチ ……………………… 174
- 供給業者 ……………………… 209
- 競合分析 ……………………… 25,28
- 競争環境 ……… 4,22,53,84,91,100,101,122,200,217
- クチコミ ……………… 47,129,135,140,144
- クラウドファンディング ……………………… 82
- クラスター分析 ……………………… 183
- グループインタビュー ……… 174,177,180,182
- クロスチャネル ……………………… 117
- 経営理念 ……………………… 16,71
- ゲートキーパー ……………………… 204,211
- 検索連動型広告 ……………………… 134,142
- 検証型リサーチ ……………………… 170,174
- コ・ブランド ……………………… 166
- 広告 …… 19,47,75,104,128,129,130,131,136,137,140,147
- 広告代理店 ……………… 19,130,179,181,184,200
- 交通広告 ……………………… 140
- 行動観察 ……………………… 174,177
- 行動ターゲティング広告 ……………………… 142
- 行動データ ……………………… 49,172,176
- 行動変数 ……………………… 41,46
- 購買意思決定者 ……………………… 27,217
- 購買意思決定プロセス ……… 27,122,125,126,127,130
- 購買決定要因→KBF
- 購買履歴 ……………………… 49,91,192
- 小売業者 ……………………… 103,106,131
- コーポレートコミュニケーション ………… 125
- コーポレートブランド ……………………… 164

顧客経験価値 ………… 187,189,192,195,197,198
顧客接点 ………………… 64,118,148,200,212,213
顧客特性 …………………………… 200,202,206
顧客分析 ……………………………………… 25,27
コストプラス価格設定 …………………………… 93
コミュニケーション戦略 …… 8,12,64,122,124,
　130,132,153
コミュニケーション法 …………………………… 182
コミュニケーションメディア ………………… 136
コレスポンデンス分析 ………………………… 183
コンジョイント分析 ……………………………… 183

■さ
サービス …… 5,8,17,48,55,63,67,83,84,87,90,99,
　103,109,115,124,140,152,154,164,187,189,194,
　199,200,203,207,213
サーベイ法 ………………………………………… 182
最高マーケティング責任者→CMO
サイコグラフィック変数→心理的変数
再生知名率 ………………………………………… 127
再認知名率 ………………………………………… 127
雑誌 …… 41,68,72,100,129,134,136,139,143,176,
　189
サブブランド体系 ………………………… 165,166
サプライヤー ………………………………… 153,217
差別型マーケティング …………………………… 44
サンプリング ………………………… 171,174,179
サンプル数 ………………………………… 180,185
シーズ発想 ………………………………………… 70
事業経済性 ………………………………………… 214
事業経済性分析 ………………………………… 69,73
事業戦略 …………………………………… 16,99,155
事業ドメイン ………………………………… 16,17,71
事業の再定義 …………………………………… 210
自社分析 …………………………………………… 25
市場 …… 2,6,8,15,16,22,24,31,34,36,38,43,44,48,
　55,58,62,63,66,69,70,73,77,79,84,90,94,98,99,
　101,103,110,115,129,134,138,145,170,174,177,
　187,200,202,206,215

市場機会 ……………… 9,17,22,24,27,29,31,33,34,62,
　200,202
市場浸透価格設定
　→ペネトレーション・プライシング
実勢価格 …………………………………………… 95
実態製品 …………………………………………… 65
重回帰分析 ……………………………………… 183
集中型マーケティング …………………………… 44
需給関係 …………………………………………… 92
需要価格設定 …………………………………… 94
需要供給曲線 …………………………………… 92
順序効果 ………………………………………… 181
消費財 ………… 40,42,46,67,70,91,92,105,108,130,
　202,205
ショールーミング ……………………………… 117
シングルチャネル ……………………………… 117
人口動態変数 …………………………… 40,43,46
真実の瞬間 ………………………………… 128,195
新製品開発プロセス ……………………… 65,69,77
人的販売 ………………… 68,104,129,133,134,140
新聞 ……… 42,129,134,136,137,139,149,189
心理的変数 ……………………………………… 41,46
推奨ブランド体系 ………………………… 165,166
衰退期 …………………………………………… 79,81
スイッチングコスト ……………………… 92,98,205
スキミング・プライシング ……………………… 96,97
ストーカー広告 ………………………………… 142
生産財 ……………………… 68,92,104,130,202,204
成熟期 …………………………………… 79,80,98,201,217
製造コスト ………………………………… 18,87,88,89,93
成長期 …………………………………… 79,80,98,101
製品アイデア ……………………………………… 70
製品コンセプト ……………………… 23,39,66,69,70,76
製品特性 ……… 29,57,63,66,79,90,110,115,126,
　134,202,206
製品ライフサイクル …………………… 65,79,82,96,114
製品ライン ………………………… 63,65,77,105,110,115
セールスフォースオートメーション ……… 217
セールスプロモーション→販売促進

セグメンテーション ……2,8,11,36,38,39,40,43,
　46,49,66,69,137,183,210
セグメント ……8,11,25,32,36,38,43,58,77,80,91,
　94,98,105
ゼロ段階チャネル …………………………… 107
全社戦略 ……………………………… 16,155,160
選択的流通政策 ……………………………… 113
専門品 ………………………………… 69,131,206
相関分析 ……………………………………… 183
ソーシャル・ネットワーキング・サービス
　→SNS
ソーシャルメディア ……… 49,52,86,136,144,153
ソーシャルリスニング ……………………… 175
ソリューション ………………… 200,203,207,212
損益分岐点 …………………………………… 88

■た
ターゲット価格設定 ………………………… 94
ターゲティング ………… 2,8,11,36,38,43,45,46,49,
　66,72,142,144,146,221
耐久財 …………………………………… 67,114
態度変容モデル ……………………………… 125
ダイレクトメール型広告 …………………… 143
ダイレクトメディア ……………………… 136,141
タッチポイント ………… 118,162,167,189,192
ダブルバーレル質問 ………………………… 181
単一ブランド体系 ………………………… 165,166
探索型リサーチ ………………… 170,174,178,180,182
知覚価値価格設定 …………………………… 94
知覚品質 ………………………………… 156,157,163
チャネルの長さ ……………………………… 110
チャネルの幅 …………………………… 110,111
チャレンジャー企業 ……………………… 58,61
中核となる顧客価値 ………………………… 65
調査データ …………………………………… 173
地理的変数 ………………………………… 40,46
ディーラー ……………… 103,104,106,108,113,132
ディスプレイ広告 …………………………… 142
定性データ …………………………………… 177

定量データ …………………………………… 177
デジタルサイネージ …………………… 137,140
テストマーケティング ………………… 69,73,75,83
デプスインタビュー ……………………… 174,182
デモグラフィック変数→人口動態変数
テレビ ……… 2,5,26,76,117,120,129,134,136,137,
　138,139,189,191
展開エリア ……………………………… 110,113
動画広告 ……………………………………… 143
導入期 …………………………… 39,66,79,81,95,113
独立型ブランド体系 ………………………… 165
トリプルメディア ……………………… 147,190

■な
内部データ …………………………………… 176
内部分析 ………………………………… 24,25,29
ニーズ ……… 2,5,7,8,12,15,18,23,27,30,36,38,40,
　44,51,54,57,60,63,65,68,70,77,80,99,104,115,124,
　127,145,170,176,178,191,204,208,210,212,221
ニーズ発想 …………………………………… 70
二次データ ……………………………… 176,178
入札価格 ………………………………… 95,142
ネイティブ広告 ……………………………… 143
ネーミング …………………………… 16,74,171

■は
パーセプションマップ ……………………… 61
排他的流通政策 …………………………… 112
バイヤー ……………………………………… 204
バイラルマーケティング …………………… 135
バズマーケティング ………………………… 135
パッケージング ………………………… 65,75
パネル ……………………………… 140,175,179
パブリシティ ……………………… 19,74,129,134
バリュー・プロポジション ………………… 210
バリューチェーン …………………………… 208
バンドリング ………………………………… 99
販売促進 ……… 75,80,100,105,124,129,131,144,201
販売代理店 …………………………………… 103

汎用品 …………………………………… 207,213,215
ビジョン …………………………………………… 16,155
非耐久財 …………………………………………………… 67
ビッグデータ ……………………………………………… 49
俯瞰思考 ………………………………………… 200,207
プッシュ戦略 …………………………………………… 132
プライスリーダー ……………………………………… 92,95
プラットフォーム …………………………………… 146,190
フランチャイザー ……………………………………… 109,178
フランチャイジー ……………………………………………… 109
フランチャイズ方式 …………………………………………… 108
ブランデッド・エンターテインメント …… 130
ブランド ………………… 16,152,154,156,160,164,168
ブランドアーキテクチャー …………………………… 165
ブランドエクイティ ……… 131,156,158,160,162
ブランドエクステンション ………………… 159,168
ブランドコア ……………………………………………… 161
ブランド戦略 ………… 16,20,99,152,154,156,159,
 160,162,165,171,193,195,198
ブランド認知 …………………………… 23,156,157,159
ブランドパーソナリティ ………………………………… 161
ブランドヘルスチェック ………………………… 159,163
ブランドポジショニング ………………………… 160,162
ブランドマネジメント ……… 20,155,159,162,163
ブランド連想 …………………………………… 156,158,168
ブランドロイヤルティ …………………………… 153,156,158
フリーミアム …………………………………………… 90,94
プル戦略 ………………………………………………… 130,132
プロダクト・プレイスメント ……………… 131,138
ペイドメディア ………………………………………………… 147
ペネトレーション・プライシング ……………… 89,96
ペルソナ …………………………………………………… 195,198
ホールプロダクト ……………………………………… 63,65
補完者 ……………………………………………………………… 209
ポジショニング ………… 2,8,12,48,51,54,57,60,66,
 69,72,130,160,162,183,187,191,192
ポジショニングマップ ………………………… 56,61,183
ポップアップストア …………………………………………… 86
ホワイトペーパー …………………………………… 218,220

■ま
マークアップ価格設定 ……………………………… 94
マーケティングオートメーション ………… 201,
 216,218,220
マーケティング課題 …………… 2,8,9,10,22,34
マーケティング戦略策定プロセス ………… 8
マーケティングミックス …… 2,8,12,40,44,47,
 48,54,66,69,73,86,102,117,192,202
マーケティングリサーチ ……… 94,170,171,184
マクロ環境分析 ………………………………………… 25
マスカスタマイゼーション ……………………… 215
マスメディア ……………… 5,52,130,136,139,189
マッチング ……………………………………………… 104,146
マッピング ……………………………………………… 55,208,210
マルチチャネル …………………………………………… 117
無差別型マーケティング ………………………… 45
メール広告 ……………………………………………… 143
メールマガジン型広告 …………………………… 143
メディア …………… 2,63,74,83,122,124,130,134,136,
 147,152,167,189,196
最寄品 ………………………………… 67,108,111,130,206

■ら
ライセンサー ……………………………………………… 109
ライセンシー ……………………………………………… 109
ライセンス方式 ……………………………………… 108,109
ラインエクステンション ………………………… 168
ラジオ ……………………………… 2,129,136,137,138,189
リーダー ………………………………… 24,30,58,61,71,92
リード ……………………………………………………… 216,218
リード・クオリフィケーション ………………… 218
リード・ジェネレーション ……………………… 218
リード・ナーチャリング ………………………… 218
リスティング広告 ……………………………………… 142
リターゲティング広告 ………………………………… 142
リマーケティング広告 ………………………………… 142
流通チャネル …… 32,47,80,92,101,102,103,104,
 107,110,111,114,115,117,126,129,132,136,140
ロイヤルカスタマー ……………………… 37,154,158

索引

ロイヤルティ ················ 154,158,163,189
ロジスティクス ························· 76,104

■わ
ワン・トゥ・ワン・プライシング ··········· 91
ワン・トゥ・ワン・マーケティング ········ 198

■英字
AIDA ································· 126
AIDMA ································ 126
AISAS ································ 127
AMTUL ································ 126
BtoBマーケティング ······· 200,202,205,206,212,
　　214,216
BtoCマーケティング ···················· 202,203
CMO ·································· 6,19
Cookie ································ 146
CtoC市場 ································ 6
DMP ·································· 146
DMU ································ 202,219
FMOT ································· 128
KBF ······················· 7,56,203,204,209
KPI ·································· 196
OOHメディア ················ 136,137,139,140,147
PDCA ·························· 15,171,197,218
PEST分析 ······························· 27
POP広告 ····························· 129,140
SEO ······························· 133,142
SEM ······························· 193,195
SMOT ································· 128
SNS ············ 5,13,55,76,83,120,123,128,135,144,
　　149,189,217
SVOD ································· 138
SWOT分析 ····························· 29
VOD ·································· 138
ZMOT ······························ 128,147

■数字
1段階チャネル ·························· 108
2段階チャネル ·························· 108
3C分析 ································· 25
3段階チャネル ·························· 108
6R ································ 45,50

執筆者紹介

【執筆】

小島　和也（こじま　かずや）
関西学院大学法学部卒業、グロービス経営大学院修士課程（MBA）修了。組織開発のコンサルティングに従事した後、グロービス・エグゼクティブ・スクール講師、大阪拠点の法人向けセールス・マーケティングの責任者を務める。グロービス・ファカルティ本部研究員。

武井　涼子（たけい　りょうこ）
東京大学卒業、コロンビア大学MBA修了。電通、ウォルト・ディズニーでのマーケティング開発などを経て、現在はグロービス経営大学院准教授。二期会の声楽家として国内外のオペラなどでも活躍。著書に『ここからはじめる実践マーケティング入門』（ディスカヴァー・トゥエンティワン）。

花崎　徳之（はなざき　のりゆき）
早稲田大学商学部卒業後、生命保険会社を経てグロービスに入社。現在は、株式会社グロービスのマネジング・ディレクターとして国内法人向けビジネスを統括。また、グロービス経営大学院教授として、講師登壇ならびにマーケティング領域のコンテンツ開発の責任者も務める。

平野　善隆（ひらの　よしたか）
慶應義塾大学経済学部卒業、グロービス経営大学院修士課程（MBA）修了。住友商事を経てグロービスの法人向けセールス・マーケティングに従事。現在は個人でコンサルティング活動を行う傍ら、少年サッカークラブ経営にてスポーツマーケティングに取り組む。グロービス経営大学院准教授。

山本　知子（やまもと　ともこ）
英国国立ウエールズ大学経営大学院MBAプログラム修了。日系企業、外資系企業にてブランド事業の企画立案から販売政策まで一連のマーケティング業務に従事。現在はグロービス経営大学院にてマーケティング領域の教材開発を担当。グロービス・ファカルティ本部研究員。

【執筆協力】
若林　裕子

■改訂3版（2009年8月発行）
執筆者　川上慎市郎、野田史恵

■新版（2005年3月発行）
執筆者　青井博幸、嶋田毅、下中美佳、土屋朋子、松林博文、村山貞幸

■旧版（1997年2月発行）
執筆者　数江良一

編著者紹介

グロービス経営大学院

社会に創造と変革をもたらすビジネスリーダーを育成するとともに、グロービスの各活動を通じて蓄積した知見に基づいた、実践的な経営ノウハウの研究・開発・発信を行っている。

- ●日本語（東京、大阪、名古屋、福岡、オンライン）
- ●英語（東京、オンライン）

グロービスには以下の事業がある。(https://www.globis.co.jp)

- ●グロービス・エグゼクティブ・スクール
- ●グロービス・マネジメント・スクール
- ●企業内研修／法人向け人材育成サービス
  （日本、中国、シンガポール、タイ、米国、欧州）
- ●GLOBIS 学び放題／GLOBIS Unlimited（定額制動画学習サービス）
- ●出版／電子出版
- ●GLOBIS 学び放題×知見録／GLOBIS Insights（オウンドメディア）
- ●グロービス・キャピタル・パートナーズ（ベンチャーキャピタル事業）

その他の事業：
- ●一般社団法人G1
- ●一般財団法人KIBOW
- ●株式会社茨城ロボッツ・スポーツエンターテインメント
- ●株式会社LuckyFM茨城放送

[改訂4版] グロービスMBAマーケティング

1997年2月1日　初版第1刷発行
2004年7月26日　初版第21刷発行
2005年3月3日　新版第1刷発行
2009年2月26日　新版第8刷発行
2009年8月27日　改訂3版第1刷発行
2017年5月2日　改訂3版第11刷発行
2019年2月6日　改訂4版第1刷発行
2025年5月8日　改訂4版第6刷発行

編著者　グロービス経営大学院

©2019 Graduate School of Management, GLOBIS University

発行所　ダイヤモンド社
郵便番号　150-8409
東京都渋谷区神宮前6-12-17
編　集　03(5778)7228
販　売　03(5778)7240
https://www.diamond.co.jp/

編集担当／DIAMONDハーバード・ビジネス・レビュー編集部
製作進行／ダイヤモンド・グラフィック社
印刷／八光印刷（本文）・加藤文明社（カバー）
製本／ブックアート

本書の複写・転載・翻訳など著作権に関わる行為は、事前の許諾なき場合、これを禁じます。落丁・乱丁本はお手数ですが小社営業局宛にお送りください。送料小社負担にてお取替えいたします。但し、古書店で購入されたものについてはお取替えできません。

ISBN 978-4-478-10735-5　Printed in Japan

大好評！グロービスMBAシリーズ

改訂3版 グロービス MBAマネジメント・ブック	グロービス経営大学院 編著
グロービス MBAマネジメント・ブックⅡ	グロービス経営大学院 編著
改訂4版 グロービス MBAマーケティング	グロービス経営大学院 編著
新版 グロービス MBA経営戦略	グロービス経営大学院 編著
改訂4版 グロービス MBAアカウンティング	グロービス経営大学院 編著
新版 グロービス MBAファイナンス	グロービス経営大学院 編著
改訂3版 グロービス MBAクリティカル・シンキング	グロービス・マネジメント・インスティテュート 編
グロービス MBAクリティカル・シンキング コミュニケーション編	グロービス経営大学院 著
新版 グロービス MBAリーダーシップ	グロービス経営大学院 編著
グロービス MBAミドルマネジメント	嶋田 毅 監修 / グロービス経営大学院 編著
新版 グロービス MBAビジネスプラン	グロービス経営大学院 著
グロービス MBAビジネス・ライティング	嶋田 毅 監修 / グロービス経営大学院 著
グロービス MBA事業戦略	相葉 宏二 / グロービス経営大学院 編
グロービス MBA事業開発マネジメント	堀 義人 監修 / グロービス経営大学院 編著
グロービス MBA組織と人材マネジメント	佐藤 剛 監修 / グロービス経営大学院 著
MBA定量分析と意思決定	嶋田 毅 監修 / グロービス・マネジメント・インスティテュート 編著
MBAオペレーション戦略	遠藤 功 監修 / グロービス・マネジメント・インスティテュート 編
MBAゲーム理論	鈴木 一功 監修 / グロービス・マネジメント・インスティテュート 編

ダイヤモンド社